LITUANO
VOCABULÁRIO

PORTUGUÊS BRASILEIRO

PORTUGUÊS LITUANO

Para alargar o seu léxico e apurar
as suas competências linguísticas

5000 palavras

Vocabulário Português Brasileiro-Lituano - 5000 palavras

Por Andrey Taranov

Os vocabulários da T&P Books destinam-se a ajudar a aprender, a memorizar, e a rever palavras estrangeiras. O dicionário é dividido em temas, cobrindo todas as principais esferas de atividades quotidianas, negócios, ciência, cultura, etc.

O processo de aprendizagem, utilizando os dicionários baseados em temáticas da T&P Books dá-lhe as seguintes vantagens:

- Informação de origem corretamente agrupada predetermina o sucesso em fases subsequentes da memorização de palavras
- Disponibilização de palavras derivadas da mesma raiz, o que permite a memorização de unidades de texto (em vez de palavras separadas)
- Pequenas unidades de palavras facilitam o processo de estabelecimento de vínculos associativos necessários para a consolidação do vocabulário
- O nível de conhecimento da língua pode ser estimado pelo número de palavras aprendidas

T&P Books Publishing
www.tpbooks.com

ISBN: 978-1-78767-380-9

Este livro também está disponível em formato E-book.
Por favor visite www.tpbooks.com ou as principais livrarias on-line.

VOCABULÁRIO LITUANO
palavras mais úteis

Os vocabulários da T&P Books destinam-se a ajudar a aprender, a memorizar, e a rever palavras estrangeiras. O vocabulário contém mais de 5000 palavras de uso comum organizadas tematicamente.

O vocabulário contém as palavras mais comummente usadas
Recomendado como adicional para qualquer curso de línguas
Satisfaz as necessidades dos iniciados e dos alunos avançados de línguas estrangeiras
Conveniente para o uso diário, sessões de revisão e atividades de auto-teste
Permite avaliar o seu vocabulário

Características especias do vocabulário

- As palavras estão organizadas de acordo com o seu significado, e não por ordem alfabética
- As palavras são apresentadas em três colunas para facilitar os processos de revisão e auto-teste
- As palavras compostas são divididas em pequenos blocos para facilitar o processo de aprendizagem
- O vocabulário oferece uma transcrição simples e adequada de cada palavra estrangeira

O vocabulário contém 155 tópicos incluindo:

Conceitos básicos, Números, Cores, Meses, Estações do ano, Unidades de medida, Roupas & Acessórios, Alimentos & Nutrição, Restaurante, Membros da Família, Parentes, Caráter, Sentimentos, Emoções, Doenças, Cidade, Passeios, Compras, Dinheiro, Casa, Lar, Escritório, Trabalho no Escritório, Importação & Exportação, Marketing, Pesquisa de Emprego, Esportes, Educação, Computador, Internet, Ferramentas, Natureza, Países, Nacionalidades e muito mais ...

TABELA DE CONTEÚDOS

GUIA DE PRONUNCIAÇÃO

Letra	Exemplo Lituano	Alfabeto fonético T&P	Exemplo Português
Aa	adata	[a]	chamar
Ąą	ąžuolas	[a:]	rapaz
Bb	badas	[b]	barril
Cc	cukrus	[ts]	tsé-tsé
Čč	česnakas	[tʃ]	Tchau!
Dd	dumblas	[d]	dentista
Ee	eglė	[æ]	semana
Ęę	vedęs	[æ:]	primavera
Ėė	ėdalas	[e:]	plateia
Ff	fleita	[f]	safári
Gg	gandras	[g]	gosto
Hh	husaras	[ɣ]	agora
I i	ižas	[i]	sinônimo
Į į	mįslė	[i:]	cair
Yy	vynas	[i:]	cair
J j	juokas	[j]	Vietnã
Kk	kilpa	[k]	aquilo
L l	laisvė	[l]	libra
Mm	mama	[m]	magnólia
Nn	nauda	[n]	natureza
Oo	ola	[o], [o:]	noite
Pp	pirtis	[p]	presente
Rr	ragana	[r]	riscar
Ss	sostinė	[s]	sanita
Šš	šūvis	[ʃ]	mês
Tt	tėvynė	[t]	tulipa
Uu	upė	[u]	bonita
Ųų	siųsti	[u:]	blusa
Ūū	ūmėdė	[u:]	blusa
Vv	vabalas	[ʋ]	fava
Zz	zuikis	[z]	sésamo
Žž	žiurkė	[ʒ]	talvez

Comentários

* Um macron como em (ū), ou um ogonek como em (ą, ę, į, ų) podem ser usados para marcar a extensão de uma vogal em Letão oficial moderno. Os acentos Agudos como em (Áá Ą́ą́), graves como em (Àà), e til como em (Ãã Ą̃ą̃) são usados para indicar acentuações tonais. No entanto, essas acentuações tonais geralmente não se escrevem, exceto em dicionários, gramáticas e quando necessário, para maior clareza na diferenciação de palavras homônimas e no uso em dialetos.

ABREVIATURAS
usadas no vocabulário

Abreviaturas do Português

adj	-	adjetivo
adv	-	advérbio
anim.	-	animado
conj.	-	conjunção
desp.	-	esporte
etc.	-	Etcetera
ex.	-	por exemplo
f	-	nome feminino
f pl	-	feminino plural
fem.	-	feminino
inanim.	-	inanimado
m	-	nome masculino
m pl	-	masculino plural
m, f	-	masculino, feminino
masc.	-	masculino
mat.	-	matemática
mil.	-	militar
pl	-	plural
prep.	-	preposição
pron.	-	pronome
sb.	-	sobre
sing.	-	singular
v aux	-	verbo auxiliar
vi	-	verbo intransitivo
vi, vt	-	verbo intransitivo, transitivo
vr	-	verbo reflexivo
vt	-	verbo transitivo

Abreviaturas do Lituano

dgs	-	plural
m	-	nome feminino
m dgs	-	feminino plural
v	-	nome masculino
v dgs	-	masculino plural

CONCEITOS BÁSICOS

Conceitos básicos. Parte 1

1. Pronomes

eu	aš	['aʃ]
você	tu	['tu]
ele	jìs	[jɪs]
ela	jì	[jɪ]
nós	mẽs	['mʲæs]
vocês	jũs	[' juːs]
eles, elas	jiẽ	['jiɛ]

2. Cumprimentos. Saudações. Despedidas

Oi!	Sveĩkas!	['svʲɛɪkas!]
Olá!	Sveikì!	[svʲɛɪ'kʲɪ!]
Bom dia!	Lãbas rýtas!	['lʲaːbas 'rʲiːtas!]
Boa tarde!	Labà dienà!	[lʲa'ba dʲiɛ'na!]
Boa noite!	Lãbas vãkaras!	['lʲaːbas 'vaːkaras!]
cumprimentar (vt)	sveĩkintis	['svʲɛɪkʲɪntʲɪs]
Oi!	Lãbas!	['lʲaːbas!]
saudação (f)	linkéjimas (v)	[lʲɪŋ'kʲɛjɪmas]
saudar (vt)	sveĩkinti	['svʲɛɪkʲɪntʲɪ]
Tudo bem?	Kaĩp sēkasi?	['kʌɪp 'sʲækasʲɪ?]
E aí, novidades?	Kàs naũjo?	['kas 'nɑʊjɔ?]
Tchau! Até logo!	Ikì pasimãtymo!	[ɪkʲɪ pasʲɪmatʲiːmo!]
Até breve!	Ikì greĩto susìtikimo!	[ɪ'kʲɪ 'grʲɛɪtɔ susʲɪtʲɪ'kʲɪmɔ!]
Adeus!	Lìkite sveikì!	['lʲɪkʲɪtʲɛ svʲɛɪ'kʲɪ!]
despedir-se (dizer adeus)	atsisveĩkinti	[atsʲɪ'svʲɛɪkʲɪntʲɪ]
Até mais!	Ikì!	[ɪ'kʲɪ!]
Obrigado! -a!	Ãčiũ!	['aːtʂʲuː!]
Muito obrigado! -a!	Labaĩ ãčiũ!	[lʲa'bʌɪ 'aːtʂʲuː!]
De nada	Prãšom.	['praːʃom]
Não tem de quê	Nevertà padėkõs.	[nʲɛver'ta padʲe:'ko:s]
Não foi nada!	Nėrà už kã̃.	[nʲe:'ra 'ʊʒ ka:]
Desculpa!	Atléisk!	[at'lʲɛɪsk!]
Desculpe!	Atléiskite!	[at'lʲɛɪskʲɪtʲɛ!]
desculpar (vt)	atléisti	[at'lʲɛɪstʲɪ]
desculpar-se (vr)	atsiprašýti	[atsʲɪpra'ʃɪːtʲɪ]

Me desculpe	Mãno atsiprãšymas.	['ma:nɔ atsʲɪ'pra:ʃɪ:mas]
Desculpe!	Atléiskite!	[at'lʲɛɪskʲɪtʲɛ!]
perdoar (vt)	atléisti	[at'lʲɛɪstʲɪ]
Não faz mal	Niẽko baisaũs.	['nʲɛkɔ bʌɪ'saʊs]
por favor	prãšom	['pra:ʃom]

Não se esqueça!	Nepamíŕškite!	[nʲɛpa'mʲɪrʃkʲɪtʲɛ!]
Com certeza!	Žìnoma!	['ʒʲɪnoma!]
Claro que não!	Žìnoma nè!	['ʒʲɪnoma nʲɛ!]
Está bem! De acordo!	Sutinkù!	[sʊtʲɪŋ'kʊ!]
Chega!	Užtèks!	[ʊʒ'tʲɛks!]

3. Como se dirigir a alguém

Desculpe ...	Atsiprašau, ...	[atsʲɪpra'ʃɑʊ, ...]
senhor	Põnas	['po:nas]
senhora	Põne	['po:nʲɛ]
senhorita	Panẽlẽ	[pa'nʲælʲe:]
jovem	Ponáiti	[po'nʌɪtʲɪ]
menino	Berniùk	[bʲɛr'nʲʊk]
menina	Mergáitẽ	[mʲɛr'gʌɪtʲe:]

4. Números cardinais. Parte 1

zero	nùlis	['nʊlʲɪs]
um	víenas	['vʲiɛnas]
dois	dù	['dʊ]
três	trìs	['trʲɪs]
quatro	keturì	[kʲɛtʊ'rʲɪ]

cinco	penkì	[pʲɛŋ'kʲɪ]
seis	šešì	[ʃɛ'ʃʲɪ]
sete	septynì	[sʲɛptʲi:'nʲɪ]
oito	aštuonì	[aʃtʊɑ'nʲɪ]
nove	devynì	[dʲɛvʲi:'nʲɪ]

dez	dẽšimt	['dʲæʃɪmt]
onze	vienúolika	[vʲiɛ'nʊɑlʲɪka]
doze	dvýlika	['dvʲi:lʲɪka]
treze	trýlika	['trʲi:lʲɪka]
catorze	keturiólika	[kʲɛtʊ'rʲolʲɪka]

quinze	penkiólika	[pʲɛŋ'kʲolʲɪka]
dezesseis	šešiólika	[ʃɛ'ʃʲolʲɪka]
dezessete	septyniólika	[sʲɛptʲi:'nʲolʲɪka]
dezoito	aštuoniólika	[aʃtʊɑ'nʲolʲɪka]
dezenove	devyniólika	[dʲɛvʲi:'nʲolʲɪka]

vinte	dvìdešimt	['dvʲɪdʲɛʃɪmt]
vinte e um	dvìdešimt víenas	['dvʲɪdʲɛʃɪmt 'vʲiɛnas]
vinte e dois	dvìdešimt dù	['dvʲɪdʲɛʃɪmt 'dʊ]
vinte e três	dvìdešimt trìs	['dvʲɪdʲɛʃɪmt 'trʲɪs]

trinta	trìsdešimt	['trʲɪsdʲɛʃɪmt]
trinta e um	trìsdešimt víenas	['trʲɪsdʲɛʃɪmt 'vʲiɛnas]
trinta e dois	trìsdešimt dù	['trʲɪsdʲɛʃɪmt 'dʊ]
trinta e três	trìsdešimt trìs	['trʲɪsdʲɛʃɪmt 'trʲɪs]

quarenta	kēturiasdešimt	['kʲætʊrʲæsdʲɛʃɪmt]
quarenta e um	kēturiasdešimt víenas	['kʲætʊrʲæsdʲɛʃɪmt 'vʲiɛnas]
quarenta e dois	kēturiasdešimt dù	['kʲætʊrʲæsdʲɛʃɪmt 'dʊ]
quarenta e três	kēturiasdešimt trìs	['kʲætʊrʲæsdʲɛʃɪmt 'trʲɪs]

cinquenta	peñkiasdešimt	['pʲɛŋkʲæsdʲɛʃɪmt]
cinquenta e um	peñkiasdešimt víenas	['pʲɛŋkʲæsdʲɛʃɪmt 'vʲiɛnas]
cinquenta e dois	peñkiasdešimt dù	['pʲɛŋkʲæsdʲɛʃɪmt 'dʊ]
cinquenta e três	peñkiasdešimt trìs	['pʲɛŋkʲæsdʲɛʃɪmt 'trʲɪs]

sessenta	šēšiasdešimt	['ʃæʃæsdʲɛʃɪmt]
sessenta e um	šēšiasdešimt víenas	['ʃæʃæsdʲɛʃɪmt 'vʲiɛnas]
sessenta e dois	šēšiasdešimt dù	['ʃæʃæsdʲɛʃɪmt 'dʊ]
sessenta e três	šēšiasdešimt trìs	['ʃæʃæsdʲɛʃɪmt 'trʲɪs]

setenta	septýniasdešimt	[sʲɛp'tʲiːnʲæsdʲɛʃɪmt]
setenta e um	septýniasdešimt víenas	[sʲɛp'tʲiːnʲæsdʲɛʃɪmt 'vʲiɛnas]
setenta e dois	septýniasdešimt dù	[sʲɛp'tʲiːnʲæsdʲɛʃɪmt 'dʊ]
setenta e três	septýniasdešimt trìs	[sʲɛptʲiːnʲæsdʲɛʃɪmt 'trʲɪs]

oitenta	aštúoniasdešimt	[aʃ'tʊɑnʲæsdʲɛʃɪmt]
oitenta e um	aštúoniasdešimt víenas	[aʃ'tʊɑnʲæsdʲɛʃɪmt 'vʲiɛnas]
oitenta e dois	aštúoniasdešimt dù	[aʃ'tʊɑnʲæsdʲɛʃɪmt 'dʊ]
oitenta e três	aštúoniasdešimt trìs	[aʃ'tʊɑnʲæsdʲɛʃɪmt 'trʲɪs]

noventa	devýniasdešimt	[dʲɛ'vʲiːnʲæsdʲɛʃɪmt]
noventa e um	devýniasdešimt víenas	[dʲɛ'vʲiːnʲæsdʲɛʃɪmt 'vʲiɛnas]
noventa e dois	devýniasdešimt dù	[dʲɛ'vʲiːnʲæsdʲɛʃɪmt 'dʊ]
noventa e três	devýniasdešimt trìs	[dʲɛ'vʲiːnʲæsdʲɛʃɪmt 'trʲɪs]

5. Números cardinais. Parte 2

cem	šim̃tas	['ʃɪmtas]
duzentos	dù šimtaĩ	['dʊ ʃɪm'tʌɪ]
trezentos	trìs šimtaĩ	['trʲɪs ʃɪm'tʌɪ]
quatrocentos	keturì šimtaĩ	[kʲɛtʊ'rʲɪ ʃɪm'tʌɪ]
quinhentos	penkì šimtaĩ	[pʲɛŋ'kʲɪ ʃɪm'tʌɪ]
seiscentos	šešì šimtaĩ	[ʃɛ'ʃʲɪ ʃɪm'tʌɪ]
setecentos	septynì šimtaĩ	[sʲɛptʲiːnʲɪ 'ʃɪmtʌɪ]
oitocentos	aštuonì šimtaĩ	[aʃtʊɑ'nʲɪ ʃɪm'tʌɪ]
novecentos	devynì šimtaĩ	[dʲɛvʲiː'nʲɪ ʃɪm'tʌɪ]

mil	tū̃kstantis	['tuːkstantʲɪs]
dois mil	dù tū̃kstančiai	['dʊ 'tuːkstantʂʲɛɪ]
três mil	trŷs tū̃kstančiai	['trʲiːs 'tuːkstantʂʲɛɪ]
dez mil	dēšimt tū̃kstančių	['dʲæʃɪmt 'tuːkstantʂʲuː]
cem mil	šim̃tas tū̃kstančių	['ʃɪmtas 'tuːkstantʂʲuː]
um milhão	milijõnas (v)	[mʲɪlʲɪ'jɔːnas]
um bilhão	milijárdas (v)	[mʲɪlʲɪ'jardas]

6. Números ordinais

primeiro (adj)	pìrmas	['pʲɪrmas]
segundo (adj)	añtras	['antras]
terceiro (adj)	trẽčias	['trʲætʂʲæs]
quarto (adj)	ketvìrtas	[kʲɛt'vʲɪrtas]
quinto (adj)	peñktas	['pʲɛŋktas]
sexto (adj)	šẽštas	['ʃæʃtas]
sétimo (adj)	septiñtas	[sʲɛp'tʲɪntas]
oitavo (adj)	aštuñtas	[aʃ'tuntas]
nono (adj)	deviñtas	[dʲɛ'vʲɪntas]
décimo (adj)	dešim̃tas	[dʲɛ'ʃɪmtas]

7. Números. Frações

fração (f)	trùpmena (m)	['trupmʲɛna]
um meio	víena antróji	['vʲiɛna an'tro:jɪ]
um terço	víena trečióji	['vʲiɛna trʲɛ'tʂʲo:jɪ]
um quarto	víena ketvirtóji	['vʲiɛna kʲɛtvʲɪr'to:jɪ]
um oitavo	víena aštuntóji	['vʲiɛna aʃtun'to:jɪ]
um décimo	víena dešimtóji	['vʲiɛna dʲɛʃɪm'to:jɪ]
dois terços	dvì trečioosios	[dvʲɪ 'trʲætʂʲoosʲos]
três quartos	trỹs ketvìrtosios	['trʲi:s kʲɛt'vʲɪrtosʲos]

8. Números. Operações básicas

subtração (f)	atimtìs (m)	[atʲɪm'tʲɪs]
subtrair (vi, vt)	atim̃ti	[a'tʲɪmtʲɪ]
divisão (f)	dalýba (m)	[da'lʲi:ba]
dividir (vt)	dalìnti	[da'lʲɪntʲɪ]
adição (f)	sudėjìmas (v)	[sudʲe:'jɪmas]
somar (vt)	sudéti	[su'dʲe:tʲɪ]
adicionar (vt)	pridéti	[prʲɪ'dʲe:tʲɪ]
multiplicação (f)	daugýba (m)	[dɑu'gʲi:ba]
multiplicar (vt)	dáuginti	['dɑugʲɪntʲɪ]

9. Números. Diversos

algarismo, dígito (m)	skaitmuõ (v)	[skʌɪt'muɑ]
número (m)	skaĩčius (v)	['skʌɪtʂʲus]
numeral (m)	skaĩtvardis (v)	['skʌɪtvardʲɪs]
menos (m)	mìnusas (v)	['mʲɪnusas]
mais (m)	pliùsas (v)	['plʲusas]
fórmula (f)	fòrmulė (m)	['formulʲe:]
cálculo (m)	išskaičiãvimas (v)	[ɪʃskʌɪ'tʂʲævʲɪmas]
contar (vt)	skaičiúoti	[skʌɪ'tʂʲuɑtʲɪ]

| calcular (vt) | apskaičiúoti | [apskʌɪ'tʂʲʊatʲɪ] |
| comparar (vt) | sulýginti | [sʊ'lʲiːgʲɪntʲɪ] |

Quanto, -os, -as?	Kíek?	['kʲiɛk?]
soma (f)	sumà (m)	[sʊ'ma]
resultado (m)	rezultãtas (v)	[rʲɛzʊlʲ'taːtas]
resto (m)	likùtis (v)	[lʲɪ'kʊtʲɪs]

alguns, algumas ...	kēletas	['kʲælʲɛtas]
pouco (~ tempo)	nedaũg ...	[nʲɛ'daʊg ...]
resto (m)	vìsa kìta	['vʲɪsa 'kʲɪta]
um e meio	pusañtro	[pʊ'santrɔ]
dúzia (f)	tùzinas (v)	['tʊzʲɪnas]

ao meio	peř pùsę	['pʲɛr 'pʊsʲɛː]
em partes iguais	põ lýgiai	['po: lʲiːgʲɛɪ]
metade (f)	pùsė (m)	['pʊsʲeː]
vez (f)	kártas (v)	['kartas]

10. Os verbos mais importantes. Parte 1

abrir (vt)	atidarýti	[atʲɪda'rʲiːtʲɪ]
acabar, terminar (vt)	užbaĩgti	[ʊʒ'bʌɪktʲɪ]
aconselhar (vt)	patarinéti	[patarʲɪ'nʲeːtʲɪ]
adivinhar (vt)	atspéti	[at'spʲeːtʲɪ]
advertir (vt)	pérspéti	['pʲɛrspʲeːtʲɪ]

ajudar (vt)	padéti	[pa'dʲeːtʲɪ]
almoçar (vi)	pietáuti	[pʲiɛ'tautʲɪ]
alugar (~ um apartamento)	núomotis	['nʊamotʲɪs]
amar (pessoa)	myléti	[mʲiː'lʲeːtʲɪ]
ameaçar (vt)	grasìnti	[gra'sʲɪntʲɪ]

anotar (escrever)	užrašinéti	[ʊʒraʃɪ'nʲeːtʲɪ]
apressar-se (vr)	skubéti	[skʊ'bʲeːtʲɪ]
arrepender-se (vr)	gailétis	[gʌɪ'lʲeːtʲɪs]
assinar (vt)	pasirašinéti	[pasʲɪraʃɪ'nʲeːtʲɪ]
brincar (vi)	juokáuti	[jʊa'kautʲɪ]

brincar, jogar (vi, vt)	žaĩsti	['ʒʌɪstʲɪ]
buscar (vt)	ieškóti	[ɪɛʃ'kotʲɪ]
caçar (vi)	medžióti	[mʲɛ'dʒʲotʲɪ]
cair (vi)	krìsti	['krʲɪstʲɪ]
cavar (vt)	raũsti	['raʊstʲɪ]
chamar (~ por socorro)	kviẽsti	['kvʲɛstʲɪ]

chegar (vi)	atvažiúoti	[atva'ʒʲʊatʲɪ]
chorar (vi)	veřkti	['vʲɛrktʲɪ]
começar (vt)	pradéti	[pra'dʲeːtʲɪ]
comparar (vt)	lýginti	['lʲiːgʲɪntʲɪ]
concordar (dizer "sim")	sutìkti	[sʊ'tʲɪktʲɪ]

| confiar (vt) | pasitikéti | [pasʲɪtʲɪ'kʲeːtʲɪ] |
| confundir (equivocar-se) | suklýsti | [sʊk'lʲiːstʲɪ] |

conhecer (vt)	pažinóti	[paʒɪ'notʲɪ]
contar (fazer contas)	skaičiúoti	[skʌɪ'tʂʲuɑtʲɪ]
contar com ...	tikétis ...	[tʲɪ'kʲe:tʲɪs ...]
continuar (vt)	tẽsti	['tʲɛ:stʲɪ]

controlar (vt)	kontroliúoti	[kɔntro'lʲuɑtʲɪ]
convidar (vt)	kviẽsti	['kvʲɛstʲɪ]
correr (vi)	bégti	['bʲe:ktʲɪ]
criar (vt)	sukùrti	[suʹkurtʲɪ]
custar (vt)	kainúoti	[kʌɪ'nuɑtʲɪ]

11. Os verbos mais importantes. Parte 2

dar (vt)	dúoti	['duɑtʲɪ]
dar uma dica	užsimiñti	[uʒsɪ'mʲɪntʲɪ]
decorar (enfeitar)	puõšti	['puɑʃtʲɪ]
defender (vt)	giñti	['gʲɪntʲɪ]
deixar cair (vt)	numèsti	[nu'mʲɛstʲɪ]

descer (para baixo)	léistis	['lʲɛɪstʲɪs]
desculpar (vt)	atléisti	[at'lʲɛɪstʲɪ]
desculpar-se (vr)	atsiprašinéti	[atsʲɪpraʃɪ'nʲe:tʲɪ]
dirigir (~ uma empresa)	vadováuti	[vado'vɑutʲɪ]
discutir (notícias, etc.)	aptarinéti	[aptarʲɪ'nʲætʲɪ]

disparar, atirar (vi)	šáudyti	['ʃɑudʲi:tʲɪ]
dizer (vt)	pasakýti	[pasa'kʲi:tʲɪ]
duvidar (vt)	abejóti	[abʲɛ'jɔtʲɪ]
encontrar (achar)	ràsti	['rastʲɪ]
enganar (vt)	apgaudinéti	[apgɑudʲɪ'nʲe:tʲɪ]

entender (vt)	supràsti	[su'prastʲɪ]
entrar (na sala, etc.)	įeĩti	[iː'ɛɪtʲɪ]
enviar (uma carta)	išsių̃sti	[ɪʃˈsʲu:stʲɪ]
errar (enganar-se)	klýsti	['klʲi:stʲɪ]
escolher (vt)	išsiriñkti	[ɪʃsʲɪ'rʲɪŋktʲɪ]

esconder (vt)	slẽpti	['slʲe:ptʲɪ]
escrever (vt)	rašýti	[ra'ʃʲɪ:tʲɪ]
esperar (aguardar)	láukti	['lʲɑuktʲɪ]
esperar (ter esperança)	tikétis	[tʲɪ'kʲe:tʲɪs]
esquecer (vt)	užmĩršti	[uʒ'mʲɪrʃtʲɪ]

estudar (vt)	studijúoti	[studʲɪ'juɑtʲɪ]
exigir (vt)	reikaláuti	[rʲɛɪka'lʲɑutʲɪ]
existir (vi)	egzistúoti	[ɛgzʲɪs'tuɑtʲɪ]
explicar (vt)	paáiškinti	[pa'ʌɪʃkʲɪntʲɪ]

falar (vi)	sakýti	[sa'kʲi:tʲɪ]
faltar (a la escuela, etc.)	praleidinéti	[pralʲɛɪdʲɪ'nʲe:tʲɪ]
fazer (vt)	darýti	[da'rʲi:tʲɪ]
ficar em silêncio	tyléti	[tʲi:'lʲe:tʲɪ]
gabar-se (vr)	gìrtis	['gʲɪrtʲɪs]
gostar (apreciar)	patìkti	[pa'tʲɪktʲɪ]

gritar (vi)	šaũkti	[ˈʃɑʊktʲɪ]
guardar (fotos, etc.)	sáugoti	[ˈsɑʊɡotʲɪ]
informar (vt)	informúoti	[ɪnforˈmʊɑtʲɪ]
insistir (vi)	reikaláuti	[rʲɛɪkaˈlʲɑʊtʲɪ]

insultar (vt)	įžeidinéti	[iːʒʲɛɪdʲɪˈnʲeːtʲɪ]
interessar-se (vr)	dométis	[doˈmʲeːtʲɪs]
ir (a pé)	eĩti	[ˈɛɪtʲɪ]
ir nadar	máudytis	[ˈmɑʊdʲiːtʲɪs]
jantar (vi)	vakarieniáuti	[vakarʲɪɛˈnʲæʊtʲɪ]

12. Os verbos mais importantes. Parte 3

ler (vt)	skaitýti	[skʌɪˈtʲiːtʲɪ]
libertar, liberar (vt)	išláisvinti	[ɪʃˈlʲʌɪsvʲɪntʲɪ]
matar (vt)	žudýti	[ʒʊˈdʲiːtʲɪ]
mencionar (vt)	minéti	[mʲɪˈnʲeːtʲɪ]
mostrar (vt)	ródyti	[ˈrodʲiːtʲɪ]

mudar (modificar)	pakeĩsti	[paˈkʲɛɪstʲɪ]
nadar (vi)	plaũkti	[ˈplʲɑʊktʲɪ]
negar-se a ... (vr)	atsisakýti	[atsʲɪsaˈkʲiːtʲɪ]
objetar (vt)	priéštaráuti	[prʲɪɛʃtaˈrɑʊtʲɪ]

observar (vt)	stebéti	[steˈbʲeːtʲɪ]
ordenar (mil.)	nurodinéti	[nʊrodʲɪˈnʲeːtʲɪ]
ouvir (vt)	girdéti	[ɡʲɪrˈdʲeːtʲɪ]
pagar (vt)	mokéti	[moˈkʲeːtʲɪ]
parar (vi)	sustóti	[sʊsˈtotʲɪ]

parar, cessar (vt)	nustóti	[nʊˈstotʲɪ]
participar (vi)	dalyváuti	[dalʲiːˈvɑʊtʲɪ]
pedir (comida, etc.)	užsakinéti	[ʊʒsakʲɪˈnʲeːtʲɪ]
pedir (um favor, etc.)	prašýti	[praˈʃɪːtʲɪ]
pegar (tomar)	im̃ti	[ˈɪmtʲɪ]

pegar (uma bola)	gáudyti	[ˈɡɑʊdʲiːtʲɪ]
pensar (vi, vt)	galvóti	[ɡalʲˈvotʲɪ]
perceber (ver)	pastebéti	[pasteˈbʲeːtʲɪ]
perdoar (vt)	atléisti	[atˈlʲɛɪstʲɪ]
perguntar (vt)	kláusti	[ˈklʲɑʊstʲɪ]

permitir (vt)	léisti	[ˈlʲɛɪstʲɪ]
pertencer a ... (vi)	priklausýti	[prʲɪklʲɑʊˈsʲiːtʲɪ]
planejar (vt)	planúoti	[plʲaˈnʊɑtʲɪ]
poder (~ fazer algo)	galéti	[ɡaˈlʲeːtʲɪ]
possuir (uma casa, etc.)	mokéti	[moˈkʲeːtʲɪ]

preferir (vt)	teĩkti pirmenýbę	[ˈtʲɛɪktʲɪ pʲɪrmʲɛˈnʲiːbʲɛː]
preparar (vt)	gamìnti	[ɡaˈmʲɪntʲɪ]
prever (vt)	numatýti	[nʊmaˈtʲiːtʲɪ]
prometer (vt)	žadéti	[ʒaˈdʲeːtʲɪ]
pronunciar (vt)	ištar̃ti	[ɪʃˈtartʲɪ]
propor (vt)	siúlyti	[ˈsʲuːlʲiːtʲɪ]

punir (castigar)	bausti	['baʊstʲɪ]
quebrar (vt)	láužyti	['ˡʲaʊʒʲiːtʲɪ]
queixar-se de ...	skústis	['skuːstʲɪs]
querer (desejar)	noréti	[noˈrʲeːtʲɪ]

13. Os verbos mais importantes. Parte 4

ralhar, repreender (vt)	bárti	['bartʲɪ]
recomendar (vt)	rekomendúoti	[rʲɛkomʲɛnˈdʊatʲɪ]
repetir (dizer outra vez)	kartóti	[karˈtotʲɪ]
reservar (~ um quarto)	rezervúoti	[rʲɛzʲɛrˈvʊatʲɪ]
responder (vt)	atsakýti	[atsaˈkʲiːtʲɪ]

rezar, orar (vi)	melstis	['mʲɛˡstʲɪs]
rir (vi)	juoktis	['jʊaktʲɪs]
roubar (vt)	vogti	['voːktʲɪ]
saber (vt)	žinóti	[ʒʲɪˈnotʲɪ]
sair (~ de casa)	išeiti	[ɪˈʃɛɪtʲɪ]

salvar (resgatar)	gélbéti	['gʲælʲbʲeːtʲɪ]
seguir (~ alguém)	sekti ...	['sʲɛktʲɪ ...]
sentar-se (vr)	séstis	['sʲeːstʲɪs]
ser necessário	būti reikalìngu	['buːtʲɪ rʲɛɪkaˈlʲɪngʊ]

ser, estar	būti	['buːtʲɪ]
significar (vt)	reikšti	['rʲɛɪkʃtʲɪ]
sorrir (vi)	šypsótis	[ʃɪːpˈsotʲɪs]
subestimar (vt)	nejvertinti	[nʲɛɪ:'vʲɛrtʲɪntʲɪ]
surpreender-se (vr)	stebétis	[stɛˈbʲeːtʲɪs]

tentar (~ fazer)	bandýti	[banˈdʲiːtʲɪ]
ter (vt)	turéti	[tʊˈrʲeːtʲɪ]
ter fome	noréti válgyti	[noˈrʲeːtʲɪ 'valʲgʲiːtʲɪ]

ter medo	bijóti	[bɪˈjotʲɪ]
ter sede	noréti gérti	[noˈrʲeːtʲɪ 'gʲærtʲɪ]
tocar (com as mãos)	čiupinéti	[tʂʊpɪˈnʲeːtʲɪ]
tomar café da manhã	pùsryčiauti	['pʊsrʲiːtʂʲɛʊtʲɪ]
trabalhar (vi)	dìrbti	['dʲɪrptʲɪ]
traduzir (vt)	versti	['vʲɛrstʲɪ]

unir (vt)	apjùngti	[aˈpjʊŋktʲɪ]
vender (vt)	pardavinéti	[pardavʲɪˈnʲeːtʲɪ]
ver (vt)	matýti	[maˈtʲiːtʲɪ]
virar (~ para a direita)	sùkti	['sʊktʲɪ]
voar (vi)	skrìsti	['skrʲɪstʲɪ]

14. Cores

cor (f)	spalvà (m)	[spalʲˈva]
tom (m)	ātspalvis (v)	['aːtspalʲvʲɪs]
tonalidade (m)	tònas (v)	['tonas]

arco-íris (m)	vaivórykštė (m)	[vʌɪˈvorʲiːkʃtʲeː]
branco (adj)	baltà	[balʲˈta]
preto (adj)	juodà	[jʊɑˈda]
cinza (adj)	pilkà	[pʲɪlʲˈka]

verde (adj)	žalià	[ʒaˈlʲæ]
amarelo (adj)	geltóna	[gʲɛlʲˈtona]
vermelho (adj)	raudóna	[rɑʊˈdona]

azul (adj)	mélyna	[ˈmʲeːlʲiːna]
azul claro (adj)	žydrà	[ʒʲiːdˈra]
rosa (adj)	rõžinė	[ˈroːʒʲɪnʲeː]
laranja (adj)	oránžinė	[oˈranʒʲɪnʲeː]
violeta (adj)	violètinė	[vʲɪjoˈlʲɛtʲɪnʲeː]
marrom (adj)	rudà	[rʊˈda]

| dourado (adj) | auksìnis | [ɑʊkˈsʲɪnʲɪs] |
| prateado (adj) | sidabrìnis | [sʲɪdaˈbrʲɪnʲɪs] |

bege (adj)	smėlio spalvõs	[ˈsmʲeːlʲɔ spalʲˈvoːs]
creme (adj)	krèminės spalvõs	[ˈkrʲɛmʲɪnʲeːs spalʲˈvoːs]
turquesa (adj)	tùrkio spalvõs	[ˈtʊrkʲɔ spalʲˈvoːs]
vermelho cereja (adj)	výšnių spalvõs	[ˈvʲiːʃnʲu: spalʲˈvoːs]
lilás (adj)	alỹvų spalvõs	[aˈlʲiːvu: spalʲˈvoːs]
carmim (adj)	aviètinės spalvõs	[aˈvʲɛtʲɪnʲeːs spalʲˈvoːs]

claro (adj)	šviesì	[ʃvʲiɛˈsʲɪ]
escuro (adj)	tamsì	[tamˈsʲɪ]
vivo (adj)	ryškì	[rʲiːʃˈkʲɪ]

de cor	spalvótas	[spalʲˈvotas]
a cores	spalvótas	[spalʲˈvotas]
preto e branco (adj)	juodaì báltas	[jʊɑˈdʌɪ ˈbalʲtas]
unicolor (de uma só cor)	vienspálvis	[vʲiɛnsˈpalʲvʲɪs]
multicolor (adj)	įvairiaspálvis	[iːvʌɪrʲæsˈpalʲvʲɪs]

15. Questões

Quem?	Kàs?	[ˈkas?]
O que?	Kã̀?	[ˈka:?]
Onde?	Kur̃?	[ˈkʊr?]
Para onde?	Kur̃?	[ˈkʊr?]
De onde?	Ìš kur̃?	[ɪʃ ˈkʊr?]
Quando?	Kadà?	[kaˈda?]
Para quê?	Kám?	[ˈkam?]
Por quê?	Kodė́l?	[kɔˈdʲeːlʲ?]

Para quê?	Kám?	[ˈkam?]
Como?	Kaìp?	[ˈkʌɪp?]
Qual (~ é o problema?)	Kóks?	[ˈkoks?]
Qual (~ deles?)	Kurìs?	[kuˈrʲɪs?]

| A quem? | Kám? | [ˈkam?] |
| De quem? | Apiẽ kã̀? | [aˈpʲɛ ˈka:?] |

| Do quê? | Apiẽ ką̃? | [a'pʲɛ 'ka:?] |
| Com quem? | Sù kuõ? | ['sʊ 'kʊɑ?] |

| Quanto, -os, -as? | Kíek? | ['kʲiɛk?] |
| De quem (~ é isto?) | Kienõ? | [kʲiɛ'no:?] |

16. Preposições

com (prep.)	sù ...	['sʊ ...]
sem (prep.)	bè	['bʲɛ]
a, para (exprime lugar)	į̃	[iː]
sobre (ex. falar ~)	apiẽ	[a'pʲɛ]
antes de ...	ikì	[ɪ'kʲɪ]
em frente de ...	priẽš	['prʲɛʃ]

debaixo de ...	põ	['poː]
sobre (em cima de)	vírš	['vʲɪrʃ]
em ..., sobre ...	añt	['ant]
de, do (sou ~ Rio de Janeiro)	ìš	[ɪʃ]
de (feito ~ pedra)	ìš	[ɪʃ]

| em (~ 3 dias) | põ ..., ùž ... | ['poː ...], ['ʊʒ ...] |
| por cima de ... | peř | ['pʲɛr] |

17. Palavras funcionais. Advérbios. Parte 1

Onde?	Kur̃?	['kʊr?]
aqui	čià	['tʂʲæ]
lá, ali	teñ	['tʲɛn]

| em algum lugar | kažkur̃ | [kaʒ'kʊr] |
| em lugar nenhum | niẽkur | ['nʲɛkʊr] |

| perto de ... | priẽ ... | ['prʲɛ ...] |
| perto da janela | priẽ lángo | ['prʲɛ 'lʲangɔ] |

Para onde?	Kur̃?	['kʊr?]
aqui	čià	['tʂʲæ]
para lá	teñ	['tʲɛn]
daqui	ìš čià	[ɪʃ tʂʲæ]
de lá, dali	ìš teñ	[ɪʃ tʲɛn]

| perto | šalià | [ʃa'lʲæ] |
| longe | tolì | [to'lʲɪ] |

perto de ...	šalià	[ʃa'lʲæ]
à mão, perto	artì	[ar'tʲɪ]
não fica longe	netolì	[nʲɛ'tolʲɪ]

esquerdo (adj)	kairỹs	[kʌɪ'rʲiːs]
à esquerda	ìš kairẽs	[ɪʃ kʌɪ'rʲeːs]
para a esquerda	į̃ kaĩrę	[iː 'kʌɪrʲɛ:]

direito (adj)	dešinỹs	[dʲɛʃɪ'nʲiːs]
à direita	ìš dešiněs	[ɪʃ deʃɪ'nʲeːs]
para a direita	į̇̀ dẽšinę	[iː 'dʲæʃɪnʲɛ:]
em frente	príekyje	['prʲiɛkʲiːjɛ]
da frente	príekinis	['prʲiɛkʲɪnʲɪs]
adiante (para a frente)	pirmỹn	[pʲɪr'mʲiːn]
atrás de ...	galè	[ga'lʲɛ]
de trás	ìš gãlo	[ɪʃ 'gaːlʲɔ]
para trás	atgãl	[at'galʲ]
meio (m), metade (f)	vidurỹs (v)	[vʲɪdʊ'rʲiːs]
no meio	peř vìdurį	['pʲɛr 'vɪːdʊrʲɪ:]
do lado	šóne	['ʃonʲɛ]
em todo lugar	visuř	[vʲɪ'sʊr]
por todos os lados	aplìñkui	[ap'lʲɪŋkʊi]
de dentro	ìš vidaũs	[ɪʃ vʲɪ'daʊs]
para algum lugar	kažkuř	[kaʒ'kʊr]
diretamente	tiẽsiai	['tʲɛsʲɛɪ]
de volta	atgãl	[at'galʲ]
de algum lugar	ìš kuř nórs	[ɪʃ 'kʊr 'nors]
de algum lugar	ìš kažkuř	[ɪʃ kaʒ'kʊr]
em primeiro lugar	pìrma	['pʲɪrma]
em segundo lugar	àntra	['antra]
em terceiro lugar	trẽčia	['trʲætʃʲæ]
de repente	staigà	[stʌɪ'ga]
no início	pradžiõj	[prad'ʒʲoːj]
pela primeira vez	pìrmą kартą	['pʲɪrma 'karta:]
muito antes de ...	daũg laĩko priẽš ...	['daʊg 'lʲʌɪkɔ 'prʲɛʃ ...]
de novo	ìš naũjo	[ɪʃ 'naʊjɔ]
para sempre	visám laĩkui	[vʲɪ'sam 'lʲʌɪkʊi]
nunca	niekadà	[nʲiɛkad'a]
de novo	věl	['vʲeːlʲ]
agora	dabař	[da'bar]
frequentemente	dažnaĩ	[daʒ'nʌɪ]
então	tadà	[ta'da]
urgentemente	skubiaĩ	[skʊ'bʲɛɪ]
normalmente	įprastaĩ	[iːpras'tʌɪ]
a propósito, ...	bejè, ...	[bɛ'jæ, ...]
é possível	įmãnoma	[iː'maːnoma]
provavelmente	tikétina	[tʲɪ'kʲeːtʲɪna]
talvez	gãli bū́ti	['gaːlʲɪ 'buːtʲɪ]
além disso, ...	bè tõ, ...	['bʲɛ toː, ...]
por isso ...	toděl ...	[to'dʲeːlʲ ...]
apesar de ...	nepáisant ...	[nʲɛ'pʌɪsant ...]
graças a ...	... dékà	[... dʲeː'ka]
que (pron.)	kàs	['kas]
que (conj.)	kàs	['kas]

algo	kažkas	[kaʒ'kas]
alguma coisa	kažkas	[kaʒ'kas]
nada	niẽko	['nⁱɛkɔ]

quem	kàs	['kas]
alguém (~ que ...)	kažkas	[kaʒ'kas]
alguém (com ~)	kažkas	[kaʒ'kas]

ninguém	niẽkas	['nⁱɛkas]
para lugar nenhum	niẽkur	['nⁱɛkʊr]
de ninguém	niẽkieno	['nⁱɛ'kⁱiɛnɔ]
de alguém	kažkienõ	[kaʒkⁱiɛ'no:]

tão	taĩp	['tʌɪp]
também (gostaria ~ de ...)	taĩp pàt	['tʌɪp 'pat]
também (~ eu)	írgi	['ɪrgⁱɪ]

18. Palavras funcionais. Advérbios. Parte 2

Por quê?	Kodėl?	[kɔ'dⁱe:lⁱ?]
por alguma razão	kažkodėl	[kaʒko'dⁱe:lⁱ]
porque ...	... todėl, kàd	[... to'dⁱe:lⁱ, 'kad]
por qualquer razão	kažkodėl	[kaʒko'dⁱe:lⁱ]

e (tu ~ eu)	ír	[ɪr]
ou (ser ~ não ser)	arbà	[ar'ba]
mas (porém)	bèt	['bⁱɛt]

muito, demais	pernelýg	[pⁱɛrnⁱɛ'lⁱi:g]
só, somente	tiktaĩ	[tⁱɪk'tʌɪ]
exatamente	tiksliaĩ	[tⁱɪks'lⁱɛɪ]
cerca de (~ 10 kg)	maždaũg	[maʒ'daʊg]

aproximadamente	apýtikriai	[a'pⁱi:tⁱɪkrⁱɛɪ]
aproximado (adj)	apýtikriai	[a'pⁱi:tⁱɪkrⁱɛɪ]
quase	beveĩk	[bⁱɛ'vⁱɛɪk]
resto (m)	vìsa kìta (m)	['vⁱɪsa 'kⁱɪta]

cada (adj)	kiekvíenas	[kⁱiɛk'vⁱiɛnas]
qualquer (adj)	bèt kurìs	['bⁱɛt kʊ'rⁱɪs]
muito, muitos, muitas	daũg	['daʊg]
muitas pessoas	daũgelis	['daʊgⁱɛlⁱɪs]
todos	visì	[vⁱɪ's'ɪ]

em troca de ...	mainaĩs ĩ ...	[mʌɪ'nʌɪs i: ..]
em troca	mainaĩs	[mʌɪ'nʌɪs]
à mão	rañkiniu būdù	['raŋkⁱɪnⁱʊ bu:'dʊ]
pouco provável	kažì	[ka'ʒⁱɪ]

provavelmente	tikriáusiai	[tⁱɪk'rⁱæʊsⁱɛɪ]
de propósito	týčia	['tⁱi:tʂⁱæ]
por acidente	netýčia	[nⁱɛ'tⁱi:tʂⁱæ]
muito	labaĩ	[lⁱa'bʌɪ]
por exemplo	pãvyzdžiui	['pa:vⁱi:zdʒⁱʊi]

entre	**tar̃p**	['tarp]
entre (no meio de)	**tar̃p**	['tarp]
tanto	**tiẽk**	['tⁱɛk]
especialmente	**ýpač**	['ɪːpatʂ]

Conceitos básicos. Parte 2

19. Dias da semana

segunda-feira (f)	pirmādienis (v)	[pʲɪr'ma:dʲiɛnʲɪs]
terça-feira (f)	antrādienis (v)	[an'tra:dʲiɛnʲɪs]
quarta-feira (f)	trečiādienis (v)	[trʲɛ'tʂʲædʲiɛnʲɪs]
quinta-feira (f)	ketvirtādienis (v)	[kʲɛtvʲɪr'ta:dʲiɛnʲɪs]
sexta-feira (f)	penktādienis (v)	[pʲɛŋk'ta:dʲiɛnʲɪs]
sábado (m)	šeštādienis (v)	[ʃɛʃ'ta:dʲiɛnʲɪs]
domingo (m)	sekmādienis (v)	[sʲɛk'ma:dʲiɛnʲɪs]
hoje	šiandien	['ʃændʲiɛn]
amanhã	rytój	[rʲi:'toj]
depois de amanhã	porýt	[po'rʲi:t]
ontem	vãkar	['va:kar]
anteontem	ùžvakar	['ʊʒvakar]
dia (m)	dienà (m)	[dʲiɛ'na]
dia (m) de trabalho	dárbo dienà (m)	['darbɔ dʲiɛ'na]
feriado (m)	šveñtinė dienà (m)	['ʃventʲɪnʲe: dʲiɛ'na]
dia (m) de folga	išeigìnė dienà (m)	[ɪʃɛɪ'gʲɪnʲe: dʲiɛ'na]
fim (m) de semana	saváitgalis (v)	[sa'vʌɪtgalʲɪs]
o dia todo	vìsą diẽną	['vʲɪsa: 'dʲɛna:]
no dia seguinte	sẽkančią diẽną	['sʲɛ̃kantʂʲæ: 'dʲɛna:]
há dois dias	priẽš dvì dienàs	['prʲɛʃ 'dvʲɪ dʲiɛ'nas]
na véspera	išvakarėse	['ɪʃvakarʲe:se]
diário (adj)	kasdiẽnis	[kas'dʲɛnʲɪs]
todos os dias	kasdiẽn	[kas'dʲɛn]
semana (f)	saváitė (m)	[sa'vʌɪtʲe:]
na semana passada	prãeitą saváitę	['praʲɛɪta: sa'vʌɪtʲɛ:]
semana que vem	ateĩnančią saváitę	[a'tʲɛɪnantʂʲæ: sa'vʌɪtʲɛ:]
semanal (adj)	kassaváitinis	[kassa'vʌɪtʲɪnʲɪs]
toda semana	kàs saváitę	['kas sa'vʌɪtʲɛ:]
duas vezes por semana	dù kartùs peř saváitę	['dʊ kar'tʊs pʲɛr sa'vʌɪtʲɛ:]
toda terça-feira	kiekvíeną antrãdienį	[kʲiɛk'vʲɪːɛna: an'tra:dʲɪːɛnʲɪ:]

20. Horas. Dia e noite

manhã (f)	rýtas (v)	['rʲi:tas]
de manhã	rytè	[rʲi:'tʲɛ]
meio-dia (m)	vidùrdienis (v)	[vʲɪ'dʊrdʲiɛnʲɪs]
à tarde	popiẽt	[po'pʲɛt]
tardinha (f)	vãkaras (v)	['va:karas]
à tardinha	vakarè	[vaka'rʲɛ]

noite (f)	naktìs (m)	[nak'tʲɪs]
à noite	nãktį	['naːktʲ]
meia-noite (f)	vidùrnaktis (v)	[vʲɪ'dʊrnaktʲɪs]

segundo (m)	sekùndė (m)	[sʲɛ'kʊndʲeː]
minuto (m)	minùtė (m)	[mʲɪ'nʊtʲeː]
hora (f)	valandà (m)	[valʲan'da]
meia hora (f)	pùsvalandis (v)	['pʊsvalʲandʲɪs]
quarto (m) de hora	ketvìrtis valandõs	[kʲɛt'vʲɪrtʲɪs valʲan'doːs]
quinze minutos	penkiólika minùčių	[pʲɛŋ'kʲolʲɪka mʲɪ'nʊtʂʲuː]
vinte e quatro horas	parà (m)	[pa'ra]

nascer (m) do sol	sáulės patekéjimas (v)	['saʊlʲeːs patʲɛ'kʲɛjɪmas]
amanhecer (m)	aušrà (m)	[ɑʊʃ'ra]
madrugada (f)	ankstývas rýtas (v)	[aŋk'stʲiːvas 'rʲiːtas]
pôr-do-sol (m)	saulélydis (v)	[saʊ'lʲeːlʲiːdʲɪs]

de madrugada	ankstì rytè	[aŋk'stʲɪ rʲiː'tʲɛ]
esta manhã	šiañdien rytè	['ʃændʲɪɛn rʲiː'tʲɛ]
amanhã de manhã	rytój rytè	[rʲiː'toj rʲiː'tʲɛ]

esta tarde	šiañdien diēną	['ʃæn'dʲɛn 'dʲɪɛnaː]
à tarde	popiēt	[po'pʲɛt]
amanhã à tarde	rytój popiēt	[rʲiː'toj po'pʲɛt]

| esta noite, hoje à noite | šiañdien vakarè | ['ʃændʲɪɛn vaka'rʲɛ] |
| amanhã à noite | rytój vakarè | [rʲiː'toj vaka'rʲɛ] |

às três horas em ponto	lýgiai trẽčią vãlandą	['lʲiːgʲɛɪ 'trʲætʂʲæ: 'vaːlanda:]
por volta das quatro	apiē ketvìrtą vãlandą	[a'pʲɛ kʲɛtvʲɪrta: va:lʲanda:]
às doze	dvýliktai vãlandai	['dvʲiːlʲɪktʌɪ 'vaːlandʌɪ]

em vinte minutos	ùž dvidešimtiẽs minùčių	['ʊʒ dvʲɪdʲɛʃɪm'tʲɛs mʲɪ'nʊtʂʲuː]
em uma hora	ùž valandõs	['ʊʒ valʲan'doːs]
a tempo	laikù	[lʲʌɪ'kʊ]

... um quarto para	bè ketvìrčio	['bʲɛ 'kʲɛtvʲɪrtʂʲɔ]
dentro de uma hora	valandõs bẽgyje	[valʲan'doːs 'bʲɛːgʲiːje]
a cada quinze minutos	kàs penkiólika minùčių	['kas pʲɛŋ'kʲolʲɪka mʲɪ'nʊtʂʲuː]
as vinte e quatro horas	vìsą pãrą (m)	['vʲɪsa: 'paːraː]

21. Meses. Estações

janeiro (m)	saũsis (v)	['saʊsʲɪs]
fevereiro (m)	vasãris (v)	[va'saːrʲɪs]
março (m)	kovàs (v)	[kɔ'vas]
abril (m)	balañdis (v)	[ba'lʲandʲɪs]
maio (m)	gegužė̃ (m)	[gʲɛgʊ'ʒʲeː]
junho (m)	biržẽlis (v)	[bʲɪr'ʒʲælʲɪs]

julho (m)	líepa (m)	['lʲiɛpa]
agosto (m)	rugpjū́tis (v)	[rʊg'pjuːtʲɪs]
setembro (m)	rugsė́jis (v)	[rʊg'sʲɛjɪs]
outubro (m)	spãlis (v)	['spaːlʲɪs]

novembro (m)	lãpkritis (v)	[ˈlʲaːpkrʲɪtʲɪs]
dezembro (m)	grúodis (v)	[ˈgrʊɑdʲɪs]
primavera (f)	pavãsaris (v)	[paˈvaːsarʲɪs]
na primavera	pavãsarį	[paˈvaːsarʲɪː]
primaveril (adj)	pavasarinis	[pavasaˈrʲɪnʲɪs]
verão (m)	vãsara (m)	[ˈvaːsara]
no verão	vãsarą	[ˈvaːsaraː]
de verão	vasarìnis	[vasaˈrʲɪnʲɪs]
outono (m)	ruduõ (v)	[rʊˈdʊɑ]
no outono	rùdenį	[ˈrʊdʲɛnʲɪː]
outonal (adj)	rudenìnis	[rʊdʲɛˈnʲɪnʲɪs]
inverno (m)	žiemà (m)	[ʒʲiɛˈma]
no inverno	žiẽmą	[ˈʒʲɛmaː]
de inverno	žiemìnis	[ʒʲiɛˈmʲɪnʲɪs]
mês (m)	ménuo (v)	[ˈmʲeːnʊɑ]
este mês	šį ménesį	[ʃʲɪ ˈmʲeːnesʲɪː]
mês que vem	kitą ménesį	[ˈkʲɪːta ˈmʲeːnesʲɪː]
no mês passado	praeitą ménesį	[ˈpraʲɛɪta ˈmʲeːnesʲɪː]
um mês atrás	priẽš ménesį	[ˈprʲɪːɛʃ ˈmʲeːnesʲɪː]
em um mês	už ménesio	[ˈʊʒ ˈmʲeːnesʲɔ]
em dois meses	už dvejų ménesių	[ˈʊʒ dveˈju: ˈmʲeːnesʲuː]
todo o mês	vìsą ménesį	[ˈvʲɪsaː ˈmʲeːnesʲɪː]
um mês inteiro	vìsą ménesį	[ˈvʲɪsaː ˈmʲeːnesʲɪː]
mensal (adj)	kasménesìnis	[kasmʲeˈneˈsʲɪnʲɪs]
mensalmente	kàs ménesį	[ˈkas ˈmʲeːnesʲɪː]
todo mês	kiekvíeną ménesį	[kʲiɛkˈvʲɪːɛna: ˈmʲeːnesʲɪː]
duas vezes por mês	dù kartùs peř ménesį	[ˈdʊ karˈtʊs per ˈmʲeːnesʲɪː]
ano (m)	mẽtai (v dgs)	[ˈmʲætʌɪ]
este ano	šiaìs mẽtais	[ˈʃʲɛɪs ˈmʲætʌɪs]
ano que vem	kitaìs mẽtais	[kʲɪˈtʌɪs ˈmʲætʌɪs]
no ano passado	praeitaìs mẽtais	[praʲɛɪˈtʌɪs ˈmʲætʌɪs]
há um ano	priẽš metùs	[ˈprʲɛʃ mʲɛˈtʊs]
em um ano	už mẽtų	[ˈʊʒ ˈmʲætuː]
dentro de dois anos	už dvejų mẽtų	[ˈʊʒ dvʲɛˈju: ˈmʲætuː]
todo o ano	visùs metùs	[vʲɪˈsʊs mʲɛˈtʊs]
um ano inteiro	visùs metùs	[vʲɪˈsʊs mʲɛˈtʊs]
cada ano	kàs metùs	[ˈkas mʲɛˈtʊs]
anual (adj)	kasmetìnis	[kasmʲɛˈtʲɪnʲɪs]
anualmente	kàs metùs	[ˈkas mʲɛˈtʊs]
quatro vezes por ano	kẽturis kartùs peř metus	[ˈkʲætʊrʲɪs karˈtʊs pʲɛr mʲɛˈtʊs]
data (~ de hoje)	dienà (m)	[dʲiɛˈna]
data (ex. ~ de nascimento)	datà (m)	[daˈta]
calendário (m)	kalendõrius (v)	[kalʲɛnˈdoːrʲʊs]
meio ano	pùsė mẽtų	[ˈpʊsʲe: ˈmʲætuː]

seis meses	pùsmetis (v)	['pʊsmʲɛtʲɪs]
estação (f)	sezònas (v)	[sʲɛ'zonas]
século (m)	ámžius (v)	['amʒʲʊs]

22. Unidades de medida

peso (m)	svõris (v)	['svoːrʲɪs]
comprimento (m)	îlgis (v)	[iˡgʲɪs]
largura (f)	plõtis (v)	['pˡoːtʲɪs]
altura (f)	aũkštis (v)	['ɑʊkʃtʲɪs]
profundidade (f)	gȳlis (v)	['gʲiːlʲɪs]
volume (m)	tũris (v)	['tuːrʲɪs]
área (f)	plótas (v)	['pˡotas]

grama (m)	grãmas (v)	['graːmas]
miligrama (m)	miligrãmas (v)	[mʲɪlʲɪ'graːmas]
quilograma (m)	kilogrãmas (v)	[kʲɪlʲo'graːmas]
tonelada (f)	tonà (m)	[to'na]
libra (453,6 gramas)	svãras (v)	['svaːras]
onça (f)	ùncija (m)	['ʊntsʲɪjɛ]

metro (m)	mètras (v)	['mʲɛtras]
milímetro (m)	milimètras (v)	[mʲɪlʲɪ'mʲɛtras]
centímetro (m)	centimètras (v)	[tsʲɛntʲɪ'mʲɛtras]
quilômetro (m)	kilomètras (v)	[kʲɪlʲo'mʲɛtras]
milha (f)	mylià (m)	[mʲiːlˡæ]

polegada (f)	cólis (v)	['tsolʲɪs]
pé (304,74 mm)	pèdà (m)	[pʲeː'da]
jarda (914,383 mm)	járdas (v)	[jardas]

metro (m) quadrado	kvadrãtinis mètras (v)	[kvad'raːtʲɪnʲɪs 'mʲɛtras]
hectare (m)	hektãras (v)	[ɣʲɛk'taːras]

litro (m)	lìtras (v)	['lʲɪtras]
grau (m)	láipsnis (v)	['lˡʌɪpsnʲɪs]
volt (m)	vòltas (v)	['volʲtas]
ampère (m)	ampèras (v)	[am'pʲɛras]
cavalo (m) de potência	árklio galià (m)	['arklˡɔ ga'lˡæ]

quantidade (f)	kiẽkis (v)	['kʲɛkʲɪs]
um pouco de ...	nedaũg ...	[nʲɛ'dɑʊg ...]
metade (f)	pùsė (m)	['pʊsʲeː]
dúzia (f)	tùzinas (v)	['tʊzʲɪnas]
peça (f)	víenetas (v)	['vʲɪɛnʲɛtas]

tamanho (m), dimensão (f)	dȳdis (v), išmatãvimai (v dgs)	['dʲiːdʲɪs], [iʃma'taːvʲɪmʌɪ]
escala (f)	mastèlis (v)	[mas'tʲælʲɪs]

mínimo (adj)	minimalùs	[mʲɪnʲɪma'lˡʊs]
menor, mais pequeno	mažiáusias	[ma'ʒʲæʊsʲæs]
médio (adj)	vidutìnis	[vʲɪdu'tʲɪnʲɪs]
máximo (adj)	maksimalùs	[maksʲɪma'lˡʊs]
maior, mais grande	didžiáusias	[dʲɪ'dʒʲæʊsʲæs]

23. Recipientes

pote (m) de vidro	stiklaìnis (v)	[stʲɪkˈlʲʌˈɪnʲɪs]
lata (~ de cerveja)	skardìnė (m)	[skarˈdʲɪnʲeː]
balde (m)	kìbiras (v)	[ˈkʲɪbʲɪras]
barril (m)	statìnė (m)	[staˈtʲɪnʲeː]

bacia (~ de plástico)	dubenėlis (v)	[dʊbeˈnʲeːlʲɪs]
tanque (m)	bãkas (v)	[ˈbaːkas]
cantil (m) de bolso	kolba (m)	[ˈkolʲba]
galão (m) de gasolina	kanìstras (v)	[kaˈnʲɪstras]
cisterna (f)	bãkas (v)	[ˈbaːkas]

caneca (f)	puodėlis (v)	[pʊɑˈdʲælʲɪs]
xícara (f)	puodėlis (v)	[pʊɑˈdʲælʲɪs]
pires (m)	lėkštėlė (m)	[lʲeˈkʃˈtʲælʲeː]
copo (m)	stìklas (v)	[ˈstʲɪklʲas]
taça (f) de vinho	taurė̃ (m)	[tɑʊˈrʲeː]
panela (f)	púodas (v)	[ˈpʊɑdas]

| garrafa (f) | bùtelis (v) | [ˈbʊtʲɛlʲɪs] |
| gargalo (m) | kãklas (v) | [ˈkaːklʲas] |

jarra (f)	grafìnas (v)	[graˈfʲɪnas]
jarro (m)	ąsõtis (v)	[aːˈsoːtʲɪs]
recipiente (m)	ìndas (v)	[ˈɪndas]
pote (m)	púodas (v)	[ˈpʊɑdas]
vaso (m)	vazà (m)	[vaˈza]

frasco (~ de perfume)	bùtelis (v)	[ˈbʊtʲɛlʲɪs]
frasquinho (m)	buteliùkas (v)	[bʊtʲɛˈlʲʊkas]
tubo (m)	tūbà (m)	[tuːˈba]

saco (ex. ~ de açúcar)	maĩšas (v)	[ˈmʌɪʃas]
sacola (~ plastica)	pakètas (v)	[paˈkʲɛtas]
maço (de cigarros, etc.)	plúoštas (v)	[ˈplʲʊɑʃtas]

caixa (~ de sapatos, etc.)	dėžė̃ (m)	[dʲeːˈʒʲeː]
caixote (~ de madeira)	dėžė̃ (m)	[dʲeːˈʒʲeː]
cesto (m)	krepšỹs (v)	[krʲɛpˈʃʲɪːs]

O SER HUMANO

O ser humano. O corpo

24. Cabeça

cabeça (f)	galvà (m)	[gal'va]
rosto, cara (f)	véidas (v)	['vʲɛɪdas]
nariz (m)	nósis (m)	['nosʲɪs]
boca (f)	burnà (m)	[bʊr'na]
olho (m)	akìs (m)	[a'kʲɪs]
olhos (m pl)	ākys (m dgs)	['a:kʲi:s]
pupila (f)	vyzdỹs (v)	[vʲi:z'dʲi:s]
sobrancelha (f)	antakis (v)	['antakʲɪs]
cílio (f)	blakstíena (m)	[blʲak'stʲiɛna]
pálpebra (f)	võkas (v)	['vo:kas]
língua (f)	liežùvis (v)	[lʲiɛ'ʒʊvʲɪs]
dente (m)	dantìs (v)	[dan'tʲɪs]
lábios (m pl)	lū̃pos (m dgs)	['lʲu:pos]
maçãs (f pl) do rosto	skruostìkauliai (v dgs)	[skrʊɑ'stʲɪkɑʊlʲɛɪ]
gengiva (f)	dantenõs (m dgs)	[dantʲɛ'no:s]
palato (m)	gomurỹs (v)	[gomʊ'rʲi:s]
narinas (f pl)	šnérvės (m dgs)	['ʃnʲærvʲe:s]
queixo (m)	smãkras (v)	['sma:kras]
mandíbula (f)	žandìkaulis (v)	[ʒan'dʲɪkɑʊlʲɪs]
bochecha (f)	skrúostas (v)	['skrʊɑstas]
testa (f)	kaktà (m)	[kak'ta]
têmpora (f)	smilkinỹs (v)	[smʲɪlʲkʲɪr'nʲi:s]
orelha (f)	ausìs (m)	[ɑʊ'sʲɪs]
costas (f pl) da cabeça	pakáušis, sprándas (v)	[pa'kɑʊʃɪs], ['sprandas]
pescoço (m)	kãklas (v)	['ka:klʲas]
garganta (f)	gerklė̃ (m)	[gʲɛrk'lʲe:]
cabelo (m)	plaukaĩ (v dgs)	[plʲɑʊ'kʌɪ]
penteado (m)	šukúosena (m)	[ʃʊ'kʊɑsʲɛna]
corte (m) de cabelo	kirpìmas (v)	[kʲɪr'pʲɪmas]
peruca (f)	perùkas (v)	[pʲɛ'rʊkas]
bigode (m)	ū̃sai (v dgs)	['u:sʌɪ]
barba (f)	barzdà (m)	[barz'da]
ter (~ barba, etc.)	nešióti	[nʲɛ'ʃotʲɪ]
trança (f)	kasà (m)	[ka'sa]
suíças (f pl)	žándenos (m dgs)	['ʒandʲɛnos]
ruivo (adj)	rùdis	['rʊdʲɪs]
grisalho (adj)	žìlas	['ʒʲɪlʲas]

| careca (adj) | plìkas | ['plʲɪkas] |
| calva (f) | plìkė (m) | ['plʲɪkʲeː] |

| rabo-de-cavalo (m) | uodega̍ (m) | [ʊadʲɛ'ga] |
| franja (f) | kírpčiai (v dgs) | ['kʲɪrptʂʲɛɪ] |

25. Corpo humano

| mão (f) | pla̋štaka (m) | ['plʲaːʃtaka] |
| braço (m) | ranka̍ (m) | [raŋ'ka] |

dedo (m)	pírštas (v)	['pʲɪrʃtas]
polegar (m)	nykštỹs (v)	[nʲiːkʃtʲiːs]
dedo (m) mindinho	mažasis pírštas (v)	[ma'ʒasʲɪs 'pʲɪrʃtas]
unha (f)	na̋gas (v)	['naːgas]

punho (m)	ku̍mštis (v)	['kʊmʃtʲɪs]
palma (f)	délnas (f)	['dʲɛlʲnas]
pulso (m)	ríešas (v)	['rʲiɛʃas]
antebraço (m)	dìlbis (v)	['dʲɪlʲbʲɪs]
cotovelo (m)	alkűnė (m)	[alʲʲkuːnʲeː]
ombro (m)	petìs (v)	[pʲɛ'tʲɪs]

perna (f)	ko̍ja (m)	['koja]
pé (m)	péda̍ (m)	[pʲeː'da]
joelho (m)	kēlias (v)	['kʲælʲæs]
panturrilha (f)	blauzda̍ (m)	[blʲaʊz'da]
quadril (m)	šlaunìs (m)	[ʃlʲaʊ'nʲɪs]
calcanhar (m)	kuĺnas (v)	['kʊlˠnas]

corpo (m)	kűnas (v)	['kuːnas]
barriga (f), ventre (m)	pílvas (v)	['pʲɪlʲvas]
peito (m)	krūtìnė (m)	[kruː'tʲɪnʲeː]
seio (m)	krūtìs (m)	[kruː'tʲɪs]
lado (m)	šónas (v)	['ʃonas]
costas (dorso)	nu̍gara (m)	['nʊgara]
região (f) lombar	juosmű (v)	[jʊas'mʊa]
cintura (f)	liemű (v)	[lʲiɛ'mʊa]

umbigo (m)	bámba (m)	['bamba]
nádegas (f pl)	sédmenys (v dgs)	['sʲeːdmenʲiːs]
traseiro (m)	pastu̍rgalis, užpakalis (v)	[pas'tʊrgalʲɪs], ['ʊʒpakalʲɪs]

sinal (m), pinta (f)	a̋pgamas (v)	['aːpgamas]
sinal (m) de nascença	a̋pgamas (v)	['aːpgamas]
tatuagem (f)	tatuiruõtė (m)	[tatʊi'rʊatʲeː]
cicatriz (f)	rándas (v)	['randas]

Vestuário & Acessórios

26. Roupa exterior. Casacos

roupa (f)	apranga (m)	[apran'ga]
roupa (f) exterior	viršutìniai drabùžiai (v dgs)	[vʲɪrʃʊ'tʲɪnʲɛɪ dra'bʊʒʲɛɪ]
roupa (f) de inverno	žiemìniai drabùžiai (v)	[ʒʲiɛ'mʲɪnʲɛɪ dra'bʊʒʲɛɪ]
sobretudo (m)	páltas (v)	['palʲtas]
casaco (m) de pele	kailiniaĩ (v dgs)	[kʌɪlʲɪ'nʲɛɪ]
jaqueta (f) de pele	pùskailiniai (v)	['pʊskʌɪlʲɪnʲɛɪ]
casaco (m) acolchoado	pūkìnė (m)	[pu:'kʲɪnʲe:]
casaco (m), jaqueta (f)	striùkė (m)	['strʲʊkʲe:]
impermeável (m)	apsiaũstas (v)	[ap'sʲɛʊstas]
a prova d'água	nepéršlampamas	[nʲɛ'pʲɛrʃlʲampamas]

27. Vestuário de homem & mulher

camisa (f)	marškiniaĩ (v dgs)	[marʃkʲɪ'nʲɛɪ]
calça (f)	kélnės (m dgs)	['kʲɛlʲnʲe:s]
jeans (m)	džìnsai (v dgs)	['dʒʲɪnsʌɪ]
paletó, terno (m)	švaȓkas (v)	['ʃvarkas]
terno (m)	kostiùmas (v)	[kɔs'tʲʊmas]
vestido (ex. ~ de noiva)	suknẽlė (m)	[sʊk'nʲælʲe:]
saia (f)	sijõnas (v)	[sʲɪ'jɔ:nas]
blusa (f)	palaidìnė (m)	[palʲʌɪ'dʲɪnʲe:]
casaco (m) de malha	sùsegamas megztìnis (v)	['sʊsʲɛgamas mʲɛgz'tʲɪnʲɪs]
casaco, blazer (m)	žakètas, švarkẽlis (v)	[ʒa'kʲɛtas], [ʃvar'kʲælʲɪs]
camiseta (f)	fùtbolininko marškiniaĩ (v)	['fʊtbolʲɪnʲɪŋkɔ marʃkʲɪ'nʲɛɪ]
short (m)	šórtai (v dgs)	['ʃortʌɪ]
training (m)	spòrtinis kostiùmas (v)	['sportʲɪnʲɪs kos'tʲʊmas]
roupão (m) de banho	chalãtas (v)	[xa'lʲa:tas]
pijama (m)	pižamà (m)	[pʲɪʒa'ma]
suéter (m)	nertìnis (v)	[nʲɛr'tʲɪnʲɪs]
pulôver (m)	megztìnis (v)	[mʲɛgz'tʲɪnʲɪs]
colete (m)	liemẽnė (m)	[lʲiɛ'mʲænʲe:]
fraque (m)	frãkas (v)	['fra:kas]
smoking (m)	smòkingas (v)	['smokʲɪngas]
uniforme (m)	unifòrma (m)	[ʊnʲɪ'forma]
roupa (f) de trabalho	dárbo drabùžiai (v)	['darbo dra'bʊʒʲɛɪ]
macacão (m)	kombinezònas (v)	[kɔmbʲɪnʲɛ'zonas]
jaleco (m), bata (f)	chalãtas (v)	[xa'lʲa:tas]

28. Vestuário. Roupa interior

roupa (f) íntima	baltiniai (v dgs)	[balʲtʲɪˈnʲɛɪ]
camiseta (f)	apatìniai marškinėliai (v dgs)	[apaˈtʲɪnʲɛɪ marʃkʲɪˈnʲeːlʲɛɪ]
meias (f pl)	kójinės (m dgs)	[ˈkoːjɪnʲeːs]
camisola (f)	naktìniai marškiniai (v dgs)	[nakˈtʲɪnʲɛɪ marʃkʲɪˈnʲɛɪ]
sutiã (m)	liemenė̃lė (m)	[lʲɪɛmeˈnʲeːlʲeː]
meias longas (f pl)	gòlfai (v)	[ˈgolʲfʌɪ]
meias-calças (f pl)	pédkelnės (m dgs)	[ˈpʲeːdkʲɛlʲnʲeːs]
meias (~ de nylon)	kójinės (m dgs)	[ˈkoːjɪnʲeːs]
maiô (m)	máudymosi kostiumė̃lis (v)	[ˈmɑʊdʲiːmosʲɪ kostʲʊˈmʲeːlʲɪs]

29. Adereços de cabeça

chapéu (m), touca (f)	kepùrė (m)	[kʲɛˈpʊrʲe:]
chapéu (m) de feltro	skrybė̃lė (m)	[skrʲiːbʲeːˈlʲe:]
boné (m) de beisebol	beĩsbolo lazdà (m)	[ˈbʲɛɪsbolʲɔ lʲaz'da]
boina (~ italiana)	kepùrė (m)	[kʲɛˈpʊrʲe:]
boina (ex. ~ basca)	beretė̃ (m)	[bʲɛˈrʲɛtʲe:]
capuz (m)	gobtùvas (v)	[gopˈtʊvas]
chapéu panamá (m)	panamà (m)	[panaˈma]
touca (f)	megztà kepurái̇̀tė (m)	[mʲɛgzˈta kepʊˈrʌɪtʲe:]
lenço (m)	skarà (m), skarė̃lė (m)	[skaˈra], [ska'rʲælʲe:]
chapéu (m) feminino	skrybė́lái̇̀tė (m)	[skrʲi:bʲeːˈlʲʌɪtʲe:]
capacete (m) de proteção	šálmas (v)	[ˈʃalʲmas]
bibico (m)	pilòtė (m)	[pʲɪˈlʲotʲe:]
capacete (m)	šálmas (v)	[ˈʃalʲmas]
chapéu-coco (m)	katiliùkas (v)	[katʲɪˈlʲʊkas]
cartola (f)	cilìndras (v)	[tsʲɪˈlʲɪndras]

30. Calçado

calçado (m)	ãvalynė (m)	[ˈaːvalʲiːnʲe:]
botinas (f pl), sapatos (m pl)	bãtai (v)	[ˈbaːtʌɪ]
sapatos (de salto alto, etc.)	batė̃liai (v)	[baˈtʲælʲɛɪ]
botas (f pl)	aulìniai bãtai (v)	[ɑʊˈlʲɪnʲɛɪ ˈbaːtʌɪ]
pantufas (f pl)	šlepė̃tės (m dgs)	[ʃlʲɛˈpʲætʲe:s]
tênis (~ Nike, etc.)	spòrtbačiai (v dgs)	[ˈsportbatʃʲɛɪ]
tênis (~ Converse)	spòrtbačiai (v dgs)	[ˈsportbatʃʲɛɪ]
sandálias (f pl)	sandãlai (v dgs)	[sanˈdaːlʲʌɪ]
sapateiro (m)	batsiuvỹs (v)	[batsʲʊˈvʲiːs]
salto (m)	kùlnas (v)	[ˈkʊⁱnas]
par (m)	porà (m)	[poˈra]
cadarço (m)	bãtraištis (v)	[ˈbaːtrʌɪʃtʲɪs]

amarrar os cadarços	várstyti	['varstʲiːtʲɪ]
calçadeira (f)	šáukštas (v)	['ʃɑʊkʃtas]
graxa (f) para calçado	ãvalynės krėmas (v)	['aːvalʲiːnʲeːs 'krʲɛmas]

31. Acessórios pessoais

luva (f)	pírštinės (m dgs)	['pʲɪrʃtʲɪnʲeːs]
mitenes (f pl)	kùmštinės (m dgs)	['kʊmʃtʲɪnʲeːs]
cachecol (m)	šãlikas (v)	['ʃaːlʲɪkas]

óculos (m pl)	akiniaĩ (dgs)	[akʲɪ'nʲɛɪ]
armação (f)	rémėliai (v dgs)	[rʲeː'mʲælʲɛɪ]
guarda-chuva (m)	skėtis (v)	['skʲeːtʲɪs]
bengala (f)	lazdėlė (m)	[laz'dʲælʲeː]
escova (f) para o cabelo	plaukų̃ šepetỹs (v)	[plʲɑʊ'kuː ʃɛpʲɛ'tʲiːs]
leque (m)	véduõklė (m)	[vʲeː'dʊɑklʲeː]

gravata (f)	kaklãraištis (v)	[kak'lʲaːrʌɪʃtʲɪs]
gravata-borboleta (f)	petelìškė (m)	[pʲɛtʲɛ'lʲɪʃkʲeː]
suspensórios (m pl)	pètnešos (m dgs)	['pʲætnʲɛʃos]
lenço (m)	nósinė (m)	['nosʲɪnʲeː]

pente (m)	šùkos (m dgs)	['ʃʊkos]
fivela (f) para cabelo	segtùkas (v)	[sʲɛk'tʊkas]
grampo (m)	plaukų̃ segtùkas (v)	[plʲɑʊ'kuː sʲɛk'tʊkas]
fivela (f)	sagtìs (m)	[sak'tʲɪs]

| cinto (m) | díržas (v) | ['dʲɪrʒas] |
| alça (f) de ombro | díržas (v) | ['dʲɪrʒas] |

bolsa (f)	rankinùkas (v)	[raŋkʲɪ'nʊkas]
bolsa (feminina)	rankinùkas (v)	[raŋkʲɪ'nʊkas]
mochila (f)	kuprìnė (m)	[kʊ'prʲɪnʲeː]

32. Vestuário. Diversos

moda (f)	madà (m)	[ma'da]
na moda (adj)	madìngas	[ma'dʲɪngas]
estilista (m)	modeliúotojas (v)	[modʲɛ'lʲʊɑtoːjɛs]

colarinho (m)	apýkaklė (m)	[a'pʲiːkaklʲeː]
bolso (m)	kišẽnė (m)	[kʲɪ'ʃænʲeː]
de bolso	kišenìnis	[kʲɪʃɛ'nʲɪnʲɪs]
manga (f)	rankóvė (m)	[raŋ'kovʲeː]
ganchinho (m)	pakabà (m)	[paka'ba]
bragueta (f)	klýnas (v)	['klʲiːnas]

zíper (m)	užtrauktùkas (v)	[ʊʒtrɑʊk'tʊkas]
colchete (m)	užsegìmas (v)	[ʊʒsʲɛ'gʲɪmas]
botão (m)	sagà (m)	[sa'ga]
botoeira (casa de botão)	kìlpa (m)	['kʲɪlʲpa]
soltar-se (vr)	atplýšti	[at'plʲiːʃtʲɪ]

costurar (vi)	siúti	['sʲuːtʲɪ]
bordar (vt)	siuvinéti	[sʲuvʲɪ'nʲeːtʲɪ]
bordado (m)	siuvinéjimas (v)	[sʲuvʲɪ'nʲɛjɪmas]
agulha (f)	ãdata (m)	['aːdata]
fio, linha (f)	siũlas (v)	['sʲuːlʲas]
costura (f)	siũlė (m)	['sʲuːlʲeː]

sujar-se (vr)	išsitẽpti	[ɪʃsʲɪ'tʲɛptʲɪ]
mancha (f)	dėmẽ (m)	[dʲeː'mʲeː]
amarrotar-se (vr)	susiglámžyti	[susʲɪ'glʲa mʒʲiːtʲɪ]
rasgar (vt)	suplėšyti	[sup'lʲeːʃɪːtʲɪ]
traça (f)	kañdis (v)	['kandʲɪs]

33. Cuidados pessoais. Cosméticos

pasta (f) de dente	dantų̃ pastà (m)	[dan'tu: pas'ta]
escova (f) de dente	dantų̃ šepetẽlis (v)	[dan'tu: ʃepe'tʲe:lʲɪs]
escovar os dentes	valýti dantìs	[va'lʲiːtʲɪ dan'tʲɪs]

gilete (f)	skustùvas (v)	[sku'stuvas]
creme (m) de barbear	skutìmosi krèmas (v)	[sku'tʲɪmosʲɪ 'krʲɛmas]
barbear-se (vr)	skùstis	['skustʲɪs]

sabonete (m)	muĩlas (v)	['muɪlʲas]
xampu (m)	šampū̃nas (v)	[ʃam'pu:nas]

tesoura (f)	žìrklės (m dgs)	['ʒɪrklʲe:s]
lixa (f) de unhas	dìldė (m) nagáms	['dʲɪlʲdʲe: na'gams]
corta-unhas (m)	gnybtùkai (v)	[gnʲiː'p'tukʌɪ]
pinça (f)	pincètas (v)	[pʲɪn'tsʲɛtas]

cosméticos (m pl)	kosmètika (m)	[kɔs'mʲɛtʲɪka]
máscara (f)	kaũkė (f)	['kaukʲe:]
manicure (f)	manikiū̃ras (v)	[manʲɪ'kʲu:ras]
fazer as unhas	darýti manikiū̃rą	[da'rʲiːtʲɪ manʲɪ'kʲu:ra:]
pedicure (f)	pedikiū̃ras (v)	[pʲɛdʲɪ'kʲu:ras]

bolsa (f) de maquiagem	kosmètinė (m)	[kɔs'mʲɛtʲɪnʲe:]
pó (de arroz)	pudrà (m)	[pud'ra]
pó (m) compacto	pùdrinė (m)	['pudrʲɪnʲe:]
blush (m)	skaistalaĩ (v dgs)	[skʌɪsta'lʲaĩ]

perfume (m)	kvepalaĩ (v dgs)	[kvʲɛpa'lʲaĩ]
água-de-colônia (f)	tualètinis vanduõ (v)	[tua'lʲɛtʲɪnʲɪs van'duɑ]
loção (f)	losjònas (v)	[lʲo'sjo nas]
colônia (f)	odekolònas (v)	[odʲɛko'lʲonas]

sombra (f) de olhos	vokų̃ šešéliai (v)	[vo'ku: ʃe'ʃʲe:lʲɛɪ]
delineador (m)	akių̃ pieštùkas (v)	[a'kʲu: pʲɛʃʲ'tukas]
máscara (f), rímel (m)	tùšas (v)	['tuʃas]

batom (m)	lū̃pų dažaĩ (v)	['lʲu:pu: da'ʒʌɪ]
esmalte (m)	nagų̃ lãkas (v)	[na'gu: 'lʲa:kas]
laquê (m), spray fixador (m)	plaukų̃ lãkas (v)	[plʲauˈku: 'lʲa:kas]

desodorante (m)	dezodorántas (v)	[dʲɛzodoˈrantas]
creme (m)	krèmas (v)	[ˈkrʲɛmas]
creme (m) de rosto	veído krèmas (v)	[ˈvʲɛɪdɔ ˈkrʲɛmas]
creme (m) de mãos	rañkų krèmas (v)	[ˈraŋkuː ˈkrʲɛmas]
creme (m) antirrugas	krèmas (v) nuõ raukšlių	[ˈkrʲɛmas nʊɑ raʊkʃlʲuː]
creme (m) de dia	dienìnis krèmas (v)	[dʲiɛˈnʲɪnʲɪs ˈkrʲɛmas]
creme (m) de noite	naktìnis krèmas (v)	[nakˈtʲɪnʲɪs ˈkrʲɛmas]
de dia	dienìnis	[dʲiɛˈnʲɪnʲɪs]
da noite	naktìnis	[nakˈtʲɪnʲɪs]

absorvente (m) interno	tampònas (v)	[tamˈponas]
papel (m) higiênico	tualètinis pòpierius (v)	[tʊaˈlʲɛtʲɪnʲɪs ˈpoːpʲiɛrʲʊs]
secador (m) de cabelo	fènas (v)	[ˈfʲɛnas]

34. Relógios de pulso. Relógios

relógio (m) de pulso	laĩkrodis (v)	[ˈlʲʌɪkrodʲɪs]
mostrador (m)	ciferblãtas (v)	[tsʲɪfʲɛrˈblʲaːtas]
ponteiro (m)	rodýklė (m)	[roˈdʲiːklʲeː]
bracelete (em aço)	apýrankė (m)	[aˈpʲiːraŋkʲeː]
bracelete (em couro)	dirželis (v)	[dʲɪrˈʒʲælʲɪs]

pilha (f)	elemeñtas (v)	[ɛlʲɛˈmʲɛntas]
acabar (vi)	išsikráuti	[ɪʃsʲɪˈkraʊtʲɪ]
trocar a pilha	pakeĩsti elemeñtą	[paˈkʲɛɪstʲɪ ɛlʲɛˈmʲɛntaː]
estar adiantado	skubéti	[skʊˈbʲeːtʲɪ]
estar atrasado	atsilìkti	[atsʲɪˈlʲɪktʲɪ]

relógio (m) de parede	síeninis laĩkrodis (v)	[ˈsʲiɛnʲɪnʲɪs ˈlʲʌɪkrodʲɪs]
ampulheta (f)	smḗlio laĩkrodis (v)	[ˈsmʲeːlʲɔ ˈlʌɪkrodʲɪs]
relógio (m) de sol	sáulės laĩkrodis (v)	[ˈsɑʊlʲeːs ˈlʌɪkrodʲɪs]
despertador (m)	žadintùvas (v)	[ʒadʲɪnˈtʊvas]
relojoeiro (m)	laĩkrodininkas (v)	[ˈlʲʌɪkrodʲɪnʲɪŋkas]
reparar (vt)	taisýti	[tʌɪˈsʲiːtʲɪ]

Alimentação. Nutrição

35. Comida

carne (f)	mėsà (m)	[mʲeːˈsa]
galinha (f)	vištà (m)	[vʲɪʃˈta]
frango (m)	viščiùkas (v)	[vʲɪʃˈtɕʲʊkas]
pato (m)	ántis (m)	[ˈantʲɪs]
ganso (m)	žą̃sinas (v)	[ˈʒaːsʲɪnas]
caça (f)	žvėríena (m)	[ʒvʲeːˈrʲiɛna]
peru (m)	kalakutíena (m)	[kalʲakʊˈtʲiɛna]

carne (f) de porco	kiaulíena (m)	[kʲɛʊˈlʲiɛna]
carne (f) de vitela	veršíena (m)	[vʲɛrˈʃiɛna]
carne (f) de carneiro	avíena (m)	[aˈvʲiɛna]
carne (f) de vaca	jáutiena (m)	[ˈjɑʊtʲiɛna]
carne (f) de coelho	triùšis (v)	[ˈtrʲʊʃɪs]

linguiça (f), salsichão (m)	dešrà (m)	[dʲɛʃra]
salsicha (f)	dešrėlė (m)	[dʲɛʃˈrʲælʲeː]
bacon (m)	bekònas (v)	[bʲɛˈkonas]
presunto (m)	kum̃pis (v)	[ˈkʊmpʲɪs]
pernil (m) de porco	kum̃pis (v)	[ˈkʊmpʲɪs]

patê (m)	paštètas (v)	[paʃˈtʲɛtas]
fígado (m)	kėpenys (m dgs)	[kʲɛpeˈnʲiːs]
guisado (m)	fáršas (v)	[ˈfarʃas]
língua (f)	liežùvis (v)	[lʲiɛˈʒʊvʲɪs]

ovo (m)	kiaušìnis (v)	[kʲɛʊˈʃɪnʲɪs]
ovos (m pl)	kiaušìniai (v dgs)	[kʲɛʊˈʃɪnʲɛɪ]
clara (f) de ovo	báltymas (v)	[ˈbalʲtʲiːmas]
gema (f) de ovo	trynỹs (v)	[trʲiːˈnʲiːs]

peixe (m)	žuvìs (m)	[ʒʊˈvʲɪs]
mariscos (m pl)	jū́ros gėrýbės (m dgs)	[ˈjuːros gʲeːˈrʲiːbʲeːs]
crustáceos (m pl)	vėžiãgyviai (v dgs)	[vʲeːˈʒʲægʲiːvʲɛɪ]
caviar (m)	ìkrai (v dgs)	[ˈɪkrʌɪ]

caranguejo (m)	krãbas (v)	[ˈkraːbas]
camarão (m)	krevetė (m)	[krʲɛˈvʲɛtʲeː]
ostra (f)	áustrė (m)	[ˈɑʊstrʲeː]
lagosta (f)	langùstas (v)	[lʲanˈgʊstas]
polvo (m)	aštuonkõjis (v)	[aʃtʊɑŋˈkoːjis]
lula (f)	kalmãras (v)	[kalʲˈmaːras]

esturjão (m)	eršketíena (m)	[ɛrʃkʲɛˈtʲiɛna]
salmão (m)	lašišà (m)	[lʲaʃɪˈʃa]
halibute (m)	õtas (v)	[ˈoːtas]
bacalhau (m)	ménkė (m)	[ˈmʲɛŋkʲeː]

cavala, sarda (f)	skùmbrė (m)	['skʊmbrʲeː]
atum (m)	tùnas (v)	['tʊnas]
enguia (f)	ungurỹs (v)	[ʊŋgʊ'rʲiːs]
truta (f)	upétakis (v)	[ʊ'pʲeːtakʲɪs]
sardinha (f)	sardinė (m)	[sar'dʲɪnʲeː]
lúcio (m)	lydekà (m)	[lʲiːdʲɛ'ka]
arenque (m)	silkė (m)	['sʲɪlʲkʲeː]
pão (m)	dúona (m)	['dʊɑna]
queijo (m)	sūris (v)	['suːrʲɪs]
açúcar (m)	cùkrus (v)	['tsʊkrʊs]
sal (m)	druskà (m)	[drʊs'ka]
arroz (m)	rỹžiai (v)	['rʲiːʒʲɛɪ]
massas (f pl)	makarõnai (v dgs)	[maka'roːnʌɪ]
talharim, miojo (m)	lãkštiniai (v dgs)	['lʲaːkʃtʲɪnʲɛɪ]
manteiga (f)	svíestas (v)	['svʲiɛstas]
óleo (m) vegetal	augalìnis aliėjus (v)	[ɑʊgalʲɪnʲɪs a'lʲɛjʊs]
óleo (m) de girassol	saulégrąžų aliėjus (v)	[sɑʊ'lʲeːgraːʒuː a'lʲɛjʊs]
margarina (f)	margarìnas (v)	[marga'rʲɪnas]
azeitonas (f pl)	alỹvuogės (m dgs)	[a'lʲiːvʊɑgʲeːs]
azeite (m)	alỹvuogių aliėjus (v)	[a'lʲiːvʊɑgʲʊ a'lʲɛjʊs]
leite (m)	píenas (v)	['pʲiɛnas]
leite (m) condensado	sutírštintas píenas (v)	[sʊ'tʲɪrʃtʲɪntas 'pʲiɛnas]
iogurte (m)	jogùrtas (v)	[jo'gʊrtas]
creme (m) azedo	grietinė (m)	[grʲiɛ'tʲɪnʲeː]
creme (m) de leite	grietinėlė (m)	[grʲiɛtʲɪ'nʲeːlʲeː]
maionese (f)	majonèzas (v)	[majo'nʲɛzas]
creme (m)	krèmas (v)	['krʲɛmas]
grãos (m pl) de cereais	kruõpos (m dgs)	['krʊɑpos]
farinha (f)	mìltai (v dgs)	['mʲɪlʲtʌɪ]
enlatados (m pl)	konsèrvai (v dgs)	[kɔn'sʲɛrvʌɪ]
flocos (m pl) de milho	kukurūzų drìbsniai (v dgs)	[kʊkʊ'ruːzu: 'drʲɪbsnʲɛɪ]
mel (m)	medùs (v)	[mʲɛ'dʊs]
geleia (m)	džèmas (v)	['dʒʲɛmas]
chiclete (m)	kramtomoji gumà (m)	[kramto'mojɪ gʊ'ma]

36. Bebidas

água (f)	vanduõ (v)	[van'dʊɑ]
água (f) potável	gėriamas vanduõ (v)	['gʲærʲæmas van'dʊɑ]
água (f) mineral	minerãlinis vanduõ (v)	[mʲɪnʲɛ'ra:lʲɪnʲɪs van'dʊɑ]
sem gás (adj)	bè gãzo	['bʲɛ 'ga:zɔ]
gaseificada (adj)	gazúotas	[ga'zʊɑtas]
com gás	gazúotas	[ga'zʊɑtas]
gelo (m)	lẽdas (v)	['lʲædas]

com gelo	sù ledaìs	['sʊ lʲɛ'dʌɪs]
não alcoólico (adj)	nealkohòlonis	[nʲɛalʲko'ɣolonʲɪs]
refrigerante (m)	nealkohòlonis gérimas (v)	[nʲɛalʲko'ɣolonʲɪs 'gʲe:rʲɪmas]
refresco (m)	gaivùsis gérimas (v)	[gʌɪ'vʊsʲɪs 'gʲe:rʲɪmas]
limonada (f)	limonãdas (v)	[lʲɪmo'na:das]

bebidas (f pl) alcoólicas	alkohòliniai gérimai (v dgs)	[alʲko'ɣolʲɪnʲɛɪ 'gʲe:rʲɪmʌɪ]
vinho (m)	vỹnas (v)	['vʲi:nas]
vinho (m) branco	bàltas vỹnas (v)	['balʲtas 'vʲi:nas]
vinho (m) tinto	raudónas vỹnas (v)	[rɑʊ'donas 'vʲi:nas]

licor (m)	lìkeris (v)	['lʲɪkʲɛrʲɪs]
champanhe (m)	šampãnas (v)	[ʃam'pa:nas]
vermute (m)	vèrmutas (v)	['vʲɛrmʊtas]

uísque (m)	vìskis (v)	['vʲɪskʲɪs]
vodca (f)	degtìnė (m)	[dʲɛk'tʲɪnʲe:]
gim (m)	džìnas (v)	['dʒɪnas]
conhaque (m)	konjàkas (v)	[kɔn'ja:kas]
rum (m)	ròmas (v)	['romas]

café (m)	kavà (m)	[ka'va]
café (m) preto	juodà kavà (m)	[jʊɑ'da ka'va]
café (m) com leite	kavà sù pìenu (m)	[ka'va 'sʊ 'pʲiɛnʊ]
cappuccino (m)	kapučìno kavà (m)	[kapu'tʂɪnɔ ka'va]
café (m) solúvel	tirpì kavà (m)	[tʲɪr'pʲɪ ka'va]

leite (m)	pìenas (v)	['pʲiɛnas]
coquetel (m)	kokteìlis (v)	[kɔk'tʲɛɪlʲɪs]
batida (f), milkshake (m)	pìeniškas kokteìlis (v)	['pʲiɛnʲɪʃkas kok'tʲɛɪlʲɪs]

suco (m)	sùltys (m dgs)	['sʊlʲtʲi:s]
suco (m) de tomate	pomidòrų sùltys (m dgs)	[pomʲɪ'doru: 'sʊlʲtʲi:s]
suco (m) de laranja	apelsìnų sùltys (m dgs)	[apʲɛlʲ'sʲɪnu: 'sʊlʲtʲi:s]
suco (m) fresco	šviežiaì spáustos sùltys (m dgs)	[ʃvʲiɛ'ʒʲɛɪ 'spɑʊstos 'sʊlʲtʲi:s]

cerveja (f)	alùs (v)	[a'lʲʊs]
cerveja (f) clara	šviesùs alùs (v)	[ʃvʲiɛ'sʊs a'lʲʊs]
cerveja (f) preta	tamsùs alùs (v)	[tam'sʊs a'lʲʊs]

chá (m)	arbatà (m)	[arba'ta]
chá (m) preto	juodà arbatà (m)	[jʊɑ'da arba'ta]
chá (m) verde	žalià arbatà (m)	[ʒa'lʲæ arba'ta]

37. Vegetais

| vegetais (m pl) | daržóvės (m dgs) | [dar'ʒovʲe:s] |
| verdura (f) | žalumýnai (v) | [ʒalʲʊ'mʲi:nʌɪ] |

tomate (m)	pomidòras (v)	[pomʲɪ'doras]
pepino (m)	agùrkas (v)	[a'gʊrkas]
cenoura (f)	morkà (m)	[mor'ka]
batata (f)	bùlvė (m)	['bʊlʲvʲe:]

cebola (f)	svogũnas (v)	[svo'gu:nas]
alho (m)	česnãkas (v)	[tʃʲɛs'na:kas]
couve (f)	kopũstas (v)	[kɔ'pu:stas]
couve-flor (f)	kalafióras (v)	[kalʲa'fʲoras]
couve-de-bruxelas (f)	briùselio kopũstas (v)	['brʲusʲɛlʲɔ ko'pu:stas]
brócolis (m pl)	bròkolių kopũstas (v)	['brokolʲu: ko'pu:stas]
beterraba (f)	ruñkelis, burõkas (v)	['rʊŋkʲɛlʲɪs], [bʊ'ro:kas]
berinjela (f)	baklažãnas (v)	[baklʲa'ʒa:nas]
abobrinha (f)	agurõtis (v)	[agʊ'ro:tʲɪs]
abóbora (f)	rópė (m)	['ropʲe:]
nabo (m)	moliũgas (v)	[mo'lʲu:gas]
salsa (f)	petrãžolė (m)	[pʲɛ'tra:ʒolʲe:]
endro, aneto (m)	krãpas (v)	['kra:pas]
alface (f)	salóta (m)	[sa'lʲo:ta]
aipo (m)	saliẽras (v)	[sa'lʲɛras]
aspargo (m)	smìdras (v)	['smʲɪdras]
espinafre (m)	špinãtas (v)	[ʃpʲɪ'na:tas]
ervilha (f)	žìrniai (v dgs)	['ʒʲɪrnʲɛɪ]
feijão (~ soja, etc.)	pùpos (m dgs)	['pʊpos]
milho (m)	kukurũzas (v)	[kʊkʊ'ru:zas]
feijão (m) roxo	pupẽlės (m dgs)	[pʊ'pʲælʲe:s]
pimentão (m)	pipìras (v)	[pʲɪ'pʲɪras]
rabanete (m)	ridìkas (v)	[rʲɪ'dʲɪkas]
alcachofra (f)	artišòkas (v)	[artʲɪ'ʃokas]

38. Frutos. Nozes

fruta (f)	vaìsius (v)	['vʌɪsʲʊs]
maçã (f)	obuolỹs (v)	[obʊa'lʲi:s]
pera (f)	kriáušė (m)	['krʲæʊʃe:]
limão (m)	citrinà (m)	[tsʲɪtrʲɪ'na]
laranja (f)	apelsìnas (v)	[apʲɛlʲ'sʲɪnas]
morango (m)	brãškė (m)	['bra:ʃkʲe:]
tangerina (f)	mandarìnas (v)	[manda'rʲɪnas]
ameixa (f)	slyvà (m)	[slʲi:'va]
pêssego (m)	pèrsikas (v)	['pʲɛrsʲɪkas]
damasco (m)	abrikòsas (v)	[abrʲɪ'kosas]
framboesa (f)	aviẽtė (m)	[a'vʲɛtʲe:]
abacaxi (m)	ananãsas (v)	[ana'na:sas]
banana (f)	banãnas (v)	[ba'na:nas]
melancia (f)	arbũzas (v)	[ar'bu:zas]
uva (f)	vỹnuogės (m dgs)	['vʲi:nʊagʲe:s]
ginja (f)	vyšnià (m)	[vʲi:ʃnʲæ]
cereja (f)	trẽšnė (m)	['trʲæʃnʲe:]
melão (m)	meliònas (v)	[mʲɛ'lʲonas]
toranja (f)	greĩpfrutas (v)	['grʲɛɪpfrutas]
abacate (m)	avokàdas (v)	[avo'kadas]

mamão (m)	papája (m)	[pa'pa ja]
manga (f)	mángo (v)	['mangɔ]
romã (f)	granãtas (v)	[gra'na:tas]

groselha (f) vermelha	raudoníeji serbeñtai (v dgs)	[raʊdo'nʲɛji sʲɛr'bʲɛntʌɪ]
groselha (f) negra	juodíeji serbeñtai (v dgs)	[jʊɑ'dʲiɛjɪ sʲɛr'bʲɛntʌɪ]
groselha (f) espinhosa	agrãstas (v)	[ag'ra:stas]
mirtilo (m)	mélỹnės (m dgs)	[mʲe:'lʲi:nʲe:s]
amora (f) silvestre	gérvuogės (m dgs)	['gʲɛrvʊɑgʲe:s]

passa (f)	razìnos (m dgs)	[ra'zʲɪnos]
figo (m)	figà (m)	[fʲɪ'ga]
tâmara (f)	datùlė (m)	[da'tʊlʲe:]

amendoim (m)	žėmės riešutaì (v)	['ʒʲæmʲe:s rʲiɛʃʊ'tʌɪ]
amêndoa (f)	migdõlas (v)	[mʲɪg'do:lʲas]
noz (f)	graìkinis ríešutas (v)	['grʌɪkʲɪnʲɪs 'rʲiɛʃʊtas]
avelã (f)	ríešutas (v)	['rʲiɛʃʊtas]
coco (m)	kòkoso ríešutas (v)	['kokosɔ 'rʲiɛʃʊtas]
pistaches (m pl)	pistãcijos (m dgs)	[pʲɪs'ta:tsʲɪjɔs]

39. Pão. Bolaria

pastelaria (f)	konditèrijos gaminiaì (v)	[kɔndʲɪ'tʲɛrʲɪjɔs gamʲɪ'nʲɛɪ]
pão (m)	dúona (m)	['dʊɑna]
biscoito (m), bolacha (f)	sausaĩniai (v)	[sɑʊ'sʌɪnʲɛɪ]

chocolate (m)	šokolãdas (v)	[ʃoko'lʲa:das]
de chocolate	šokolãdinis	[ʃoko'lʲa:dʲɪnʲɪs]
bala (f)	saldaìnis (v)	[salʲ"dʌ'ɪnʲɪs]
doce (bolo pequeno)	pyragáitis (v)	[pʲi:ra'gʌɪtʲɪs]
bolo (m) de aniversário	tòrtas (v)	['tortas]

| torta (f) | pyrãgas (v) | [pʲi:'ra:gas] |
| recheio (m) | įdaras (v) | ['i:daras] |

geleia (m)	uogiẽnė (m)	[ʊɑ'gʲɛnʲe:]
marmelada (f)	marmelãdas (v)	[marmʲɛ'lʲa:das]
wafers (m pl)	vãfliai (v dgs)	['va:flʲɛɪ]
sorvete (m)	ledaĩ (v dgs)	[lʲɛ'dʌɪ]
pudim (m)	pùdingas (v)	['pʊdʲɪngas]

40. Pratos cozinhados

prato (m)	pãtiekalas (v)	['pa:tʲiɛkalʲas]
cozinha (~ portuguesa)	virtùvė (m)	[vʲɪr'tʊvʲe:]
receita (f)	recèptas (v)	[rʲɛ'tsʲɛptas]
porção (f)	pòrcija (m)	['portsʲɪjɛ]

salada (f)	salõtos (m)	[sa'lʲo:tos]
sopa (f)	sriubà (m)	[srʲʊ'ba]
caldo (m)	sultinỹs (v)	[sʊlʲtʲɪ'nʲi:s]

| sanduíche (m) | sumuštìnis (v) | [sʊmʊʃˈtʲɪnʲɪs] |
| ovos (m pl) fritos | kiaušiniėnė (m) | [kʲɛʊʃɪˈnʲɛnʲe:] |

| hambúrguer (m) | mėsaĩnis (v) | [mʲe:ˈsʌɪnʲɪs] |
| bife (m) | bifštèksas (v) | [bʲɪfʃtʲɛksas] |

acompanhamento (m)	garnȳras (v)	[garˈnʲi:ras]
espaguete (m)	spagèčiai (v dgs)	[spaˈgʲɛtʂʲɛɪ]
purê (m) de batata	bùlvių kõšė (m)	[ˈbʊʎvʲu: ˈko:ʃe:]
pizza (f)	picà (m)	[pʲɪˈtsa]
mingau (m)	kõšė (m)	[ˈko:ʃe:]
omelete (f)	omlètas (v)	[omˈlʲɛtas]

fervido (adj)	vìrtas	[ˈvʲɪrtas]
defumado (adj)	rūkýtas	[ru:ˈkʲi:tas]
frito (adj)	kèptas	[ˈkʲæptas]
seco (adj)	džiovìntas	[dʒʲoˈvʲɪntas]
congelado (adj)	šáldytas	[ˈʃalʲdʲi:tas]
em conserva (adj)	marinúotas	[marʲɪˈrʲnʊɑtas]

doce (adj)	saldùs	[salʲˈdʊs]
salgado (adj)	sūrùs	[su:ˈrʊs]
frio (adj)	šáltas	[ˈʃalʲtas]
quente (adj)	kárštas	[ˈkarʃtas]
amargo (adj)	kartùs	[karˈtʊs]
gostoso (adj)	skanùs	[skaˈnʊs]

cozinhar em água fervente	vìrti	[ˈvʲɪrtʲɪ]
preparar (vt)	gamìnti	[gaˈmʲɪntʲɪ]
fritar (vt)	kèpti	[ˈkʲɛptʲɪ]
aquecer (vt)	pašìldyti	[paˈʃɪlʲdʲi:tʲɪ]

salgar (vt)	sū́dyti	[ˈsu:dʲi:tʲɪ]
apimentar (vt)	įbérti pipìrų	[i:ˈbʲɛrtʲɪ pʲɪˈpʲɪ:ru:]
ralar (vt)	tarkúoti	[tarˈkʊɑtʲɪ]
casca (f)	lúoba (m)	[ˈlʲʊɑba]
descascar (vt)	lùpti bùlves	[ˈlʊptʲɪ ˈbʊlʲvʲɛs]

41. Especiarias

sal (m)	druskà (m)	[drʊsˈka]
salgado (adj)	sūrùs	[su:ˈrʊs]
salgar (vt)	sū́dyti	[ˈsu:dʲi:tʲɪ]

pimenta-do-reino (f)	juodíeji pipìrai (v)	[jʊɑˈdʲiɛjɪ pʲɪˈpʲɪrʌɪ]
pimenta (f) vermelha	raudoníeji pipìrai (v)	[rɑʊdoˈnʲiɛjɪ pʲɪˈpʲɪrʌɪ]
mostarda (f)	garstýčios (v)	[garˈstʲi:tʂʲos]
raiz-forte (f)	krienaĩ (v dgs)	[krʲiɛˈnʌɪ]

condimento (m)	príeskonis (v)	[ˈprʲiɛskonʲɪs]
especiaria (f)	príeskonis (v)	[ˈprʲiɛskonʲɪs]
molho (~ inglês)	pãdažas (v)	[ˈpa:daʒas]
vinagre (m)	ãctas (v)	[ˈa:tstas]
anis estrelado (m)	anýžius (v)	[aˈnʲi:ʒʲʊs]

manjericão (m)	bazìlikas (v)	[ba'zʲɪlʲɪkas]
cravo (m)	gvazdìkas (v)	[gvaz'dʲɪkas]
gengibre (m)	imͤbieras (v)	['ɪmbʲiɛras]
coentro (m)	kaléndra (m)	[ka'lʲɛndra]
canela (f)	cinamònas (v)	[tsʲɪna'monas]

gergelim (m)	sezãmas (v)	[sʲɛ'za:mas]
folha (f) de louro	làuro làpas (v)	['lʲɑʊrɔ 'lʲa:pas]
páprica (f)	pãprika (m)	['pa:prʲɪka]
cominho (m)	kmýnai (v)	['kmʲiːnʌɪ]
açafrão (m)	šafrãnas (v)	[ʃaf'ra:nas]

42. Refeições

| comida (f) | vãlgis (v) | ['valʲgʲɪs] |
| comer (vt) | válgyti | ['valʲgʲiːtʲɪ] |

café (m) da manhã	pùsryčiai (v dgs)	['pʊsrʲiːtʂʲɛɪ]
tomar café da manhã	pùsryčiauti	['pʊsrʲiːtʂʲɛʊtʲɪ]
almoço (m)	piètūs (v)	['pʲɛ'tuːs]
almoçar (vi)	pietáuti	[pʲiɛ'tɑʊtʲɪ]
jantar (m)	vakarienė (m)	[vaka'rʲɛnʲeː]
jantar (vi)	vakarieniáuti	[vakarʲiɛ'nʲæʊtʲɪ]

| apetite (m) | apetìtas (v) | [apʲɛ'tʲɪtas] |
| Bom apetite! | Gėro apetìto! | ['gʲærɔ apʲɛ'tʲɪtɔ!] |

abrir (~ uma lata, etc.)	atidarýti	[atʲɪda'rʲiːtʲɪ]
derramar (~ líquido)	išpìlti	[ɪʃpʲɪlʲtʲɪ]
derramar-se (vr)	išsipìlti	[ɪʃsʲɪ'pʲɪlʲtʲɪ]

ferver (vi)	vìrti	['vʲɪrtʲɪ]
ferver (vt)	vìrinti	['vʲɪrʲɪntʲɪ]
fervido (adj)	vìrintas	['vʲɪrʲɪntas]
esfriar (vt)	atvėsìnti	[atvʲe:'sʲɪntʲɪ]
esfriar-se (vr)	vėsìnti	[vʲe:'sʲɪntʲɪ]

| sabor, gosto (m) | skõnis (v) | ['sko:nʲɪs] |
| fim (m) de boca | prìeskonis (v) | ['prʲiɛskonʲɪs] |

emagrecer (vi)	laikýti diètos	[lʲʌɪ'kʲiːtʲɪ 'dʲɛtos]
dieta (f)	dietà (m)	[dʲiɛ'ta]
vitamina (f)	vitamìnas (v)	[vʲɪta'mʲɪnas]
caloria (f)	kalòrija (m)	[ka'lʲorʲɪjɛ]

| vegetariano (m) | vegetãras (v) | [vʲɛgʲɛ'ta:ras] |
| vegetariano (adj) | vegetãriškas | [vʲɛgʲɛ'ta:rʲɪʃkas] |

gorduras (f pl)	riebalaĩ (v dgs)	[rʲiɛba'lʲʌɪ]
proteínas (f pl)	baltymaĩ (v dgs)	[balʲtʲiː'mʌɪ]
carboidratos (m pl)	angliãvandeniai (v dgs)	[an'glʲævandʲɛnʲɛɪ]
fatia (~ de limão, etc.)	griežinỹs (v)	[grʲiɛʒʲɪ'nʲiːs]
pedaço (~ de bolo)	gàbalas (v)	['ga:balʲas]
migalha (f), farelo (m)	trupinỹs (v)	[trʊpʲɪ'nʲiːs]

43. Por a mesa

colher (f)	šáukštas (v)	['ʃɑʊkʃtas]
faca (f)	peìlis (v)	['pʲɛɪlʲɪs]
garfo (m)	šakùtė (m)	[ʃa'kʊtʲeː]
xícara (f)	puodùkas (v)	[pʊɑ'dʊkas]
prato (m)	lėkštė̃ (m)	[lʲeːkʃ'tʲeː]
pires (m)	lėkštēlė (m)	[lʲeːkʃ'tʲælʲeː]
guardanapo (m)	servetēlė (m)	[sʲɛrve'tʲeːlʲeː]
palito (m)	dantų̃ krapštùkas (v)	[dan'tu: krapʃ'tʊkas]

44. Restaurante

restaurante (m)	restorãnas (v)	[rʲɛsto'ra:nas]
cafeteria (f)	kavìnė (m)	[ka'vʲɪnʲe:]
bar (m), cervejaria (f)	bãras (v)	['ba:ras]
salão (m) de chá	arbãtos salònas (v)	[ar'ba:tos sa'lʲonas]
garçom (m)	padavéjas (v)	[pada'vʲe:jas]
garçonete (f)	padavéja (m)	[pada'vʲe:ja]
barman (m)	bármenas (v)	['barmʲɛnas]
cardápio (m)	meniù (v)	[mʲɛ'nʲʊ]
lista (f) de vinhos	vỹnų žemélapis (v)	['vʲi:nu: ʒe'mʲe:lʲapʲɪs]
reservar uma mesa	rezervúoti staliùką	[rʲɛzʲɛr'vʊɑtʲɪ sta'lʲʊka:]
prato (m)	pãtiekalas (v)	['pa:tʲiɛkalʲas]
pedir (vt)	užsisakýti	[ʊʒsʲɪsakʲiːtʲɪ]
fazer o pedido	padarýti užsãkymą	[pada'rʲi:tʲɪ ʊʒ'sa:kʲi:ma:]
aperitivo (m)	aperitỹvas (v)	[apʲɛrʲɪ'tʲi:vas]
entrada (f)	ùžkandis (v)	['ʊʒkandʲɪs]
sobremesa (f)	desèrtas (v)	[dʲɛ'sʲɛrtas]
conta (f)	sãskaita (m)	['sa:skʌɪta]
pagar a conta	apmokéti sãskaitą	[apmo'kʲe:tʲɪ 'sa:skʌɪta:]
dar o troco	dúoti grąžõs	['dʊɑtʲɪ gra:'ʒo:s]
gorjeta (f)	arbãtpinigiai (v dgs)	[ar'ba:tpʲɪnʲɪgʲɛɪ]

Família, parentes e amigos

45. Informação pessoal. Formulários

nome (m)	var̃das (v)	['vardas]
sobrenome (m)	pavardě (m)	[pavarˈdʲeː]
data (f) de nascimento	gimìmo datà (m)	[gʲɪˈmʲɪmɔ daˈta]
local (m) de nascimento	gimìmo vietà (m)	[gʲɪˈmʲɪmɔ vʲiɛˈta]

nacionalidade (f)	tautýbė (m)	[taʊˈtʲiːbʲeː]
lugar (m) de residência	gyvénamoji vietà (m)	[gʲiːvʲæːnaˈmojɪ vʲiɛˈta]
país (m)	šalìs (m)	[ʃaˈlʲɪs]
profissão (f)	profèsija (m)	[profʲɛsʲɪjɛ]

sexo (m)	lýtis (m)	[ˈlʲiːtʲɪs]
estatura (f)	ūgis (v)	[ˈuːgʲɪs]
peso (m)	svõris (v)	[ˈsvoːrʲɪs]

46. Membros da família. Parentes

mãe (f)	mótina (m)	[ˈmotʲɪna]
pai (m)	tévas (v)	[ˈtʲeːvas]
filho (m)	sūnùs (v)	[suːˈnʊs]
filha (f)	dukrà, duktě (m)	[dʊkˈra], [dʊkˈtʲeː]

caçula (f)	jaunesnióji duktě (m)	[jɛʊnesˈnʲoːjɪ dʊkˈtʲeː]
caçula (m)	jaunesnỹsis sūnùs (v)	[jɛʊnʲɛsˈnʲiːsʲɪs suːˈnʊs]
filha (f) mais velha	vyresnióji duktě (m)	[vʲiːresˈnʲoːjɪ dʊkˈtʲeː]
filho (m) mais velho	vyresnỹsis sūnùs (v)	[vʲiːrʲɛsˈnʲiːsʲɪs suːˈnʊs]

irmão (m)	brólis (v)	[ˈbrolʲɪs]
irmão (m) mais velho	vyresnỹsis brólis (v)	[vʲiːrʲɛsˈnʲiːsʲɪs ˈbrolʲɪs]
irmão (m) mais novo	jaunesnỹsis brólis (v)	[jɛʊnʲɛsˈnʲiːsʲɪs ˈbrolʲɪs]
irmã (f)	sesuõ (m)	[sʲɛˈsʊɑ]
irmã (f) mais velha	vyresnióji sesuõ (m)	[vʲiːrʲɛsˈnʲoːjɪ sʲɛˈsʊɑ]
irmã (f) mais nova	jaunesnióji sesuõ (m)	[jɛʊnʲɛsˈnʲoːjɪ sʲɛˈsʊɑ]

primo (m)	pùsbrolis (v)	[ˈpʊsbrolʲɪs]
prima (f)	pùsseserė (m)	[ˈpʊsseserʲeː]
mamãe (f)	mamà (m)	[maˈma]
papai (m)	tětis (v)	[ˈtʲeːtʲɪs]
pais (pl)	tėvaĩ (v)	[tʲeːˈvʌɪ]
criança (f)	vaĩkas (v)	[ˈvʌɪkas]
crianças (f pl)	vaikaĩ (v)	[vʌɪˈkʌɪ]

avó (f)	senélė (m)	[sʲɛˈnʲælʲeː]
avô (m)	senélis (v)	[sʲɛˈnʲælʲɪs]
neto (m)	anūkas (v)	[aˈnuːkas]

| neta (f) | anūkė (m) | [a'nu:kʲe:] |
| netos (pl) | anūkai (v) | [a'nu:kʌɪ] |

tio (m)	dėdė (v)	['dʲe:dʲe:]
tia (f)	teta (m)	[tʲɛ'ta]
sobrinho (m)	sūnénas (v)	[su:'nʲe:nas]
sobrinha (f)	dukteréčia (m)	[dʊkte'rʲe:tʂʲæ]

sogra (f)	úošvė (m)	['ʊɑʃvʲe:]
sogro (m)	úošvis (v)	['ʊɑʃvʲɪs]
genro (m)	žéntas (v)	['ʒʲɛntas]
madrasta (f)	pámotė (m)	['pa:motʲe:]
padrasto (m)	patévis (v)	[pa'tʲe:vʲɪs]

criança (f) de colo	kūdikis (v)	['ku:dʲɪkʲɪs]
bebê (m)	naujãgimis (v)	[nɑʊ'ja:gʲɪmʲɪs]
menino (m)	vaĩkas (v)	['vʌɪkas]

mulher (f)	žmona (m)	[ʒmo'na]
marido (m)	výras (v)	['vʲi:ras]
esposo (m)	sutuoktìnis (v)	[sʊtʊɑk'tʲɪnʲɪs]
esposa (f)	sutuoktìnė (m)	[sʊtʊɑk'tʲɪnʲe:]

casado (adj)	vēdęs	['vʲædʲɛ:s]
casada (adj)	ištekéjusi	[ɪʃtʲɛ'kʲe:jʊsʲɪ]
solteiro (adj)	viengũngis	[vʲɛŋ'gʊŋgʲɪs]
solteirão (adj)	viengũngis (v)	[vʲɛŋ'gʊŋgʲɪs]
divorciado (adj)	išsiskýręs	[ɪʃsʲɪ'skʲi:rʲɛ:s]
viúva (f)	našlẽ (m)	[naʃʲlʲe:]
viúvo (m)	našlỹs (v)	[naʃʲlʲi:s]

parente (m)	gimináitis (v)	[gʲɪmʲɪ'nʌɪtʲɪs]
parente (m) próximo	ártimas gimináitis (v)	['artʲɪmas gʲɪmʲɪ'nʌɪtʲɪs]
parente (m) distante	tólimas gimináitis (v)	['tolʲɪmas gʲɪmʲɪ'nʌɪtʲɪs]
parentes (m pl)	gìminės (m dgs)	['gʲɪmʲɪnʲe:s]

órfão (m), órfã (f)	našláitis (v)	[naʃʲlʲʌɪtʲɪs]
tutor (m)	globéjas (v)	[glʲo'bʲe:jas]
adotar (um filho)	įsūnyti	[i:'su:nʲɪ:tʲɪ]
adotar (uma filha)	įdukrinti	[i:'dʊkrʲɪntʲɪ]

Medicina

47. Doenças

doença (f)	ligà (m)	[lʲɪ'ga]
estar doente	sírgti	['sʲɪrktʲɪ]
saúde (f)	sveikatà (m)	[svʲɛɪka'ta]
nariz (m) escorrendo	slogà (m)	[slʲo'ga]
amigdalite (f)	anginà (m)	[angʲɪ'na]
resfriado (m)	péršalimas (v)	['pʲɛrʃalʲɪmas]
ficar resfriado	péršalti	['pʲɛrʃalʲtʲɪ]
bronquite (f)	bronchìtas (v)	[bron'xʲɪtas]
pneumonia (f)	plaũčių uždegìmas (v)	['plʲɑʊtʂʲu: ʊʒdʲɛ'gʲɪmas]
gripe (f)	grìpas (v)	['grʲɪpas]
míope (adj)	trumparēgis	[trʊmpa'rʲæɡʲɪs]
presbita (adj)	toliarēgis	[tolʲæ'rʲæɡʲɪs]
estrabismo (m)	žvairùmas (v)	[ʒvʌɪ'rʊmas]
estrábico, vesgo (adj)	žvaìras	['ʒvʌɪras]
catarata (f)	kataraktà (m)	[katarak'ta]
glaucoma (m)	glaukomà (m)	[glʲɑʊko'ma]
AVC (m), apoplexia (f)	insùltas (v)	[ɪn'sʊlʲtas]
ataque (m) cardíaco	infárktas (v)	[ɪn'farktas]
enfarte (m) do miocárdio	miokárda infárktas (v)	[mʲɪjo'karda in'farktas]
paralisia (f)	paralȳžius (v)	[para'lʲɪːʒʲʊs]
paralisar (vt)	paraližúoti	[paralʲɪ'ʒʊɑtʲɪ]
alergia (f)	alèrgija (m)	[a'lʲɛrgʲɪjɛ]
asma (f)	astma (m)	[astʲma]
diabetes (f)	diabètas (v)	[dʲɪja'bʲɛtas]
dor (f) de dente	dantų̃ skaũsmas (v)	[dan'tu: 'skɑʊsmas]
cárie (f)	kãriesas (v)	['ka:rʲɪɛsas]
diarreia (f)	diaréja (m)	[dʲɪjarʲe:ja]
prisão (f) de ventre	vidurių̃ užkietéjimas (v)	[vʲɪdʊ'rʲu: ʊʒkʲɪɛ'tʲɛjɪmas]
desarranjo (m) intestinal	skrañdžio sutrikìmas (v)	['skrandʒʲo sʊtrʲɪ'kʲɪmas]
intoxicação (f) alimentar	apsinuõdijimas (v)	[apsʲɪ'nʊɑdʲɪjimas]
intoxicar-se	apsinuõdyti	[apsʲɪ'nʊɑdʲɪ:tʲɪ]
artrite (f)	artrìtas (v)	[art'rʲɪtas]
raquitismo (m)	rachìtas (v)	[ra'xʲɪtas]
reumatismo (m)	reumatìzmas (v)	[rʲɛʊma'tʲɪzmas]
arteriosclerose (f)	aterosklerozė̃ (m)	[aterosklʲɛ'rozʲe:]
gastrite (f)	gastrìtas (v)	[gas'trʲɪtas]
apendicite (f)	apendicìtas (v)	[apʲɛndʲɪ'tsʲɪtas]

colecistite (f)	cholecistìtas (v)	[xolʲɛtsʲɪs'tʲɪtas]
úlcera (f)	opà (m)	[o'pa]

sarampo (m)	tymaì (v)	[tʲi:'mʌɪ]
rubéola (f)	raudoniùkė (m)	[raʊdo'nʲʊkʲe:]
icterícia (f)	geltà (m)	[gʲɛlʲ'ta]
hepatite (f)	hepatìtas (v)	[ɣʲɛpa'tʲɪtas]

esquizofrenia (f)	šizofrènija (m)	[ʃɪzo'frʲɛnʲɪjɛ]
raiva (f)	pasiùtligė (m)	[pa'sʲʊtlʲɪgʲe:]
neurose (f)	neuròzė (m)	[nʲɛʊ'rozʲe:]
contusão (f) cerebral	smegenų sutrenkìmas (v)	[smʲɛgʲɛ'nu: sʊtrʲɛŋ'kʲɪmas]

câncer (m)	vėžỹs (v)	[vʲe:'ʒʲi:s]
esclerose (f)	skleròzė (m)	[sklʲɛ'rozʲe:]
esclerose (f) múltipla	iššėtìnė skleròzė (m)	[ɪʃʃe:'tʲɪnʲe: sklʲɛ'rozʲe:]

alcoolismo (m)	alkoholìzmas (v)	[alʲkoɣo'lʲɪzmas]
alcoólico (m)	alokoholikas (v)	[aloko'ɣolʲɪkas]
sífilis (f)	sìfilis (v)	['sʲɪfʲɪlʲɪs]
AIDS (f)	ŽIV (v)	['ʒʲɪv]

tumor (m)	auglỹs (v)	[aʊg'lʲi:s]
febre (f)	karštlìgė (m)	['karʃtlʲɪgʲe:]
malária (f)	maliãrija (m)	[ma'lʲærʲɪjɛ]
gangrena (f)	gangrenà (m)	[gangrʲɛ'na]
enjoo (m)	jũros ligà (m)	['ju:ros lʲɪ'ga]
epilepsia (f)	epilèpsija (m)	[ɛpʲɪ'lʲɛpsʲɪjɛ]

epidemia (f)	epidèmija (m)	[ɛpʲɪ'dʲɛmʲɪjɛ]
tifo (m)	šìltinė (m)	['ʃɪlʲtʲɪnʲe:]
tuberculose (f)	tuberkuliòzė (m)	[tʊberkʊ'lʲɔzʲe:]
cólera (f)	cholera (m)	['xolʲɛra]
peste (f) bubônica	mãras (v)	['ma:ras]

48. Sintomas. Tratamentos. Parte 1

sintoma (m)	simptòmas (v)	[sʲɪmp'tomas]
temperatura (f)	temperatūrà (m)	[tʲɛmpʲɛratu:'ra]
febre (f)	aukštà temperatūrà (m)	[aʊkʃ'ta tʲɛmpʲɛratu:'ra]
pulso (m)	pùlsas (v)	['pʊlʲsas]

vertigem (f)	galvõs svaigìmas (v)	[galʲ'vo:s svʌɪ'gʲɪmas]
quente (testa, etc.)	kárštas	['karʃtas]
calafrio (m)	drebulỹs (v)	[drʲɛbʊ'lʲi:s]
pálido (adj)	išbãlęs	[ɪʃ'ba:lʲɛ:s]

tosse (f)	kosulỹs (v)	[kɔsʊ'lʲi:s]
tossir (vi)	kósėti	['kosʲe:tʲɪ]
espirrar (vi)	čiáudėti	['tʃʲæʊdʲe:tʲɪ]
desmaio (m)	nualpimas (v)	[nʊ'alʲpʲɪmas]
desmaiar (vi)	nualpti	[nʊ'alʲptʲɪ]
mancha (f) preta	mėlỹnė (m)	[mʲe:'lʲi:nʲe:]
galo (m)	gùzas (v)	['gʊzas]

machucar-se (vr)	atsitreñkti	[atsⁱɪ'trⁱɛŋktⁱɪ]
contusão (f)	sumušìmas (v)	[sʊmʊ'ʃⁱɪmas]
machucar-se (vr)	susimùšti	[sʊsⁱɪ'mʊʃtⁱɪ]
mancar (vi)	šlubúoti	[ʃlʲʊ'bʊɑtⁱɪ]
deslocamento (f)	išnirìmas (v)	[ɪʃnⁱɪ'rⁱɪmas]
deslocar (vt)	išnarìnti	[ɪʃna'rⁱɪntⁱɪ]
fratura (f)	lūžis (v)	['lʲuːʒⁱɪs]
fraturar (vt)	susiláužyti	[sʊsⁱɪ'lʲɑʊʒⁱiːtⁱɪ]
corte (m)	įpjovìmas (v)	[iːpjɔ'vⁱɪːmas]
cortar-se (vr)	įsipjáuti	[iːsⁱɪ'pjɑʊtⁱɪ]
hemorragia (f)	kraujãvimas (v)	[krɑʊ'ja:vⁱɪmas]
queimadura (f)	nudegìmas (v)	[nʊdⁱɛ'gⁱɪmas]
queimar-se (vr)	nusidèginti	[nʊsⁱɪ'dⁱægⁱɪntⁱɪ]
picar (vt)	įdùrti	[iː'dʊrtⁱɪ]
picar-se (vr)	įsidùrti	[iːsⁱɪ'dʊrtⁱɪ]
lesionar (vt)	susižalóti	[sʊsⁱɪʒa'lʲotⁱɪ]
lesão (m)	sužalójimas (v)	[sʊʒa'lʲoːjɪmas]
ferida (f), ferimento (m)	žaizdà (m)	[ʒʌɪz'da]
trauma (m)	tráuma (m)	['trɑʊma]
delirar (vi)	sapalióti	[sapa'lʲotⁱɪ]
gaguejar (vi)	mikčióti	[mⁱɪk'tʃʲotⁱɪ]
insolação (f)	sáulės smũgis (v)	['sɑʊlʲeːs 'smu:gⁱɪs]

49. Sintomas. Tratamentos. Parte 2

dor (f)	skaũsmas (v)	['skɑʊsmas]
farpa (no dedo, etc.)	rakštìs (m)	[rakʃ'tⁱɪs]
suor (m)	prãkaitas (v)	['pra:kʌɪtas]
suar (vi)	prakaitúoti	[prakʌɪ'tʊɑtⁱɪ]
vômito (m)	pỹkinimas (v)	['pⁱiːkⁱɪnⁱɪmas]
convulsões (f pl)	traukùliai (v)	[trɑʊ'kʊlʲɛɪ]
grávida (adj)	nėščià	[nⁱeːʃtʃʲæ]
nascer (vi)	gìmti	['gⁱɪmtⁱɪ]
parto (m)	gim̃dymas (v)	['gⁱɪmdʲɪ:mas]
dar à luz	gimdýti	[gⁱɪm'dʲiːtⁱɪ]
aborto (m)	abòrtas (v)	[a'bortas]
respiração (f)	kvėpãvimas (v)	[kvⁱeː'pa:vⁱɪmas]
inspiração (f)	įkvėpis (v)	['iːkvⁱeː'pⁱɪs]
expiração (f)	iškvėpìmas (v)	[ɪʃkvⁱeː'pⁱɪmas]
expirar (vi)	iškvėpti	[ɪʃ'kvⁱeː:ptⁱɪ]
inspirar (vi)	įkvėpti	[iː'kvⁱeː:ptⁱɪ]
inválido (m)	invalìdas (v)	[ɪnva'lʲɪɪdas]
aleijado (m)	luošỹs (v)	[lʲʊɑ'ʃⁱɪːs]
drogado (m)	narkomãnas (v)	[narko'ma:nas]
surdo (adj)	kur̃čias	['kʊrtʃʲæs]

mudo (adj)	nebylỹs	[nʲɛbʲi:'lʲi:s]
surdo-mudo (adj)	kurčnebylis	['kʊrtsnʲɛbʲi:lʲɪs]
louco, insano (adj)	pamìšęs	[pa'mʲɪʃɛ:s]
louco (m)	pamìšęs (v)	[pa'mʲɪʃɛ:s]
louca (f)	pamìšusi (m)	[pa'mʲɪʃʊsʲɪ]
ficar louco	išprotéti	[ɪʃpro'tʲe:tʲɪ]
gene (m)	gènas (v)	['gʲɛnas]
imunidade (f)	imunitètas (v)	[ɪmʊnʲɪ'tʲɛtas]
hereditário (adj)	pavéldimas	[pa'vʲɛlʲdʲɪmas]
congênito (adj)	įgimtas	['i:gʲɪmtas]
vírus (m)	vìrusas (v)	['vʲɪrʊsas]
micróbio (m)	mikròbas (v)	[mʲɪk'robas]
bactéria (f)	baktèrija (m)	[bak'tʲɛrʲɪjɛ]
infecção (f)	infèkcija (m)	[ɪn'fʲɛktsʲɪjɛ]

50. Sintomas. Tratamentos. Parte 3

hospital (m)	ligóninė (m)	[lʲɪ'gonʲɪnʲe:]
paciente (m)	pacieñtas (v)	[pa'tsʲiɛntas]
diagnóstico (m)	diagnòzė (m)	[dʲɪjag'nozʲe:]
cura (f)	gýdymas (v)	['gʲi:dʲi:mas]
tratamento (m) médico	gýdymas (v)	['gʲi:dʲi:mas]
curar-se (vr)	gýdytis	['gʲi:dʲi:tʲɪs]
tratar (vt)	gýdyti	['gʲi:dʲi:tʲɪ]
cuidar (pessoa)	slaugýti	[slʲaʊ'gʲi:tʲɪ]
cuidado (m)	slaugà (m)	[slʲaʊ'ga]
operação (f)	operãcija (m)	[opʲɛ'ra:tsʲɪjɛ]
enfaixar (vt)	pérrišti	['pʲɛrrʲɪʃtʲɪ]
enfaixamento (m)	pérrišimas (v)	['pʲɛrrʲɪʃɪmas]
vacinação (f)	skiẽpas (v)	['skʲɛpas]
vacinar (vt)	skiẽpyti	['skʲɛpʲi:tʲɪ]
injeção (f)	įdūrìmas (v)	[i:du:'rʲɪ:mas]
dar uma injeção	suléisti vàistus	[sʊ'lʲɛɪstʲɪ 'vʌɪstʊs]
ataque (~ de asma, etc.)	príepuolis (v)	['prʲɪɛpʊalʲɪs]
amputação (f)	amputãcija (m)	[ampʊ'ta:tsʲɪjɛ]
amputar (vt)	amputúoti	[ampʊ'tʊatʲɪ]
coma (f)	komà (m)	[kɔ'ma]
estar em coma	bữti kòmoje	['bu:tʲɪ 'kõmojɛ]
reanimação (f)	reanimãcija (m)	[rʲɛanʲɪ'ma:tsʲɪjɛ]
recuperar-se (vr)	sveìkti ...	['svʲɛɪktʲɪ ...]
estado (~ de saúde)	bữklė (m)	['bu:klʲe:]
consciência (perder a ~)	sąmonė (m)	['sa:monʲe:]
memória (f)	atmintìs (m)	[atmʲɪn'tʲɪs]
tirar (vt)	šãlinti	['ʃa:lʲɪntʲɪ]
obturação (f)	plòmba (m)	['plʲomba]

obturar (vt)	plombúoti	[pliom'buatiɪ]
hipnose (f)	hipnozė (m)	[ɣiɪp'nozie:]
hipnotizar (vt)	hipnotizúoti	[ɣiɪpnotiɪ'zuatiɪ]

51. Médicos

médico (m)	gýdytojas (v)	['giɪ:diɪ:to:jɛs]
enfermeira (f)	medicìnos sesėlė (m)	[miɛdiɪ'tsiɪnos se'siælie:]
médico (m) pessoal	asmenìnis gýdytojas (v)	[asmiɛ'niɪniɪs 'giɪ:diɪ:to:jɛs]

dentista (m)	dantìstas (v)	[dan'tiɪstas]
oculista (m)	okulìstas (v)	[oku'liɪstas]
terapeuta (m)	terapèutas (v)	[tiɛra'piɛutas]
cirurgião (m)	chirùrgas (v)	[xiɪ'rurgas]

psiquiatra (m)	psichiãtras (v)	[psiɪxiɪ'jatras]
pediatra (m)	pediãtras (v)	[piɛ'diɪ'jatras]
psicólogo (m)	psichologas (v)	[psiɪxo'liogas]
ginecologista (m)	ginekològas (v)	[giɪniɛko'liogas]
cardiologista (m)	kardiològas (v)	[kardiɪjo'liogas]

52. Medicina. Drogas. Acessórios

medicamento (m)	váistas (v)	['vʌɪstas]
remédio (m)	príemonė (m)	['priiɛmonie:]
receitar (vt)	išrašýti	[ɪʃra'ʃɪ:tiɪ]
receita (f)	recèptas (v)	[riɛ'tsiɛptas]

comprimido (m)	tablètė (m)	[tab'liɛtie:]
unguento (m)	tėpalas (v)	['tiæpalias]
ampola (f)	ámpulė (m)	['ampulie:]
solução, preparado (m)	mikstūra (m)	[miɪkstu:'ra]
xarope (m)	sìrupas (v)	['siɪrupas]
cápsula (f)	piliùlė (m)	[piɪ'liulie:]
pó (m)	miltėliai (v dgs)	[miɪliɪ'tiæliɛɪ]

atadura (f)	bìntas (v)	['biɪntas]
algodão (m)	vatà (m)	[va'ta]
iodo (m)	jòdas (v)	[jo das]

curativo (m) adesivo	pléistras (v)	['pliɛɪstras]
conta-gotas (m)	pipètė (m)	[piɪ'piɛtie:]
termômetro (m)	termomètras (v)	[tiɛrmo'miɛtras]
seringa (f)	švìrkštas (v)	['ʃviɪrkʃtas]

| cadeira (f) de rodas | neigaliojo vežimėlis (v) | [niɛɪ:ga'liojo viɛ'ʒiɪmie:liɪs] |
| muletas (f pl) | rameñtai (v dgs) | [ra'miɛntʌɪ] |

analgésico (m)	skaūsmą malšìnantys vaistai (v dgs)	['skausma: maliiʃɪnantiiːs 'vʌɪstʌɪ]
laxante (m)	láisvinantys váistai (v dgs)	['liʌɪsviɪnantiiːs 'vʌɪstʌɪ]
álcool (m)	spìritas (v)	['spiɪriɪtas]

| ervas (f pl) medicinais | žolė (m) | [ʒɔ'lʲe:] |
| de ervas (chá ~) | žolìnis | [ʒɔ'lʲɪnʲɪs] |

HABITAT HUMANO

Cidade

53. Cidade. Vida na cidade

cidade (f)	miẽstas (v)	['mʲɛstas]
capital (f)	sóstinė (m)	['sostʲɪnʲe:]
aldeia (f)	káimas (v)	['kʌɪmas]
mapa (m) da cidade	miẽsto plãnas (v)	['mʲɛstɔ 'plʲa:nas]
centro (m) da cidade	miẽsto ceñtras (v)	['mʲɛstɔ 'tsʲɛntras]
subúrbio (m)	príemiestis (v)	['prʲiɛmʲɛstʲɪs]
suburbano (adj)	príemiesčio	['prʲiɛmʲiɛstʂʲɔ]
periferia (f)	pakraštỹs (v)	[pakraʃʲtʲi:s]
arredores (m pl)	apýlinkės (m dgs)	[a'pʲi:lʲɪŋkʲe:s]
quarteirão (m)	kvartãlas (v)	[kvar'ta:lʲas]
quarteirão (m) residencial	gyvẽnamas kvartãlas (v)	[gʲi:'vʲænamas kvar'ta:lʲas]
tráfego (m)	judéjimas (v)	[ju'dʲɛjɪmas]
semáforo (m)	šviesofõras (v)	[ʃvʲiɛso'foras]
transporte (m) público	miẽsto transpõrtas (v)	['mʲɛstɔ trans'portas]
cruzamento (m)	sánkryža (m)	['saŋkrʲi:ʒa]
faixa (f)	pérėja (m)	['pʲɛrʲe:ja]
túnel (m) subterrâneo	požeminė pérėja (m)	[poʒe'mʲɪnʲe: 'pʲærʲe:ja]
cruzar, atravessar (vt)	péreiti	['pʲɛrʲɛɪtʲɪ]
pedestre (m)	pėstysis (v)	['pʲe:stʲi:sʲɪs]
calçada (f)	šalìgatvis (v)	[ʃa'lʲɪgatvʲɪs]
ponte (f)	tìltas (v)	['tʲɪlʲtas]
margem (f) do rio	krantìnė (m)	[kran'tʲɪnʲe:]
alameda (f)	alėja (m)	[a'lʲe:ja]
parque (m)	párkas (v)	['parkas]
bulevar (m)	bulvãras (v)	[buʲlʲ'va:ras]
praça (f)	aikštẽ (m)	[ʌɪkʃʲtʲe:]
avenida (f)	prospėktas (v)	[pros'pʲɛktas]
rua (f)	gãtvė (m)	['ga:tvʲe:]
travessa (f)	skeȓsgatvis (v)	['skʲɛrsgatvʲɪs]
beco (m) sem saída	tupìkas (v)	[tʊ'pʲɪkas]
casa (f)	nãmas (v)	['na:mas]
edifício, prédio (m)	pãstatas (v)	['pa:statas]
arranha-céu (m)	dangóraižis (v)	[dan'gorʌɪʒʲɪs]
fachada (f)	fasãdas (v)	[fa'sa:das]
telhado (m)	stógas (v)	['stogas]

janela (f)	lángas (v)	['lʲangas]
arco (m)	árka (m)	['arka]
coluna (f)	koloná (m)	[kɔlʲo'na]
esquina (f)	kampas (v)	['kampas]

vitrine (f)	vitriná (m)	[vʲɪtrʲɪ'na]
letreiro (m)	iškaba (m)	['ɪʃkaba]
cartaz (do filme, etc.)	afišá (m)	[afʲɪ'ʃa]
cartaz (m) publicitário	reklāminis plakātas (v)	[rʲɛk'lʲa:mʲɪnʲɪs plʲa'ka:tas]
painel (m) publicitário	reklāminis skȳdas (v)	[rʲɛk'lʲa:mʲɪnʲɪs 'skʲi:das]

lixo (m)	šiùkšlės (m dgs)	['ʃʊkʃlʲe:s]
lata (f) de lixo	úrna (m)	['ʊrna]
jogar lixo na rua	šiùkšlinti	['ʃʊkʃlʲɪntʲɪ]
aterro (m) sanitário	sąvartýnas (v)	[sa:var'tʲi:nas]

orelhão (m)	telefóno bùdelė (m)	[tʲɛlʲɛ'fonɔ 'bʊdelʲe:]
poste (m) de luz	žibìnto stùlpas (v)	[ʒʲɪ'bʲɪntɔ 'stʊlʲpas]
banco (m)	súolas (v)	['sʊalʲas]

polícia (m)	polìcininkas (v)	[po'lʲɪtsʲɪnʲɪŋkas]
polícia (instituição)	polìcija (m)	[po'lʲɪtsʲɪjɛ]
mendigo, pedinte (m)	skurdžius (v)	['skʊrdʒʲʊs]
desabrigado (m)	benāmis (v)	[bʲɛ'na:mʲɪs]

54. Instituições urbanas

loja (f)	parduotùvė (m)	[pardʊa'tʊvʲe:]
drogaria (f)	váistinė (m)	['vʌɪstʲɪnʲe:]
ótica (f)	òptika (m)	['optʲɪka]
centro (m) comercial	prekýbos centras (v)	[prʲɛ'kʲi:bos 'tsʲɛntras]
supermercado (m)	supermárketas (v)	[sʊpʲɛr'markʲɛtas]

padaria (f)	bandēlių kráutuvė (m)	[ban'dʲælʲu: 'krautʊvʲe:]
padeiro (m)	kepéjas (v)	[kʲɛ'pʲe:jas]
pastelaria (f)	konditèrija (m)	[kondʲɪ'tʲɛrʲɪjɛ]
mercearia (f)	bakaléja (m)	[baka'lʲe:ja]
açougue (m)	mėsõs kráutuvė (m)	[mʲe:'so:s 'krautʊvʲe:]

fruteira (f)	daržóvių kráutuvė (m)	[dar'ʒovʲu: 'krautʊvʲe:]
mercado (m)	prekývietė (m)	[prʲɛ'kʲi:vʲiɛtʲe:]

cafeteria (f)	kavìnė (m)	[ka'vʲɪnʲe:]
restaurante (m)	restorānas (v)	[rʲɛsto'ra:nas]
bar (m)	alùdė (m)	[a'lʲʊdʲe:]
pizzaria (f)	picèrija (m)	[pʲɪ'tsʲɛrʲɪjɛ]

salão (m) de cabeleireiro	kirpyklà (m)	[kʲɪrpʲi:k'lʲa]
agência (f) dos correios	pāštas (v)	['pa:ʃtas]
lavanderia (f)	valyklà (m)	[valʲi:k'la]
estúdio (m) fotográfico	fotoateljě (v)	[fotoate'lʲje:]

sapataria (f)	āvalynės parduotùvė (m)	['a:valʲi:nʲe:s pardʊa'tʊvʲe:]
livraria (f)	knygýnas (v)	[knʲi:'gʲi:nas]

loja (f) de artigos esportivos	sportinių prekių parduotuvė (m)	['sportʲɪnʲu: 'prʲækʲu: pardʊa'tʊvʲe:]
costureira (m)	drabužių taisykla (m)	[dra'bʊʒʲu: tʌɪsʲiːk'lʲa]
aluguel (m) de roupa	drabužių núoma (m)	[dra'bʊʒʲu: 'nʊama]
videolocadora (f)	filmų núoma (m)	['fʲɪlʲmu: 'nʊama]
circo (m)	cirkas (v)	['tsʲɪrkas]
jardim (m) zoológico	zoologijos sodas (v)	[zoo'lʲogʲɪjɔs 'so:das]
cinema (m)	kino teatras (v)	['kʲɪnɔ tʲɛ'a:tras]
museu (m)	muziẽjus (v)	[mʊ'zʲɛjʊs]
biblioteca (f)	bibliotekà (m)	[bʲɪblʲɪjotʲɛ'ka]
teatro (m)	teatras (v)	[tʲɛ'a:tras]
ópera (f)	òpera (m)	['opʲɛra]
boate (casa noturna)	naktinis klubas (v)	[nak'tʲɪnʲɪs 'klʲʊbas]
cassino (m)	kazino (v)	[kazʲɪ'no]
mesquita (f)	mečetė (m)	[mʲɛ'tʂʲɛtʲe:]
sinagoga (f)	sinagoga (m)	[sʲɪnago'ga]
catedral (f)	katedra (m)	['ka:tʲɛdra]
templo (m)	šventykla (m)	[ʃvʲɛntʲi:k'lʲa]
igreja (f)	bažnýčia (m)	[baʒ'nʲi:tʂʲæ]
faculdade (f)	institutas (v)	[ɪnstʲɪ'tʊtas]
universidade (f)	universitėtas (v)	[ʊnʲɪvʲɛrsʲɪ'tʲɛtas]
escola (f)	mokykla (m)	[mokʲi:k'lʲa]
prefeitura (f)	prefektūra (m)	[prʲɛfʲɛk'tu:'ra]
câmara (f) municipal	savivaldýbė (m)	[savʲɪvalʲ'dʲi:bʲe:]
hotel (m)	viešbutis (v)	['vʲɛʃbʊtʲɪs]
banco (m)	bankas (v)	['baŋkas]
embaixada (f)	ambasada (m)	[ambasa'da]
agência (f) de viagens	turizmo agentūra (m)	[tʊ'rʲɪzmɔ agʲɛntu:'ra]
agência (f) de informações	informacijos biuras (v)	[ɪnfor'ma:tsʲɪjɔs 'bʲʊras]
casa (f) de câmbio	keitykla (m)	[kʲɛɪtʲi:k'lʲa]
metrô (m)	metro	[mʲɛ'tro]
hospital (m)	ligóninė (m)	[lʲɪ'gonʲɪnʲe:]
posto (m) de gasolina	degalinė (m)	[dʲɛga'lʲɪnʲe:]
parque (m) de estacionamento	stovéjimo aikštėlė (m)	[sto'vʲɛjɪmɔ ʌɪkʃ'tʲælʲe:]

55. Sinais

letreiro (m)	iškaba (m)	['ɪʃkaba]
aviso (m)	užrašas (v)	['ʊʒraʃas]
cartaz, pôster (m)	plakatas (v)	[plʲa'ka:tas]
placa (f) de direção	núoroda (m)	['nʊaroda]
seta (f)	rodỹklė (m)	[ro'dʲi:klʲe:]
aviso (advertência)	pérspėjimas (v)	['pʲɛrspʲe:jimas]
sinal (m) de aviso	įspėjimas (v)	[i:spʲe:'jɪmas]
avisar, advertir (vt)	įspéti	[i:s'pʲe:tʲɪ]

dia (m) de folga	išeiginė dienà (m)	[ɪʃɛɪ'gʲɪnʲe: dʲiɛ'na]
horário (~ dos trens, etc.)	tvarkāraštis (v)	[tvar'ka:raʃtʲɪs]
horário (m)	dárbo valandõs (m dgs)	['darbɔ valʲan'do:s]

BEM-VINDOS!	SVEIKÌ ATVŶKĘ!	[svʲɛɪ'kʲɪ at'vʲi:kʲɛ:!]
ENTRADA	ĮĖJÌMAS	[i:ʲɛ:'jɪmas]
SAÍDA	IŠĖJÌMAS	[ɪʃe:'jɪmas]

EMPURRE	STÙMTI	['stʊmtʲɪ]
PUXE	TRÁUKTI	['trɑʊktʲɪ]
ABERTO	ATIDARŶTA	[atʲɪda'rʲi:ta]
FECHADO	UŽDARŶTA	[ʊʒda'rʲi:ta]

| MULHER | MÓTERIMS | ['motʲɛrʲɪms] |
| HOMEM | VÝRAMS | ['vʲi:rams] |

DESCONTOS	NÚOLAIDOS	['nʊalʲʌɪdos]
SALDOS, PROMOÇÃO	IŠPARDAVÌMAS	[ɪʃparda'vʲɪmas]
NOVIDADE!	NAUJÍENA!	[nɑʊ'jiɛna!]
GRÁTIS	NEMÓKAMAI	[nʲɛ'mokamʌɪ]

ATENÇÃO!	DĖMESIO!	['dʲe:mesʲɔ!]
NÃO HÁ VAGAS	VIĖTŲ NĖRA	['vʲɛtu: 'nʲe:ra]
RESERVADO	REZERVÚOTA	[rʲɛzʲɛr'vʊata]

| ADMINISTRAÇÃO | ADMINISTRĀCIJA | [admʲɪnʲɪs'tratsʲɪja] |
| SOMENTE PESSOAL AUTORIZADO | TÌK PERSONÁLUI | ['tʲɪk pʲɛrso'nalʲʊi] |

CUIDADO CÃO FEROZ	PIKTAS ŠUO	['pʲɪktas 'ʃʊa]
PROIBIDO FUMAR!	RŪKŶTI DRAŪDŽIAMA	[ru:'kʲi:tʲɪ 'drɑʊdʒʲæma]
NÃO TOCAR	NELIĖSTI!	[nʲɛ'lʲɛstʲɪ!]

PERIGOSO	PAVOJÌNGA	[pavo'jɪnga]
PERIGO	PAVÕJUS	[pa'vo:jʊs]
ALTA TENSÃO	AUKŠTÀ ĮTAMPA	[ɑʊkʃ'ta 'i:tampa]
PROIBIDO NADAR	MÁUDYTIS DRAŪDŽIAMA	['mɑʊdʲi:tʲɪs 'drɑʊdʒʲæma]
COM DEFEITO	NEVEÎKIA	[nʲɛ'vʲɛɪkʲɛ]

INFLAMÁVEL	DEGÙ	[dʲɛ'gʊ]
PROIBIDO	DRAŪDŽIAMA	['drɑʊdʒʲæma]
ENTRADA PROIBIDA	PRAÈJÌMAS DRAŪDŽIAMAS	[prae:'jɪmas 'drɑʊdʒʲæmas]
CUIDADO TINTA FRESCA	NUDAŽYTA	[nʊda'ʒʲi:ta]

56. Transportes urbanos

ônibus (m)	autobùsas (v)	[ɑʊto'bʊsas]
bonde (m) elétrico	tramvãjus (v)	[tram'va:jʊs]
trólebus (m)	troleibùsas (v)	[trolʲɛɪ'bʊsas]
rota (f), itinerário (m)	maršrùtas (v)	[marʃʲrʊtas]
número (m)	nùmeris (v)	['nʊmʲɛrʲɪs]
ir de ... (carro, etc.)	važiúoti ...	[va'ʒʲʊatʲɪ ...]
entrar no ...	įlìpti į̃ ...	[i:'lʲɪ:ptʲɪ i: ...]

descer do ...	išlìpti ìš ...	[ɪʃˈlʲɪptʲɪ ɪʃ ...]
parada (f)	stotēlė (m)	[stoˈtʲælʲeː]
próxima parada (f)	kità stotēlė (m)	[kʲɪˈta stoˈtʲælʲeː]
terminal (m)	galutìnė stotēlė (m)	[galʊˈtʲɪnʲeː stoˈtʲælʲeː]
horário (m)	tvarkãraštis (v)	[tvarˈkaːraʃtʲɪs]
esperar (vt)	láukti	[ˈlʲɑʊktʲɪ]

passagem (f)	bìlietas (v)	[ˈbʲɪlʲiɛtas]
tarifa (f)	bìlieto káina (m)	[ˈbʲɪlʲiɛtɔ ˈkʌɪna]

bilheteiro (m)	kãsininkas (v)	[ˈkaːsʲɪnʲɪŋkas]
controle (m) de passagens	kontrolė (m)	[kɔnˈtrolʲeː]
revisor (m)	kontroliẽrius (v)	[kɔntroˈlʲɛrʲʊs]

atrasar-se (vr)	vėlúoti	[vʲeːˈlʲʊɑtʲɪ]
perder (o autocarro, etc.)	pavėlúoti	[pavʲeːˈlʲʊɑtʲɪ]
estar com pressa	skubéti	[skʊˈbʲeːtʲɪ]

táxi (m)	taksì (v)	[takˈsʲɪ]
taxista (m)	taksìstas (v)	[takˈsʲɪstas]
de táxi (ir ~)	sù taksì	[ˈsʊ takˈsʲɪ]
ponto (m) de táxis	taksì stovējimo aikštēlė (m)	[takˈsʲɪ stoˈvʲɛjɪmɔ ʌɪkʃˈtʲælʲeː]
chamar um táxi	iškviẽsti taksì	[ɪʃkˈvʲɛstʲɪ takˈsʲɪ]
pegar um táxi	įsēstì į̃ taksì	[iːsʲesˈtʲɪː iː takˈsʲɪː]

tráfego (m)	gãtvės judėjimas (v)	[ˈgaːtvʲeːs jʊˈdʲɛjɪmas]
engarrafamento (m)	kamštis (v)	[ˈkamʃtʲɪs]
horas (f pl) de pico	pìko vãlandos (m dgs)	[ˈpʲɪkɔ ˈvaːlʲandos]
estacionar (vi)	parkúotis	[parˈkʊɑtʲɪs]
estacionar (vt)	parkúoti	[parˈkʊɑtʲɪ]
parque (m) de estacionamento	stovējimo aikštēlė (m)	[stoˈvʲɛjɪmɔ ʌɪkʃˈtʲælʲeː]

metrô (m)	metrò	[mʲɛˈtro]
estação (f)	stotìs (m)	[stoˈtʲɪs]
ir de metrô	važiúoti metrò	[vaˈʒʲʊɑtʲɪ mʲɛˈtro]
trem (m)	traukinỹs (v)	[trɑʊkʲɪˈnʲiːs]
estação (f) de trem	stotìs (m)	[stoˈtʲɪs]

57. Turismo

monumento (m)	pamiñklas (v)	[paˈmʲɪŋklʲas]
fortaleza (f)	tvirtóvė (m)	[tvʲɪrˈtovʲeː]
palácio (m)	rū́mai (v)	[ˈruːmʌɪ]
castelo (m)	pilìs (m)	[pʲɪˈlʲɪs]
torre (f)	bókštas (v)	[ˈbokʃtas]
mausoléu (m)	mauzoliẽjus (v)	[mɑʊzoˈlʲɛjʊs]

arquitetura (f)	architektū́ra (m)	[arxʲɪtʲɛktuːˈra]
medieval (adj)	vidùramžių	[vʲɪˈdʊramʒʲuː]
antigo (adj)	senóvinis	[sʲɛˈnovʲɪnʲɪs]
nacional (adj)	nacionãlinis	[natsʲɪjoˈnaːlʲɪnʲɪs]
famoso, conhecido (adj)	žymùs	[ʒʲiːˈmʊs]
turista (m)	turìstas (v)	[tʊˈrʲɪstas]
guia (pessoa)	gìdas (v)	[ˈgʲɪdas]

excursão (f)	ekskùrsija (m)	[ɛks'kʊrsʲɪjɛ]
mostrar (vt)	ródyti	['rodʲiːtʲɪ]
contar (vt)	pãsakoti	['paːsakotʲɪ]

encontrar (vt)	rãsti	['rastʲɪ]
perder-se (vr)	pasiklýsti	[pasʲɪ'klʲiːstʲɪ]
mapa (~ do metrô)	schemã (m)	[sxʲɛ'ma]
mapa (~ da cidade)	plãnas (v)	['plʲaːnas]

lembrança (f), presente (m)	suvenỹras (v)	[sʊvʲɛ'nʲiːras]
loja (f) de presentes	suvenỹrų parduotùvė (m)	[sʊve'nʲiːru: pardʊɑ'tʊvʲeː]
tirar fotos, fotografar	fotografùoti	[fotogra'fʊɑtʲɪ]
fotografar-se (vr)	fotografùotis	[fotogra'fʊɑtʲɪs]

58. Compras

comprar (vt)	pírkti	['pʲɪrktʲɪ]
compra (f)	pirkinỹs (v)	[pʲɪrkʲɪ'nʲiːs]
fazer compras	apsipírkti	[apsʲɪ'pʲɪrktʲɪ]
compras (f pl)	apsipirkìmas (v)	[apsʲɪpʲɪr'kʲɪmas]

estar aberta (loja)	veĩkti	['vʲɛɪktʲɪ]
estar fechada	užsidarýti	[ʊʒsʲɪda'rʲiːtʲɪ]

calçado (m)	ãvalynė (m)	['aːvalʲiːnʲeː]
roupa (f)	drabùžiai (v)	[dra'bʊʒʲɛɪ]
cosméticos (m pl)	kosmètika (m)	[kɔs'mʲɛtʲɪka]
alimentos (m pl)	prodùktai (v)	[pro'dʊktʌɪ]
presente (m)	dovanà (m)	[dova'na]

vendedor (m)	pardavéjas (v)	[parda'vʲeːjas]
vendedora (f)	pardavéja (m)	[parda'vʲeːja]

caixa (f)	kasà (m)	[ka'sa]
espelho (m)	veĩdrodis (v)	['vʲɛɪdrodʲɪs]
balcão (m)	prekýstalis (v)	[prʲɛ'kʲiːstalʲɪs]
provador (m)	matãvimosi kabinà (m)	[ma'taːvʲɪmosʲɪ kabʲɪ'na]

provar (vt)	matùoti	[ma'tʊɑtʲɪ]
servir (roupa, caber)	tìkti	['tʲɪktʲɪ]
gostar (apreciar)	patìkti	[pa'tʲɪktʲɪ]

preço (m)	káina (m)	['kʌɪna]
etiqueta (f) de preço	kainýnas (v)	[kʌɪ'nʲiːnas]
custar (vt)	kainùoti	[kʌɪ'nʊɑtʲɪ]
Quanto?	Kíek?	['kʲiɛk?]
desconto (m)	nùolaida (m)	['nʊɑlʲʌɪda]

não caro (adj)	nebrangùs	[nʲɛbran'gʊs]
barato (adj)	pigùs	[pʲɪ'gʊs]
caro (adj)	brangùs	[bran'gʊs]
É caro	Taĩ brangù.	['tʌɪ bran'gʊ]
aluguel (m)	nùoma (m)	['nʊɑma]
alugar (roupas, etc.)	išsinùomoti	[ɪʃsʲɪ'nʊɑmotʲɪ]

| crédito (m) | kreditas (v) | [krʲɛ'dʲɪtas] |
| a crédito | kreditu | [krʲɛdʲɪ'tʊ] |

59. Dinheiro

dinheiro (m)	pinigaĩ (v)	[pʲɪnʲɪ'gʌɪ]
câmbio (m)	keitĩmas (v)	[kʲɛɪ'tʲɪmas]
taxa (f) de câmbio	kùrsas (v)	['kʊrsas]
caixa (m) eletrônico	bankomãtas (v)	[baŋko'maːtas]
moeda (f)	monetà (m)	[monʲɛ'ta]

| dólar (m) | dóleris (v) | ['dolʲɛrʲɪs] |
| euro (m) | eũras (v) | ['ɛũras] |

lira (f)	lirà (m)	[lʲɪ'ra]
marco (m)	márkė (m)	['markʲeː]
franco (m)	fránkas (v)	['fraŋkas]
libra (f) esterlina	svãras (v)	['svaːras]
iene (m)	jenà (m)	[jɛ'na]

dívida (f)	skolà (m)	[sko'lʲa]
devedor (m)	skõlininkas (v)	['skoːlʲɪnʲɪŋkas]
emprestar (vt)	dúoti į̃ skõlą	['dʊatʲɪ iː 'skoːlʲaː]
pedir emprestado	im̃ti į̃ skõlą	['ɪmtʲɪ iː 'skoːlʲaː]

banco (m)	bánkas (v)	['baŋkas]
conta (f)	sąskaita (m)	['saːskʌɪta]
depositar na conta	déti į̃ sąskaitą	['dʲeːtʲɪ iː 'saːskʌɪtaː]
sacar (vt)	im̃ti iš sąskaitos	['ɪmtʲɪ ɪʃ 'saːskʌɪtos]

cartão (m) de crédito	kreditinė kortẽlė (m)	[krʲɛ'dʲɪtʲɪnʲeː kor'tʲælʲeː]
dinheiro (m) vivo	gryníeji pinigaĩ (v)	[grʲiː'nʲiɛjɪ pʲɪnʲɪ'gʌɪ]
cheque (m)	čẽkis (v)	['tʂʲɛkʲɪs]
passar um cheque	išrašýti čẽkį	[ɪʃra'ʃʲɪːtʲɪ 'tʂʲɛkʲɪː]
talão (m) de cheques	čẽkių knygẽlė (m)	['tʂʲɛkʲu: knʲiː'gʲælʲeː]

carteira (f)	pinigìnė (m)	[pʲɪnʲɪ'gʲɪnʲeː]
niqueleira (f)	pinigìnė (m)	[pʲɪnʲɪ'gʲɪnʲeː]
cofre (m)	seĩfas (v)	['sʲɛɪfas]

herdeiro (m)	paveldėtojas (v)	[pavelʲ'dʲeːtoːjɛs]
herança (f)	palikìmas (v)	[palʲɪ'kʲɪmas]
fortuna (riqueza)	tur̃tas (v)	['tʊrtas]

arrendamento (m)	núoma (m)	['nʊama]
aluguel (pagar o ~)	bùto mókestis (v)	['bʊtɔ 'mokʲɛstʲɪs]
alugar (vt)	núomotis	['nʊamotʲɪs]

preço (m)	káina (m)	['kʌɪna]
custo (m)	káina (m)	['kʌɪna]
soma (f)	sumà (m)	[sʊ'ma]

| gastar (vt) | léisti | ['lʲɛɪstʲɪ] |
| gastos (m pl) | sąnaudos (m dgs) | ['saːnɑʊdos] |

| economizar (vi) | taupýti | [tɑʊ'pʲiːtʲɪ] |
| econômico (adj) | taupùs | [tɑʊ'pʊs] |

pagar (vt)	mokéti	[mo'kʲeːtʲɪ]
pagamento (m)	apmokéjimas (v)	[apmo'kʲɛjɪmas]
troco (m)	grąžà (m)	[gra:'ʒa]

imposto (m)	mókestis (v)	['mokʲɛstʲɪs]
multa (f)	baudà (m)	[bɑʊ'da]
multar (vt)	baũsti	['bɑʊstʲɪ]

60. Correios. Serviço postal

agência (f) dos correios	pãštas (v)	['paːʃtas]
correio (m)	pãštas (v)	['paːʃtas]
carteiro (m)	pãštininkas (v)	['paːʃtʲɪnʲɪŋkas]
horário (m)	dárbo valandõs (m dgs)	['darbɔ valʲan'doːs]

carta (f)	láiškas (v)	['lʲʌɪʃkas]
carta (f) registada	užsakýtas láiškas (v)	[ʊʒsa'kʲiːtas 'lʲʌɪʃkas]
cartão (m) postal	atvirùtė (m)	[atvʲɪ'rʊtʲeː]
telegrama (m)	telegramà (m)	[tʲɛlʲɛgra'ma]
encomenda (f)	siuntinỹs (v)	[sʲʊntʲɪ'nʲiːs]
transferência (f) de dinheiro	piniginis pavedìmas (v)	[pʲɪnʲɪ'gʲɪnʲɪs pavʲɛ'dʲɪmas]

receber (vt)	gáuti	['gɑʊtʲɪ]
enviar (vt)	išsiųsti	[ɪʃ'sʲuːstʲɪ]
envio (m)	išsiuntìmas (v)	[ɪʃsʲʊn'tʲɪmas]

endereço (m)	ãdresas (v)	['aːdrʲɛsas]
código (m) postal	iñdeksas (v)	['ɪndʲɛksas]
remetente (m)	siuntéjas (v)	[sʲʊn'tʲeːjas]
destinatário (m)	gavéjas (v)	[ga'vʲeːjas]

| nome (m) | vãrdas (v) | ['vardas] |
| sobrenome (m) | pavardė̃ (m) | [pavar'dʲeː] |

tarifa (f)	tarìfas (v)	[ta'rʲɪfas]
ordinário (adj)	į̃prastas	['iːprastas]
econômico (adj)	taupùs	[tɑʊ'pʊs]

peso (m)	svõris (v)	['svoːrʲɪs]
pesar (estabelecer o peso)	svérti	['svʲɛrtʲɪ]
envelope (m)	võkas (v)	['voːkas]
selo (m) postal	markùtė (m)	[mar'kʊtʲeː]

Moradia. Casa. Lar

61. Casa. Eletricidade

eletricidade (f)	elektra (m)	[ɛlʲɛkt'ra]
lâmpada (f)	lemputė (m)	[lʲɛm'putʲe:]
interruptor (m)	jungiklis (v)	[jʊn'gʲɪklʲɪs]
fusível, disjuntor (m)	kamštis (v)	['kamʃtʲɪs]

fio, cabo (m)	laidas (v)	['lʲʌɪdas]
instalação (f) elétrica	instaliacija (m)	[ɪnsta'lʲætsʲɪjɛ]
medidor (m) de eletricidade	skaitliukas (v)	[skʌɪt'lʲʊkas]
indicação (f), registro (m)	parodymas (v)	[pa'rodʲi:mas]

62. Moradia. Mansão

casa (f) de campo	užmiesčio namas (v)	['ʊʒmʲɛstşʲɔ 'na:mas]
vila (f)	vila (m)	[vʲɪ'lʲa]
ala (~ do edifício)	sparnas (v)	['sparnas]

jardim (m)	sodas (v)	['so:das]
parque (m)	parkas (v)	['parkas]
estufa (f)	oranžerija (m)	[oran'ʒʲɛrʲɪjɛ]
cuidar de …	prižiūrėti	[prʲɪʒu:'rʲe:tʲɪ]

piscina (f)	baseinas (v)	[ba'sʲɛɪnas]
academia (f) de ginástica	sporto salė (m)	['sporto sa:'lʲe:]
quadra (f) de tênis	teniso kortas (v)	['tʲɛnʲɪsɔ 'kortas]
cinema (m)	kino teatras (v)	['kʲɪnɔ tʲɛ'a:tras]
garagem (f)	garažas (v)	[ga'ra:ʒas]

propriedade (f) privada	asmeninė nuosavybė (m)	[asme'nʲɪnʲe: nʊasa'vʲi:bʲe:]
terreno (m) privado	asmeninės valdos (m)	[asme'nʲɪnʲe:s 'valʲdo:s]

advertência (f)	perspėjimas (v)	['pʲɛrspʲe:jimas]
sinal (m) de aviso	įspėjantis užrašas (v)	[i:s'pʲe:jantʲɪs 'ʊʒraʃas]

guarda (f)	apsauga (m)	[apsɑʊ'ga]
guarda (m)	apsauginis (v)	[apsɑʊ'gʲɪnʲɪs]
alarme (m)	signalizacija (m)	[sʲɪgnalʲɪ'za:tsʲɪjɛ]

63. Apartamento

apartamento (m)	butas (v)	['bʊtas]
quarto, cômodo (m)	kambarys (v)	[kamba'rʲi:s]
quarto (m) de dormir	miegamasis (v)	[mʲɪɛga'masʲɪs]

sala (f) de jantar	valgomàsis (v)	[val'go'mas'ɪs]
sala (f) de estar	svečiů kambarỹs (v)	[sv'ɛ'tʂ'u: kamba'r'i:s]
escritório (m)	kabinėtas (v)	[kab'ɪ'n'ɛtas]
sala (f) de entrada	príeškambaris (v)	['pr'iɛʃkambar'ɪs]
banheiro (m)	voniõs kambarỹs (v)	[vo'n'o:s kamba'r'i:s]
lavabo (m)	tualėtas (v)	[tʊa'l'ɛtas]
teto (m)	lùbos (m dgs)	['l'ʊbos]
chão, piso (m)	griñdys (m dgs)	['gr'ɪnd'i:s]
canto (m)	kampas (v)	['kampas]

64. Mobiliário. Interior

mobiliário (m)	baldai (v)	['bal'dʌɪ]
mesa (f)	stãlas (v)	['sta:l'as]
cadeira (f)	kėdė (m)	[k'e:'d'e:]
cama (f)	lóva (m)	['l'ova]
sofá, divã (m)	sofà (m)	[so'fa]
poltrona (f)	fòtelis (v)	['fot'ɛl'ɪs]
estante (f)	spìnta (m)	['sp'ɪnta]
prateleira (f)	lentýna (m)	[l'ɛn't'i:na]
guarda-roupas (m)	drabùžių spìnta (m)	[dra'bʊʒ'u: 'sp'ɪnta]
cabide (m) de parede	pakabà (m)	[paka'ba]
cabideiro (m) de pé	kabyklà (m)	[kab'ɪ:k'l'a]
cômoda (f)	komodà (m)	[kɔmo'da]
mesinha (f) de centro	žurnãlinis staliùkas (v)	[ʒʊr'na:l'ɪn'ɪs sta'l'ʊkas]
espelho (m)	véidrodis (v)	['v'ɛɪdrod'ɪs]
tapete (m)	kìlimas (v)	['k'ɪl'ɪmas]
tapete (m) pequeno	kilimẽlis (v)	[k'ɪl'ɪ'm'e:l'ɪs]
lareira (f)	židinỹs (v)	[ʒ'ɪd'ɪ'n'i:s]
vela (f)	žvãkė (m)	['ʒva:k'e:]
castiçal (m)	žvakìdė (m)	[ʒva'k'ɪd'e:]
cortinas (f pl)	užúolaidos (m dgs)	[ʊ'ʒʊɑl'ʌɪdos]
papel (m) de parede	tapėtai (v)	[ta'p'ɛtʌɪ]
persianas (f pl)	žãliuzės (m dgs)	['ʒa:l'ʊz'e:s]
luminária (f) de mesa	stalìnė lémpa (m)	[sta'l'ɪn'e: 'l'ɛmpa]
luminária (f) de parede	šviestùvas (v)	[ʃv'iɛ'stʊvas]
abajur (m) de pé	toršèras (v)	[tor'ʃɛras]
lustre (m)	sietýnas (v)	[s'iɛ't'i:nas]
pé (de mesa, etc.)	kojýtė (m)	[kɔ'ji:t'e:]
braço, descanso (m)	rañktūris (v)	['raŋktu:r'ɪs]
costas (f pl)	ãtlošas (v)	['a:tl'oʃas]
gaveta (f)	stálčius (v)	['stal'tʂ'ʊs]

65. Quarto de dormir

roupa (f) de cama	pãtalynė (m)	['pa:talʲiːnʲeː]
travesseiro (m)	pagalvė (m)	[pa'galʲvʲeː]
fronha (f)	užvalkalas (v)	['ʊʒvalʲkalas]
cobertor (m)	užklótas (v)	[ʊʒ'klʲotas]
lençol (m)	paklódė (m)	[pak'lʲoːdʲeː]
colcha (f)	lovãtiesė (m)	[lʲo'vaːtʲiɛsʲeː]

66. Cozinha

cozinha (f)	virtùvė (m)	[vʲɪr'tʊvʲe:]
gás (m)	dùjos (m dgs)	['dujɔs]
fogão (m) a gás	dùjinė (m)	['dujinʲe:]
fogão (m) elétrico	elektrìnė (m)	[ɛlʲɛk'trʲɪnʲe:]
forno (m)	órkaitė (m)	['orkʌɪtʲe:]
forno (m) de micro-ondas	mikrobangų krosnėlė (m)	[mʲɪkroban'gu: kros'nʲælʲe:]
geladeira (f)	šaldytùvas (v)	[ʃalʲdʲi:'tʊvas]
congelador (m)	šáldymo kãmera (m)	['ʃalʲdʲi:mɔ 'ka:mʲɛra]
máquina (f) de lavar louça	iñdų plovìmo mašinà (m)	['ɪndu: plʲo'vʲɪmɔ maʃɪ'na]
moedor (m) de carne	mėsmalė (m)	['mʲe:smalʲe:]
espremedor (m)	sulčiãspaudė (m)	[sʊlʲ'tʃʲæspɑʊdʲe:]
torradeira (f)	tòsteris (v)	['tostʲɛrʲɪs]
batedeira (f)	mìkseris (v)	['mʲɪksʲɛrʲɪs]
máquina (f) de café	kavõs aparãtas (v)	[ka'vo:s apa'ra:tas]
cafeteira (f)	kavinùkas (v)	[kavʲɪ'nʊkas]
moedor (m) de café	kavãmalė (m)	[ka'va:malʲe:]
chaleira (f)	arbatinùkas (v)	[arbatʲɪ'nʊkas]
bule (m)	arbãtinis (v)	[arba:'tʲɪnʲɪs]
tampa (f)	dangtèlis (v)	[daŋk'tʲælʲɪs]
coador (m) de chá	sietėlis (v)	[sʲiɛ'tʲælʲɪs]
colher (f)	šáukštas (v)	['ʃɑʊkʃtas]
colher (f) de chá	arbãtinis šaukštėlis (v)	[ar'ba:tʲɪnʲɪs ʃɑʊkʃ'tʲælʲɪs]
colher (f) de sopa	válgomasis šáukštas (v)	['valʲgomasʲɪs 'ʃɑʊkʃtas]
garfo (m)	šakutė (m)	[ʃa'kutʲe:]
faca (f)	peĩlis (v)	['pʲɛIlʲɪs]
louça (f)	iñdai (v)	['ɪndʌɪ]
prato (m)	lėkštė̃ (m)	[lʲe:kʃ'tʲe:]
pires (m)	lėkštėlė (m)	[lʲe:kʃ'tʲælʲe:]
cálice (m)	taurẽlė (m)	[tɑʊ'rʲælʲe:]
copo (m)	stiklìnė (m)	[stʲɪk'lʲɪnʲe:]
xícara (f)	puodùkas (v)	[pʊɑ'dʊkas]
açucareiro (m)	cùkrinė (m)	['tsʊkrʲɪnʲe:]
saleiro (m)	drùskinė (m)	['drʊskʲɪnʲe:]
pimenteiro (m)	pipìrinė (m)	[pʲɪ'pʲɪrʲɪnʲe:]

manteigueira (f)	svíestinė (m)	['svʲiɛstʲɪnʲe:]
panela (f)	púodas (v)	['pʊɑdas]
frigideira (f)	keptùvė (m)	[kʲɛp'tʊvʲe:]
concha (f)	sámtis (v)	['samtʲɪs]
coador (m)	kiaurãsamtis (v)	[kʲɛʊ'ra:samtʲɪs]
bandeja (f)	padėklas (v)	[pa'dʲe:klʲas]

garrafa (f)	bùtelis (v)	['bʊtʲɛlʲɪs]
pote (m) de vidro	stiklaĩnis (v)	[stʲɪk'lʲʌɪnʲɪs]
lata (~ de cerveja)	skardìnė (m)	[skar'dʲɪnʲe:]

abridor (m) de garrafa	atidarytùvas (v)	[atʲɪdarʲi:'tʊvas]
abridor (m) de latas	konsèrvų atidarytùvas (v)	[kɔn'sʲɛrvu: atʲɪdarʲi:'tʊvas]
saca-rolhas (m)	kamščiãtraukis (v)	[kamʃ'tʃʲætrɑʊkʲɪs]
filtro (m)	fìltras (v)	['fʲɪlʲtras]
filtrar (vt)	filtrúoti	[fʲɪlʲ'trʊɑtʲɪ]

lixo (m)	šiùkšlės (m dgs)	['ʃʲʊkʃlʲe:s]
lixeira (f)	šiùkšlių kìbiras (v)	['ʃʲʊkʃlʲu: 'kʲɪbʲɪras]

67. Casa de banho

banheiro (m)	voniõs kambarỹs (v)	[vo'nʲo:s kamba'rʲi:s]
água (f)	vanduõ (v)	[van'dʊɑ]
torneira (f)	čiáupas (v)	['tʃʲæʊpas]
água (f) quente	kárštas vanduõ (v)	['karʃtas van'dʊɑ]
água (f) fria	šáltas vanduõ (v)	['ʃalʲtas van'dʊɑ]

pasta (f) de dente	dantų̃ pastà (m)	[dan'tu: pas'ta]
escovar os dentes	valýti dantìs	[va'lʲi:tʲɪ dan'tʲɪs]
escova (f) de dente	dantų̃ šepetėlis (v)	[dan'tu: ʃepe'tʲe:lʲɪs]

barbear-se (vr)	skùstis	['skʊstʲɪs]
espuma (f) de barbear	skutìmosi pùtos (m dgs)	[skʊ'tʲɪmosʲɪ 'pʊtos]
gilete (f)	skutìmosi peiliùkas (v)	[skʊ'tʲɪmosʲɪ pʲɛɪ'lʲʊkas]

lavar (vt)	pláuti	['plʲɑʊtʲɪ]
tomar banho	máudytis, praũstis	['mɑʊdʲi:tʲɪs], ['prɑʊstʲɪs]
chuveiro (m), ducha (f)	dùšas (v)	['dʊʃas]
tomar uma ducha	praũstis dušè	['prɑʊstʲɪs dʊ'ʃɛ]

banheira (f)	vonià (m)	[vo'nʲæ]
vaso (m) sanitário	unitãzas (v)	[ʊnʲɪ'ta:zas]
pia (f)	kriauklė̃ (m)	[krʲɛʊk'lʲe:]

sabonete (m)	muĩlas (v)	['mʊɪlʲas]
saboneteira (f)	muĩlinė (m)	['mʊɪlʲɪnʲe:]

esponja (f)	kempìnė (m)	[kʲɛm'pʲɪnʲe:]
xampu (m)	šampū̃nas (v)	[ʃam'pu:nas]
toalha (f)	rañkšluostis (v)	['raŋkʃlʲʊɑstʲɪs]
roupão (m) de banho	chalátas (v)	[xa'lʲa:tas]
lavagem (f)	skalbìmas (v)	[skalʲ'bʲɪmas]
lavadora (f) de roupas	skalbìmo mašinà (m)	[skalʲ'bʲɪmɔ maʃɪ'na]

| lavar a roupa | skalbti baltinius | ['skʌlʲptʲɪ 'ba lʲtʲɪnʲʊs] |
| detergente (m) | skalbimo milteliai (v dgs) | [skalʲ'bʲɪmɔ mʲɪlʲʲtʲælʲɛɪ] |

68. Eletrodomésticos

televisor (m)	televizorius (v)	[tʲɛlʲɛ'vʲɪzorʲʊs]
gravador (m)	magnetofonas (v)	[magnʲɛto'fonas]
videogravador (m)	video magnetofonas (v)	[vʲɪdʲɛɔ magnʲɛto'fonas]
rádio (m)	imtuvas (v)	[ɪm'tʊvas]
leitor (m)	grotuvas (v)	[gro'tʊvas]

projetor (m)	video projektorius (v)	['vʲɪdʲɛɔ pro'jæktorʲʊs]
cinema (m) em casa	namų kino teatras (v)	[na'mu: 'kʲɪnɔ tʲɛ'a:tras]
DVD Player (m)	DVD grotuvas (v)	[dʲɪvʲɪ'dʲɪ gro'tʊvas]
amplificador (m)	stiprintuvas (v)	[stʲɪprʲɪn'tʊvas]
console (f) de jogos	žaidimų priedėlis (v)	[ʒʌɪ'dʲɪmu: 'prʲɪɛdʲe:lʲɪs]

câmera (f) de vídeo	videokamera (m)	[vʲɪdʲɛo'ka:mʲɛra]
máquina (f) fotográfica	fotoaparatas (v)	[fotoapa'ra:tas]
câmera (f) digital	skaitmeninis	[skʌɪtmʲɛ'nʲɪnʲɪs
	fotoaparatas (v)	fotoapa'ra:tas]

aspirador (m)	dulkių siurblys (v)	['dʊlʲkʲu: sʲʊr'blʲi:s]
ferro (m) de passar	lygintuvas (v)	[lʲi:gʲɪn'tʊvas]
tábua (f) de passar	lyginimo lenta (m)	['lʲi:gʲɪnʲɪmɔ lʲɛn'ta]

telefone (m)	telefonas (v)	[tʲɛlʲɛ'fonas]
celular (m)	mobilusis telefonas (v)	[mobʲɪ'lʊsʲɪs tʲɛlʲɛ'fonas]
máquina (f) de escrever	rašymo mašinėlė (m)	['ra:ʃɪ:mɔ maʃɪ'nʲe:lʲe:]
máquina (f) de costura	siuvimo mašina (m)	[sʲʊ'vʲɪmɔ maʃɪ'na]

microfone (m)	mikrofonas (v)	[mʲɪkro'fonas]
fone (m) de ouvido	ausinės (m dgs)	[ɑʊ'sʲɪnʲe:s]
controle remoto (m)	pultas (v)	['pʊlʲtas]

CD (m)	kompaktinis diskas (v)	[kɔm'pa:ktʲɪnʲɪs 'dʲɪskas]
fita (f) cassete	kasetė (m)	[ka'sʲɛtʲe:]
disco (m) de vinil	plokštelė (m)	[plokʃʲtʲælʲe:]

ATIVIDADES HUMANAS

Emprego. Negócios. Parte 1

69. Escritório. O trabalho no escritório

escritório (~ de advogados)	ofisas (v)	['ofˈɪsas]
escritório (do diretor, etc.)	kabinetas (v)	[kabˈɪ'nˈɛtas]
recepção (f)	registratūrà (m)	[rˈɛgˈɪstratu:'ra]
secretário (m)	sekretõrius (v)	[sˈɛkrˈɛ'to:rˈʊs]
diretor (m)	dirèktorius (v)	[dˈɪ'rˈɛktorˈʊs]
gerente (m)	vadýbininkas (v)	[va'dˈiːbˈɪnˈɪŋkas]
contador (m)	buhálteris (v)	[bʊ'ɣalˈtˈɛrˈɪs]
empregado (m)	bendradarbis (v)	[bˈɛndra'darbˈɪs]
mobiliário (m)	baldai (v)	['balˈdʌɪ]
mesa (f)	stàlas (v)	['sta:lˈas]
cadeira (f)	fotelis (v)	['fotˈɛlˈɪs]
gaveteiro (m)	spintelė (m)	[spˈɪn'tˈælˈe:]
cabideiro (m) de pé	kabyklà (m)	[kabˈi:k'lˈa]
computador (m)	kompiùteris (v)	[kɔm'pʊtˈɛrˈɪs]
impressora (f)	spausdintùvas (v)	[spaʊsdˈɪn'tʊvas]
fax (m)	fàksas (v)	['fa:ksas]
fotocopiadora (f)	kopijàvimo aparãtas (v)	[kɔpˈɪ'ja:vˈɪmɔ apa'ra:tas]
papel (m)	põpierius (v)	['po:pˈiɛrˈʊs]
artigos (m pl) de escritório	kanceliãriniai reĩkmenys (v dgs)	[kantsˈɛ'lˈæɾˈɪnˈɛɪ 'rˈɛɪkmˈɛnˈi:s]
tapete (m) para mouse	kilimẽlis (v)	[kˈɪlˈɪ'mˈe:lˈɪs]
folha (f)	làpas (v)	['lˈa:pas]
pasta (f)	pãpkė (m)	['pa:pkˈe:]
catálogo (m)	katalõgas (v)	[kata'lˈogas]
lista (f) telefônica	žinýnas (v)	[ʒˈɪ'nˈi:nas]
documentação (f)	dokumentãcija (m)	[dokʊmˈɛn'ta:tsˈɪjɛ]
brochura (f)	brošiūrà (m)	[brɔʃu:'ra]
panfleto (m)	skrajùtė (m)	[skra'jʊtˈe:]
amostra (f)	pavyzdỹs (v)	[pavˈi:z'dˈi:s]
formação (f)	trèningas (v)	['trˈɛnˈɪngas]
reunião (f)	pasitarìmas (v)	[pasˈɪta'rˈɪmas]
hora (f) de almoço	pietų pértrauka (m)	[pˈiɛ'tu: 'pˈɛrtraʊka]
fazer uma cópia	darýti kòpiją	[da'rˈiːtˈɪ 'kopˈɪja:]
tirar cópias	dáuginti	['daʊgˈɪntˈɪ]
receber um fax	gáuti fãksą	['gaʊtˈɪ 'fa:ksa:]
enviar um fax	siųsti fãksą	['sˈʊ:stˈɪ 'fa:ksa:]

fazer uma chamada	skambinti	['skambʲɪntʲɪ]
responder (vt)	atsiliẽpti	[atsʲɪˈlʲɛptʲɪ]
passar (vt)	sujùngti	[sʊˈjʊŋktʲɪ]

marcar (vt)	skìrti	['skʲɪrtʲɪ]
demonstrar (vt)	demonstrúoti	[dʲɛmɔnsˈtrʊatʲɪ]
estar ausente	nebúti	[nʲɛˈbuːtʲɪ]
ausência (f)	praleidìmas (v)	[pralʲɛɪˈdʲɪmas]

70. Processos negociais. Parte 1

negócio (m)	ver̃slas (v)	['vʲɛrslʲas]
ocupação (f)	veiklà (m)	[vʲɛɪkˈlʲa]
firma, empresa (f)	firma (m)	['fʲɪrma]
companhia (f)	kompãnija (m)	[kɔmˈpa:nʲɪjɛ]
corporação (f)	korporãcija (m)	[kɔrpoˈra:tsʲɪjɛ]
empresa (f)	įmonė (m)	['i:monʲe:]
agência (f)	agentūrà (m)	[agʲɛntu:ˈra]

acordo (documento)	sutartìs (m)	[sʊtarˈtʲɪs]
contrato (m)	kontrãktas (v)	[kɔnˈtra:ktas]
acordo (transação)	sándėris (v)	['sandʲe:rʲɪs]
pedido (m)	užsãkymas (v)	[ʊʒˈsa:kʲi:mas]
termos (m pl)	sąlyga (m)	['sa:lʲi:ga]

por atacado	didmenomìs	[dʲɪdmʲɛnoˈmʲɪs]
por atacado (adj)	didmenìnis	[dʲɪdmʲɛˈnʲɪnʲɪs]
venda (f) por atacado	didmeninė prekýba (m)	[dʲɪdmeˈnʲɪnʲe: preˈkʲi:ba]
a varejo	mažmenìnis	[maʒmʲɛˈnʲɪnʲɪs]
venda (f) a varejo	mažmeninė prekýba (m)	[maʒmeˈnʲɪnʲe: preˈkʲi:ba]

concorrente (m)	konkuren̄tas (v)	[kɔŋkʊˈrʲɛntas]
concorrência (f)	konkuren̄cija (m)	[kɔŋkʊˈrʲɛntsʲɪjɛ]
competir (vi)	konkurúoti	[kɔŋkʊˈrʊatʲɪ]

| sócio (m) | pártneris (v) | ['partnʲɛrʲɪs] |
| parceria (f) | partnerỹstė (m) | [partnʲɛˈrʲi:stʲe:] |

crise (f)	krìzė (m)	['krʲɪzʲe:]
falência (f)	bankrotas (v)	[baŋkˈrotas]
entrar em falência	bankrutúoti	[baŋkrʊˈtʊatʲɪ]
dificuldade (f)	sunkùmas (v)	[sʊnˈkʊmas]
problema (m)	problemà (m)	[problʲɛˈma]
catástrofe (f)	katastrofà (m)	[katastroˈfa]

economia (f)	ekonòmika (m)	[ɛkoˈnomʲɪka]
econômico (adj)	ekonòminis	[ɛkoˈnomʲɪnʲɪs]
recessão (f) econômica	ekonòminis núosmukis (v)	[ɛkoˈnomʲɪnʲɪs ˈnʊasmʊkʲɪs]

| objetivo (m) | tìkslas (v) | ['tʲɪkslʲas] |
| tarefa (f) | užduotìs (m) | [ʊʒdʊaˈtʲɪs] |

| comerciar (vi, vt) | prekiáuti | [prʲɛˈkʲæʊtʲɪ] |
| rede (de distribuição) | tiñklas (v) | ['tʲɪŋklʲas] |

| estoque (m) | sándėlis (v) | ['sandʲe:lʲɪs] |
| sortimento (m) | asortimeñtas (v) | [asortʲɪ'mʲɛntas] |

líder (m)	lýderis (v)	['lʲi:dʲɛrʲɪs]
grande (~ empresa)	dìdelė	['dʲɪdʲɛlʲe:]
monopólio (m)	monopòlija (m)	[mono'polʲɪjɛ]

teoria (f)	teòrija (m)	[tʲɛ'orʲɪjɛ]
prática (f)	prãktika (m)	['pra:ktʲɪka]
experiência (f)	patirtìs (m)	[patʲɪr'tʲɪs]
tendência (f)	tendeñcija (m)	[tʲɛn'dʲɛntsʲɪjɛ]
desenvolvimento (m)	výstymasis (v)	['vʲi:stʲi:masʲɪs]

71. Processos negociais. Parte 2

| rentabilidade (f) | naudà (m) | [nɑʊ'da] |
| rentável (adj) | naudìngas | [nɑʊ'dʲɪngas] |

delegação (f)	delegãcija (m)	[dʲɛlʲɛ'ga:tsʲɪjɛ]
salário, ordenado (m)	dárbo ùžmokestis (v)	['darbɔ 'ʊʒmokʲɛstʲɪs]
corrigir (~ um erro)	taisýti	[tʌɪ'sʲi:tʲɪ]
viagem (f) de negócios	komandiruõtė (m)	[komandʲɪ'rʊɑtʲe:]
comissão (f)	komìsija (m)	[kɔ'mʲɪsʲɪjɛ]

controlar (vt)	kontroliúoti	[kontro'lʲʊɑtʲɪ]
conferência (f)	konfereñcija (m)	[konfʲɛ'rʲɛntsʲɪjɛ]
licença (f)	liceñzija (m)	[lʲɪ'tsʲɛnzʲɪjɛ]
confiável (adj)	pàtikimas	['patʲɪkʲɪmas]

empreendimento (m)	pradžià (m)	[prad'ʒʲæ]
norma (f)	nòrma (m)	['norma]
circunstância (f)	aplinkýbė (m)	[aplʲɪŋ'kʲi:bʲe:]
dever (do empregado)	pareigà (m)	[parʲɛɪ'ga]

empresa (f)	organizãcija (m)	[organʲɪ'za:tsʲɪjɛ]
organização (f)	organizãvimas (v)	[organʲɪ'za:vʲɪmas]
organizado (adj)	organizúotas	[organʲɪ'zʊɑtas]
anulação (f)	atšaukìmas (v)	[atʃɑʊ'kʲɪmas]
anular, cancelar (vt)	atšaũkti	[at'ʃɑʊktʲɪ]
relatório (m)	atãskaita (m)	[a'ta:skʌɪta]

patente (f)	pãtentas (v)	['pa:tʲɛntas]
patentear (vt)	patentúoti	[patʲɛn'tʊɑtʲɪ]
planejar (vt)	planúoti	[plʲa'nʊɑtʲɪ]

bônus (m)	prèmija (m)	['prʲɛmʲɪjɛ]
profissional (adj)	profesionalùs	[profʲɛsʲɪjona'lʲʊs]
procedimento (m)	procedūrà (m)	[protsʲɛdu:'ra]

examinar (~ a questão)	išnagrinéti	[ɪʃnagrʲɪ'nʲe:tʲɪ]
cálculo (m)	apskaità (m)	[apskʌɪ'ta]
reputação (f)	reputãcija (m)	[rʲɛpʊ'ta:tsʲɪjɛ]
risco (m)	rìzika (m)	['rʲɪzʲɪka]
dirigir (~ uma empresa)	vadováuti	[vado'vɑʊtʲɪ]

informação (f)	dúomenys (v dgs)	['dʋamʲɛnʲiːs]
propriedade (f)	nuosavýbė (m)	[nʋɑsa'vʲiːbʲeː]
união (f)	sájunga (m)	['saːjʋnga]
seguro (m) de vida	gyvýbės draudìmas (v)	[gʲiː'vʲiːbʲeːs drɑʋ'dʲɪmas]
fazer um seguro	draũsti	['drɑʋstʲɪ]
seguro (m)	draudìmas (v)	[drɑʋ'dʲɪmas]
leilão (m)	varžýtinės (m dgs)	[var'ʒʲiːtʲɪnʲeːs]
notificar (vt)	pranešti	[pra'nʲɛʃtʲɪ]
gestão (f)	valdymas (v)	['valʲdʲiːmas]
serviço (indústria de ~s)	paslaugà (m)	[paslʲɑʋ'ga]
fórum (m)	fòrumas (v)	['forʋmas]
funcionar (vi)	funkcionúoti	[fʋŋktsʲɪjɔ'nʋɑtʲɪ]
estágio (m)	etãpas (v)	[ɛ'taːpas]
jurídico, legal (adj)	jurìdinis	[jʋ'rʲɪdʲɪnʲɪs]
advogado (m)	teisininkas (v)	['tʲɛɪsʲɪnʲɪŋkas]

72. Produção. Trabalhos

usina (f)	gamyklà (m)	[gamʲi:k'lʲa]
fábrica (f)	fàbrikas (v)	['fa:brʲɪkas]
oficina (f)	cèchas (v)	['tsʲɛxas]
local (m) de produção	gamýba (m)	[ga'mʲi:ba]
indústria (f)	prãmonė (m)	['pra:monʲeː]
industrial (adj)	pramonìnis	[pramo'nʲɪnʲɪs]
indústria (f) pesada	sunkiòji prãmonė (m)	[sʋŋ'kʲɔːjɪ 'pra:monʲeː]
indústria (f) ligeira	lengvòji prãmonė (m)	[lʲɛng'vɔːjɪ 'pra:monʲeː]
produção (f)	prodùkcija (m)	[pro'dʋktsʲɪjɛ]
produzir (vt)	gamìnti	[ga'mʲɪntʲɪ]
matérias-primas (f pl)	žãliava (m)	['ʒa:lʲæva]
chefe (m) de obras	brigãdininkas (v)	[brʲɪ'ga:dʲɪnʲɪŋkas]
equipe (f)	brigadà (m)	[brʲɪga'da]
operário (m)	darbiniñkas (v)	[darbʲɪ'nʲɪŋkas]
dia (m) de trabalho	dárbo dienà (m)	['darbo dʲɪɛ'na]
intervalo (m)	pértrauka (m)	['pʲɛrtrɑʋka]
reunião (f)	susirinkìmas (v)	[sʋsʲɪrʲɪŋ'kʲɪmas]
discutir (vt)	svarstýti	[svar'stʲiːtʲɪ]
plano (m)	plãnas (v)	['plʲa:nas]
cumprir o plano	įvýkdyti plãną	[iː'vʲiːkdʲɪːtʲɪ 'plʲa:naː]
taxa (f) de produção	nòrma (m)	['norma]
qualidade (f)	kokýbė (m)	[kɔ'kʲiːbʲeː]
controle (m)	kontròlė (m)	[kɔn'trolʲeː]
controle (m) da qualidade	kokýbės kontròlė (m)	[kɔ'kʲiːbʲeːs kɔn'trolʲeː]
segurança (f) no trabalho	dárbo saugà (m)	['darbɔ sɑʋ'ga]
disciplina (f)	drausmė̃ (m)	['drɑʋsmʲeː]
infração (f)	pažeidìmas (v)	[paʒʲɛɪ'dʲɪmas]

violar (as regras)	pažeĩsti	[pa'ʒʲɛɪstʲɪ]
greve (f)	streĩkas (v)	['strʲɛɪkas]
grevista (m)	streĩkininkas (v)	['strʲɛʲɪkʲɪnʲɪŋkas]
estar em greve	streikúoti	[strʲɛɪ'kʊatʲɪ]
sindicato (m)	profsãjunga (m)	[prof'sa:jʊnga]

inventar (vt)	išradinéti	[ɪʃradʲɪ'nʲe:tʲɪ]
invenção (f)	išradĩmas (v)	[ɪʃra'dʲɪmas]
pesquisa (f)	tyrinéjimas (v)	[tʲi:rʲɪ'nʲɛjɪmas]
melhorar (vt)	gẽrinti	['gʲærʲɪntʲɪ]
tecnologia (f)	technolõgija (m)	[tʲɛxno'lʲogʲɪjɛ]
desenho (m) técnico	bréžinỹs (v)	[brʲe:ʒʲɪ'nʲi:s]

carga (f)	krovinỹs (v)	[krovʲɪ'nʲi:s]
carregador (m)	krovéjas (v)	[kro'vʲe:jas]
carregar (o caminhão, etc.)	kráuti	['kraʊtʲɪ]
carregamento (m)	krovìmas (v)	[kro'vʲɪmas]
descarregar (vt)	iškráuti	[ɪʃ'kraʊtʲɪ]
descarga (f)	iškrovìmas (v)	[ɪʃkro'vʲɪmas]

transporte (m)	transpõrtas (v)	[trans'portas]
companhia (f) de transporte	transpõrto kompãnija (m)	[trans'portɔ kom'pa:nʲɪjɛ]
transportar (vt)	transportúoti	[transpor'tʊatʲɪ]

vagão (m) de carga	vagõnas (v)	[va'gonas]
tanque (m)	cistérna (m)	[tsʲɪs'tʲɛrna]
caminhão (m)	suñkvežimis (v)	['sʊŋkvʲɛʒʲɪmʲɪs]

| máquina (f) operatriz | stãklės (m dgs) | ['sta:klʲe:s] |
| mecanismo (m) | mechanìzmas (v) | [mʲɛxa'nʲɪzmas] |

resíduos (m pl) industriais	atliekõs (m dgs)	[at'lʲiɛko:s]
embalagem (f)	pakãvimas (v)	[pa'ka:vʲɪmas]
embalar (vt)	supakúoti	[sʊpa'kʊatʲɪ]

73. Contrato. Acordo

contrato (m)	kontrãktas (v)	[kon'tra:ktas]
acordo (m)	susitarìmas (v)	[sʊsʲɪta'rʲɪmas]
adendo, anexo (m)	priẽdas (v)	['prʲɛdas]

assinar o contrato	sudarýti sutartį	[sʊda'rʲɪ:tʲɪ 'sʊtartʲɪ:]
assinatura (f)	pãrašas (v)	['pa:raʃas]
assinar (vt)	pasirašýti	[pasʲɪra'ʃɪ:tʲɪ]
carimbo (m)	añtspaudas (v)	['antspaʊdas]

objeto (m) do contrato	sutartiẽs dalỹkas (v)	[sʊtar'tʲɛs da'lʲi:kas]
cláusula (f)	pùnktas (v)	['pʊŋktas]
partes (f pl)	šãlys (m dgs)	['ʃa:lʲi:s]
domicílio (m) legal	jurìdinis ãdresas (v)	[jʊ'rʲɪdʲɪnʲɪs 'a:drʲɛsas]

violar o contrato	pažeĩsti sutartį	[pa'ʒʲɛɪstʲɪ 'sʊtartʲɪ:]
obrigação (f)	įsipareigójimas (v)	[i:sʲɪparʲɛɪ'go:jɪmas]
responsabilidade (f)	atsakomýbė (m)	[atsako'mʲi:bʲe:]

força (f) maior	nenugalimóji jėgà (m)	[nʲɛnʊɡalʲɪˈmoːjɪ jeːˈɡa]
litígio (m), disputa (f)	giñčas (v)	[ˈɡʲɪntʂas]
multas (f pl)	baudinės sánkcijos (m dgs)	[bɑʊˈdʲɪnʲeːs ˈsaŋktsʲɪjɔs]

74. Importação & Exportação

importação (f)	impòrtas (v)	[ɪmˈportas]
importador (m)	importúotojas (v)	[ɪmporˈtʊɑtoːjɛs]
importar (vt)	importúoti	[ɪmporˈtʊɑtʲɪ]
de importação	impòrtinis	[ɪmˈportʲɪnʲɪs]

exportador (m)	eksportúotojas (v)	[ɛksporˈtʊɑtoːjɛs]
exportar (vt)	eksportúoti	[ɛksporˈtʊɑtʲɪ]

mercadoria (f)	prẽkė (m)	[ˈprʲækʲeː]
lote (de mercadorias)	pártija (m)	[ˈpartʲɪjɛ]

peso (m)	svõris (v)	[ˈsvoːrʲɪs]
volume (m)	tū̃ris (v)	[ˈtuːrʲɪs]
metro (m) cúbico	kùbinis mètras (v)	[ˈkʊbʲɪnʲɪs ˈmʲɛtras]

produtor (m)	gamìntojas (v)	[ɡaˈmʲɪntoːjɛs]
companhia (f) de transporte	transpòrto kompãnija (m)	[transˈportɔ komˈpaːnʲɪjɛ]
contêiner (m)	konteĩneris (v)	[kɔnˈtʲɛɪnʲɛrʲɪs]

fronteira (f)	síena (m)	[ˈsʲiɛna]
alfândega (f)	muĩtinė (m)	[ˈmʊɪtʲɪnʲeː]
taxa (f) alfandegária	muĩtinės riñkliava (m)	[ˈmʊɪtʲɪnʲeːs ˈrʲɪŋklʲæva]
funcionário (m) da alfândega	muĩtininkas (v)	[ˈmʊɪtʲɪnʲɪŋkas]
contrabando (atividade)	kontrabánda (m)	[kɔntraˈbanda]
contrabando (produtos)	kontrabánda (m)	[kɔntraˈbanda]

75. Finanças

ação (f)	ãkcija (m)	[ˈaːktsʲɪjɛ]
obrigação (f)	obligãcija (m)	[oblʲɪˈɡaːtsʲɪjɛ]
nota (f) promissória	vèkselis (v)	[ˈvʲɛksʲɛlʲɪs]

bolsa (f) de valores	bìrža (m)	[ˈbʲɪrʒa]
cotação (m) das ações	ãkcijų kùrsas (v)	[ˈaːktsʲɪju: ˈkʊrsas]

tornar-se mais barato	atpìgti	[atˈpʲɪktʲɪ]
tornar-se mais caro	pabrángti	[paˈbraŋktʲɪ]

parte (f)	ãkcija (m)	[ˈaːktsʲɪjɛ]
participação (f) majoritária	kontròlinis pakètas (v)	[kɔnˈtrolʲɪnʲɪs paˈkʲɛtas]
investimento (m)	investìcijos (m dgs)	[ɪnvʲɛsˈtʲɪtsʲɪjɔs]
investir (vt)	investúoti	[ɪnvʲɛsˈtʊɑtʲɪ]
porcentagem (f)	pròcentas (v)	[ˈprotsʲɛntas]
juros (m pl)	pròcentai (v dgs)	[ˈprotsʲɛntʌɪ]
lucro (m)	pelñas (v)	[ˈpʲɛlʲnas]
lucrativo (adj)	pelnìngas	[pʲɛlʲˈnʲɪngas]

imposto (m)	mókestis (v)	['mok'ɛst'ɪs]
divisa (f)	valiutà (m)	[val'ʊ'ta]
nacional (adj)	nacionãlinis	[nats'ɪjɔ'na:l'ɪn'ɪs]
câmbio (m)	keitìmas (v)	[k'ɛɪ't'ɪmas]

| contador (m) | buhálteris (v) | [bʊ'ɣal't'ɛr'ɪs] |
| contabilidade (f) | buhaltèrija (m) | [bʊɣal''t'ɛr'ɪjɛ] |

falência (f)	bankrotas (v)	[baŋk'rotas]
falência, quebra (f)	subankrutãvimas (v)	[sʊbaŋkrʊ'ta:v'ɪmas]
ruína (f)	nuskurdìmas (v)	[nʊskʊr'd'ɪmas]
estar quebrado	nuskuŕsti	[nʊ'skʊrst'ɪ]
inflação (f)	infliãcija (m)	[ɪn'fl'æts'ɪjɛ]
desvalorização (f)	devalvãcija (m)	[d'ɛval''va:ts'ɪjɛ]

capital (m)	kapitãlas (v)	[kap'ɪ'ta:l'as]
rendimento (m)	pãjamos (m dgs)	['pa:jamos]
volume (m) de negócios	apývarta (m)	[a'p'i:varta]
recursos (m pl)	ištekliaì (v dgs)	[ɪʃt'ɛ'kl'ɛɪ]
recursos (m pl) financeiros	piniginès léšos (m dgs)	[p'ɪn'ɪ'g'ɪn'e:s 'l'e:ʃos]

| despesas (f pl) gerais | pridétinès ìšlaidos (m dgs) | [pr'ɪd'e:'t'ɪn'e:s 'ɪʃl'ʌɪdos] |
| reduzir (vt) | sumãžinti | [sʊ'ma:ʒ'ɪnt'ɪ] |

76. Marketing

marketing (m)	rinkódara (m)	[r'ɪŋ'kodara]
mercado (m)	rinkà (m)	[r'ɪŋ'ka]
segmento (m) do mercado	riñkos segmeñtas (v)	['r'ɪŋkos s'ɛg'm'ɛntas]

| produto (m) | produktas (v) | [pro'dʊktas] |
| mercadoria (f) | prēkė (m) | ['pr'æk'e:] |

| marca (f) | brendas (v) | [br'ɛndas] |
| marca (f) registrada | prēkės žénklas (v) | [pr'æk'e:s 'ʒ'æŋkl'as] |

| logotipo (m) | fìrmos žénklas (v) | ['f'ɪrmos 'ʒ'ɛŋkl'as] |
| logo (m) | logotìpas (v) | [l'ogo't'ɪpas] |

| demanda (f) | paklausà (m) | [pakl'aʊ'sa] |
| oferta (f) | pasiūlà (m) | [pas'u:'l'a] |

| necessidade (f) | póreikis (v) | ['por'ɛɪk'ɪs] |
| consumidor (m) | vartótojas (v) | [var'toto:jɛs] |

| análise (f) | anãlizė (m) | [a'na:l'ɪz'e:] |
| analisar (vt) | analizúoti | [anal'ɪ'zʊɑt'ɪ] |

| posicionamento (m) | pozicionãvimas (v) | [poz'ɪts'ɪjɔ'na:v'ɪmas] |
| posicionar (vt) | pozicionúoti | [poz'ɪts'ɪjɔ'nʊɑt'ɪ] |

preço (m)	kaina (m)	['kʌɪna]
política (f) de preços	káinų polìtika (m)	['kʌɪnu: po'l'ɪt'ɪka]
formação (f) de preços	káinų formãvimas (v)	['kʌɪnu: for'ma:v'ɪmas]

77. Publicidade

publicidade (f)	reklamà (m)	[rʲɛklʲaˈma]
fazer publicidade	reklamúoti	[rʲɛklʲaˈmʊɑtʲɪ]
orçamento (m)	biudžètas (v)	[bʲʊˈdʒʲɛtas]

anúncio (m)	reklamà (m)	[rʲɛklʲaˈma]
publicidade (f) na TV	telereklamà (m)	[tʲɛlʲɛrʲɛklaˈma]
publicidade (f) na rádio	rãdijo reklamà (m)	[ˈraːdʲɪjo rʲɛklʲaˈma]
publicidade (f) exterior	išorìnė reklamà (m)	[ɪʃoˈrʲɪnʲe: reklʲaˈma]

comunicação (f) de massa	žiniãsklaida (m)	[ʒʲɪˈnʲæsklʲʌɪda]
periódico (m)	periòdinis leidinỹs (v)	[pʲɛrʲɪˈjodʲɪnʲɪs lʲɛɪdʲɪˈnʲiːs]
imagem (f)	įvaizdis (v)	[ˈiːvʌɪzdʲɪs]

slogan (m)	šũkis (v)	[ˈʃuːkʲɪs]
mote (m), lema (f)	devìzas (v)	[dʲɛˈvʲɪzas]

campanha (f)	kampãnija (m)	[kamˈpaːnʲɪjɛ]
campanha (f) publicitária	reklãmos kampãnija (m)	[rʲɛklʲaːmos kamˈpaːnʲɪjɛ]
grupo (m) alvo	tikslìnė auditòrija (m)	[tʲɪksˈlʲɪnʲe: ɑʊdʲɪˈtorʲɪjɛ]

cartão (m) de visita	vizìtinė kortèlė (m)	[vʲɪˈzʲɪtʲɪnʲe: korˈtʲælʲe:]
panfleto (m)	lapèlis (v)	[laˈpʲælʲɪs]
brochura (f)	brošiūrà (m)	[broʃuːˈra]
folheto (m)	lankstinùkas (v)	[lʲaŋkstʲɪˈnʊkas]
boletim (~ informativo)	biuletènis (v)	[bʲʊlʲɛˈtʲɛnʲɪs]

letreiro (m)	iškaba (m)	[ˈɪʃkaba]
cartaz, pôster (m)	plakãtas (v)	[plʲaˈka:tas]
painel (m) publicitário	skỹdas (v)	[ˈskʲiːdas]

78. Banca

banco (m)	bánkas (v)	[ˈbaŋkas]
balcão (f)	skỹrius (v)	[ˈskʲiːrʲʊs]

consultor (m) bancário	konsultántas (v)	[konsʊlʲˈtantas]
gerente (m)	valdýtojas (v)	[valʲˈdʲiːtoːjɛs]

conta (f)	sáskaita (m)	[ˈsaːskʌɪta]
número (m) da conta	sáskaitos nùmeris (v)	[ˈsaːskʌɪtos ˈnʊmʲɛrʲɪs]
conta (f) corrente	einamóji sáskaita (m)	[ɛɪnaˈmoːjɪ ˈsaːskʌɪta]
conta (f) poupança	kaupiamóji sáskaita (m)	[kɑʊpʲæˈmoːjɪ ˈsaːskʌɪta]

abrir uma conta	atidarýti sáskaitą	[atʲɪdaˈrʲiːtʲɪ ˈsaːskʌɪta:]
fechar uma conta	uždarýti sáskaitą	[ʊʒdaˈrʲiːtʲɪ ˈsaːskʌɪta:]
depositar na conta	padéti į sáskaitą	[paˈdʲeːtʲɪ iː ˈsaːskʌɪta:]
sacar (vt)	paimti iš sáskaitos	[ˈpʌɪmtʲɪ ɪʃ ˈsaːskʌɪtos]

depósito (m)	įdėlis (v)	[ˈɪndʲe:lʲɪs]
fazer um depósito	įnèšti įdėlį	[iːˈnʲɛʃtʲɪ ˈɪndʲe:lʲɪ:]
transferência (f) bancária	pavedìmas (v)	[pavʲɛˈdʲɪmas]

transferir (vt)	atlìkti pavedìmą	[at'lʲɪktʲɪ pavʲɛ'dʲɪma:]
soma (f)	sumà (m)	[sʊ'ma]
Quanto?	Kíek?	['kʲiɛk?]

| assinatura (f) | pãrašas (v) | ['pa:raʃas] |
| assinar (vt) | pasirašýti | [pasʲɪra'ʃɪ:tʲɪ] |

cartão (m) de crédito	kredìtinė kortėlė (m)	[krʲɛ'dʲɪtʲɪnʲe: kor'tʲælʲe:]
senha (f)	kòdas (v)	['kodas]
número (m) do cartão de crédito	kredìtinės kortėlės nùmeris (v)	[krʲɛ'dʲɪtʲɪnʲe:s kor'tʲælʲe:s 'nʊmerʲɪs]
caixa (m) eletrônico	bankomãtas (v)	[baŋko'ma:tas]

cheque (m)	kvìtas (v)	['kvʲɪtas]
passar um cheque	išrašýti kvìtą	[ɪʃra'ʃɪ:tʲɪ 'kvʲɪta:]
talão (m) de cheques	čėkių knygėlė (m)	['tʂʲɛkʲu: knʲi:'gʲælʲe:]

empréstimo (m)	kredìtas (v)	[krʲɛ'dʲɪtas]
pedir um empréstimo	kreĩptis dėl kredìto	['krʲɛɪptʲɪs dʲe:lʲ krʲɛ'dʲɪtɔ]
obter empréstimo	im̃ti kredìtą	['ɪmtʲɪ krʲɛ'dʲɪta:]
dar um empréstimo	suteĩkti kredìtą	[sʊ'tʲɛɪktʲɪ krʲɛ'dʲɪta:]
garantia (f)	garántija (m)	[ga'rantʲɪjɛ]

79. Telefone. Conversação telefônica

telefone (m)	telefònas (v)	[tʲɛlʲɛ'fonas]
celular (m)	mobilùsis telefònas (v)	[mobʲɪ'lʊsʲɪs tʲɛlʲɛ'fonas]
secretária (f) eletrônica	autoatsakìklis (v)	[ɑutoatsa'kʲɪklʲɪs]

| fazer uma chamada | skam̃binti | ['skambʲɪntʲɪ] |
| chamada (f) | skambùtis (v) | [skam'bʊtʲɪs] |

discar um número	suriñkti nùmerį	[sʊ'rʲɪŋktʲɪ 'nʊmʲɛrʲɪ:]
Alô!	Aliò!	[a'lʲo!]
perguntar (vt)	paklaústi	[pak'lʲɑʊstʲɪ]
responder (vt)	atsakýti	[atsa'kʲi:tʲɪ]

ouvir (vt)	girdéti	[gʲɪr'dʲe:tʲɪ]
bem	geraĩ	[gʲɛ'rʌɪ]
mal	prastaĩ	[pras'tʌɪ]
ruído (m)	trukdžiaĩ (v dgs)	[trʊk'dʒʲɛɪ]

fone (m)	ragėlis (v)	[ra'gʲælʲɪs]
pegar o telefone	pakélti ragėlį	[pa'kʲɛlʲtʲɪ ra'gʲælʲɪ:]
desligar (vi)	padéti ragėlį	[pa'dʲe:tʲɪ ra'gʲælʲɪ:]

ocupado (adj)	užimtas	['ʊʒʲɪmtas]
tocar (vi)	skambéti	[skam'bʲe:tʲɪ]
lista (f) telefônica	telefònų knygà (m)	[tʲɛlʲɛ'fonu: knʲi:'ga]
local (adj)	vietinis	['vʲiɛtʲɪnʲɪs]
chamada (f) local	vietinis skambùtis (v)	['vʲiɛtʲɪnʲɪs skam'bʊtʲɪs]
de longa distância	tarpmiestìnis	[tarpmʲiɛs'tʲɪnʲɪs]
chamada (f) de longa distância	tarpmiestìnis skambùtis (v)	[tarpmʲiɛs'tʲɪnʲɪs skam'bʊtʲɪs]

internacional (adj)	tarptautìnis	[tarptɑʊ't'ɪnʲɪs]
chamada (f) internacional	tarptautìnis skambùtis (v)	[tarptɑʊ't'ɪnʲɪs skam'bʊtʲɪs]

80. Telefone móvel

celular (m)	mobilùsis telefònas (v)	[mobʲɪ'lʊsʲɪs tʲɛlʲɛ'fonas]
tela (f)	ekrãnas (v)	[ɛk'raːnas]
botão (m)	mygtùkas (v)	[mʲiːk'tʊkas]
cartão SIM (m)	SIM-kortẽlė (m)	[sʲɪm-kor'tʲælʲeː]
bateria (f)	akumuliãtorius (v)	[akʊmʊ'lʲætorʲʊs]
descarregar-se (vr)	išsikráuti	[ɪʃsʲɪ'krɑʊtʲɪ]
carregador (m)	įkrovìklis (v)	[iːkro'vʲɪːklʲɪs]
menu (m)	valgiãraštis (v)	[valʲ'gʲæraʃtʲɪs]
configurações (f pl)	nustãtymai (v dgs)	[nʊ'staːtʲiːmʌɪ]
melodia (f)	melòdija (m)	[mʲɛ'lʲodʲɪjɛ]
escolher (vt)	pasiriñkti	[pasʲɪ'rʲɪŋktʲɪ]
calculadora (f)	skaičiuotùvas (v)	[skʌɪtʃʲʊo'tʊvas]
correio (m) de voz	bàlso pãštas (v)	['balʲsɔ 'paːʃtas]
despertador (m)	žadintùvas (v)	[ʒadʲɪn'tʊvas]
contatos (m pl)	telefònų knygà (m)	[tʲɛlʲɛ'fonuː knʲiː'ga]
mensagem (f) de texto	SMS žinùtė (m)	[ɛsɛ'mɛs ʒʲɪnʊtʲeː]
assinante (m)	aboneñtas (v)	[abo'nʲɛntas]

81. Estacionário

caneta (f)	automãtinis šratinùkas (v)	[ɑʊto'maːtʲɪnʲɪs ʃratʲɪ'nʊkas]
caneta (f) tinteiro	plunksnãkotis (v)	[plʲʊŋk'sna:kotʲɪs]
lápis (m)	pieštùkas (v)	[pʲiɛʃ'tʊkas]
marcador (m) de texto	žymẽklis (v)	[ʒʲiː'mʲæklʲɪs]
caneta (f) hidrográfica	flomãsteris (v)	[flʲo'ma:stʲɛrʲɪs]
bloco (m) de notas	bloknòtas (v)	[blʲok'notas]
agenda (f)	dienòraštis (v)	[dʲiɛ'noraʃtʲɪs]
régua (f)	liniuõtė (m)	[lʲɪ'nʲʊo:tʲeː]
calculadora (f)	skaičiuotùvas (v)	[skʌɪtʃʲʊo'tʊvas]
borracha (f)	trintùkas (v)	[trʲɪn'tʊkas]
alfinete (m)	smeigtùkas (v)	[smʲɛɪk'tʊkas]
clipe (m)	sąvaržẽlė (m)	[sa:var'ʒʲeːlʲeː]
cola (f)	klijaĩ (v dgs)	[klʲɪ'jʌɪ]
grampeador (m)	segìklis (v)	[sʲɛ'gʲɪklʲɪs]
furador (m) de papel	skylãmušis (v)	[skʲiː'lʲaːmʊʃɪs]
apontador (m)	droštùkas (v)	[droʒ'tʊkas]

82. Tipos de negócios

serviços (m pl) de contabilidade	buhalterinės paslaugos (m dgs)	[buɣalʲ'tʲɛrʲɪnʲe:s 'pa:slɑʊgos]
publicidade (f)	reklama (m)	[rʲɛklʲa'ma]
agência (f) de publicidade	reklamos agentūra (m)	[rʲɛk'lʲa:mos agʲɛntu:'ra]
ar (m) condicionado	kondicionieriai (v dgs)	[kɔndʲɪtsʲɪjo'nʲɛrʲɛɪ]
companhia (f) aérea	aviakompanija (m)	[avʲækom'pa:nʲɪjɛ]

bebidas (f pl) alcoólicas	alkoholiniai gérimai (v dgs)	[alʲko'ɣolʲɪnʲɛɪ 'gʲe:rʲɪmʌɪ]
comércio (m) de antiguidades	antikvariatas (v)	[antʲɪkvarʲɪ'jatas]
galeria (f) de arte	galerija (m)	[ga'lʲɛrʲɪjɛ]
serviços (m pl) de auditoria	auditorių paslaugos (m dgs)	[ɑʊ'dʲɪtorʲu: 'pa:slʲɑʊgos]

negócios (m pl) bancários	bankinis verslas (v)	['baŋkʲɪnʲɪs 'vʲɛrslʲas]
bar (m)	baras (v)	['ba:ras]
salão (m) de beleza	grožio salonas (v)	['gro:ʒʲɔ sa'lʲonas]
livraria (f)	knygynas (v)	[knʲi:'gʲi:nas]
cervejaria (f)	alaus darykla (m)	[a'lʲɑʊs darʲi:k'lʲa]
centro (m) de escritórios	verslo centras (v)	['vʲɛrslʲɔ 'tsʲɛntras]
escola (f) de negócios	verslo mokykla (m)	['vʲɛrslʲɔ mokʲi:k'lʲa]

cassino (m)	kazino (v)	[kazʲɪ'no]
construção (f)	statyba (m)	[sta'tʲi:ba]
consultoria (f)	konsultavimas (v)	[kɔnsulʲ'ta:vʲɪmas]

clínica (f) dentária	stomatologija (m)	[stomato'lʲogʲɪjɛ]
design (m)	dizainas (v)	[dʲɪ'zʌɪnas]
drogaria (f)	vaistinė (v)	['vʌɪstʲɪnʲe:]
lavanderia (f)	cheminė valykla (m)	['xʲɛmʲɪnʲe: valʲi:k'la]
agência (f) de emprego	darbúotojų paieškos agentūra (m)	[dar'bʊɑtoːju: paʲɛʃ'ko:s agʲɛntu:'ra]

serviços (m pl) financeiros	finansinės paslaugos (m dgs)	[fʲɪ'nansʲɪnʲe:s 'pa:slʲɑʊgos]
alimentos (m pl)	maisto produktai (v dgs)	['mʌɪstɔ pro'dʊktʌɪ]
funerária (f)	laidojimo biuras (v)	['lʲʌɪdojɪmɔ 'bʲʊras]
mobiliário (m)	baldai (v)	['balʲdʌɪ]
roupa (f)	drabužiai (v dgs), rūbai (v dgs)	[dra'bʊʒʲɛɪ], ['ru:bʌɪ]
hotel (m)	viešbutis (v)	['vʲɛʃbʊtʲɪs]

sorvete (m)	ledai (v dgs)	[lʲɛ'dʌɪ]
indústria (f)	pramonė (m)	['pra:monʲe:]
seguro (~ de vida, etc.)	draudimas (v)	[drɑʊ'dʲɪmas]
internet (f)	internetas (v)	[ɪntʲɛr'nʲɛtas]
investimento (m)	investicijos (m dgs)	[ɪnvʲɛs'tʲɪtsʲɪjos]

joalheiro (m)	juvelyras (v)	[juvʲɛ'lʲi:ras]
joias (f pl)	juvelyriniai dirbiniai (v dgs)	[juvʲɛ'lʲi:rʲɪnʲɛɪ dʲɪrbʲɪ'nʲɛɪ]
lavanderia (f)	skalbykla (m)	[skalʲbʲi:k'la]
assessorias (f pl) jurídicas	juridinės paslaugos (m dgs)	[ju'rʲɪdʲɪnʲe:s paslʲɑʊ'go:s]
indústria (f) ligeira	lengvoji pramonė (m)	[lʲɛng'vo:jɪ 'pra:monʲe:]

revista (f)	žurnalas (v)	[ʒʊr'na:lʲas]
vendas (f pl) por catálogo	prekyba pagal katalogą (m)	[prʲɛ'kʲi:ba pa'galʲ kata'lʲoga:]
medicina (f)	medicina (m)	[mʲɛdʲɪtsʲɪ'na]

| cinema (m) | kìno teãtras (v) | ['kʲɪnɔ tʲɛ'a:tras] |
| museu (m) | muziẽjus (v) | [mʊ'zʲɛjʊs] |

agência (f) de notícias	informãcijos agentũrà (m)	[ɪnfor'ma:tsʲɪjɔs agʲɛntu:'ra]
jornal (m)	laĩkraštis (v)	['lʲʌɪkraʃtʲɪs]
boate (casa noturna)	naktìnis klùbas (v)	[nak'tʲɪnʲɪs 'klʲʊbas]

petróleo (m)	naftà (m)	[naf'ta]
serviços (m pl) de remessa	kùrjerių tarnýba (m)	['kʊrjɛrʲu: tar'nʲi:ba]
indústria (f) farmacêutica	farmãcija (m)	[far'ma:tsʲɪjɛ]
tipografia (f)	poligrãfija (m)	[polʲɪ'gra:fʲɪjɛ]
editora (f)	leidyklà (m)	[lʲɛɪdʲi:k'la]

rádio (m)	rãdijas (v)	['ra:dʲɪjas]
imobiliário (m)	nekilnòjamasis tuřtas (v)	[nʲɛkʲɪlʲʲnojamasʲɪs 'tʊrtas]
restaurante (m)	restorãnas (v)	[rʲɛsto'ra:nas]

empresa (f) de segurança	saugõs tarnýba (m)	[sɑʊ'go:s tar'nʲi:ba]
esporte (m)	spòrtas (v)	['sportas]
bolsa (f) de valores	bìrža (m)	['bʲɪrʒa]
loja (f)	parduotùvė (m)	[pardʊɑ'tʊvʲe:]
supermercado (m)	prekýbos ceñtras (v)	[prʲɛ'kʲi:bos 'tsʲɛntras]
piscina (f)	baseĩnas (v)	[ba'sʲɛɪnas]

alfaiataria (f)	ateljẽ (m)	[ate'lʲje:]
televisão (f)	televìzija (m)	[tʲɛlʲɛ'vʲɪzʲɪjɛ]
teatro (m)	teãtras (v)	[tʲɛ'a:tras]
comércio (m)	prekýba (m)	[prʲɛ'kʲi:ba]
serviços (m pl) de transporte	pérvežimai (v dgs)	['pʲɛrvʲɛʒʲɪmʌɪ]
viagens (f pl)	turìzmas (v)	[tʊ'rʲɪzmas]

veterinário (m)	veterinãras (v)	[vʲɛtʲɛrʲɪ'na:ras]
armazém (m)	sándėlis (v)	['sandʲe:lʲɪs]
recolha (f) do lixo	šiùkšlių išvežìmas (v)	['ʃʊkʃlʲu: iʃvʲɛ'ʒʲɪmas]

Emprego. Negócios. Parte 2

83. Espetáculo. Feira

feira, exposição (f)	parodà (m)	[paro'da]
feira (f) comercial	prekybos parodà (m)	[prɛ'kⁱiːbos paro'da]
participação (f)	dalyvãvimas (v)	[dalⁱiː'va:vⁱɪmas]
participar (vi)	dalyváuti	[dalⁱiː'vɑutⁱɪ]
participante (m)	dalyvis (v)	[da'lⁱiːvⁱɪs]
diretor (m)	direktorius (v)	[dⁱɪ'rⁱɛktorⁱʊs]
organizador (m)	organizãtorius (v)	[organⁱɪ'za:torⁱʊs]
organizar (vt)	organizúoti	[organⁱɪ'zʊɑtⁱɪ]
ficha (f) de inscrição	paraiškà dalyvãvimui (m)	[parʌɪʃka dalⁱiː'va:vⁱɪmʊi]
preencher (vt)	užpìldyti	[ʊʒ'pⁱɪlⁱdⁱiː:tⁱɪ]
detalhes (m pl)	smùlkmenos (m dgs)	['smʊlⁱkmⁱɛnos]
informação (f)	informãcija (m)	[ɪnfor'ma:tsⁱɪjɛ]
preço (m)	kaína (m)	['kʌɪna]
incluindo	įskaitant	[iːs'kʌɪtant]
incluir (vt)	įskaičiúoti	[iːskʌɪ'tʂⁱʊɑtⁱɪ]
pagar (vt)	mokéti	[mo'kⁱeː:tⁱɪ]
taxa (f) de inscrição	registrãcijos mókestis (v)	[rⁱɛgⁱɪs'tra:tsⁱɪjos 'mokⁱɛstⁱɪs]
entrada (f)	įėjìmas (v)	[iːⁱɛː'jɪmas]
pavilhão (m), salão (f)	paviljònas (v)	[pavⁱɪ'lⁱljo nas]
inscrever (vt)	registrúoti	[rⁱɛgⁱɪs'trʊɑtⁱɪ]
crachá (m)	kortelė (m)	[kor'tⁱælⁱeː]
stand (m)	steñdas (v)	['stⁱɛndas]
reservar (vt)	rezervúoti	[rⁱɛzⁱɛr'vʊɑtⁱɪ]
vitrine (f)	vitrinà (m)	[vⁱɪtrⁱɪ'na]
lâmpada (f)	šviestùvas (v)	[ʃvⁱiɛ'stʊvas]
design (m)	dizaínas (v)	[dⁱɪ'zʌɪnas]
pôr (posicionar)	apgyvéndinti, išdéstyti	[apgⁱiː'vⁱɛndⁱɪntⁱɪ], [ɪʃ'dⁱeːstⁱiː:tⁱɪ]
ser colocado, -a	įsikùrti	[iːsⁱiː'kʊrtⁱɪ]
distribuidor (m)	plãtintojas (v)	['plⁱa:tⁱɪnto:jɛs]
fornecedor (m)	tiekéjas (v)	[tⁱiɛ'kⁱeⁱ:jas]
fornecer (vt)	tiekti	['tⁱɛktⁱɪ]
país (m)	šalìs (m)	[ʃa'lⁱɪs]
estrangeiro (adj)	užsienio	['ʊʒsⁱiɛnⁱɔ]
produto (m)	prodùktas (v)	[pro'dʊktas]
associação (f)	asociãcija (m)	[asotsⁱɪ'jatsⁱɪjɛ]
sala (f) de conferência	konferencijų sãlė (m)	[konfe'rentsⁱɪju: 'sa:lⁱeː]
congresso (m)	kongrèsas (v)	[kon'grⁱɛsas]

concurso (m)	konkursas (v)	[kɔŋ'kʊrsas]
visitante (m)	lankýtojas (v)	[lʲaŋ'kʲiːtoːjɛs]
visitar (vt)	lankýti	[lʲaŋ'kʲiːtʲɪ]
cliente (m)	užsakovas (v)	[ʊʒsa'koːvas]

84. Ciência. Investigação. Cientistas

ciência (f)	mókslas (v)	['mokslʲas]
científico (adj)	mókslinis	['mokslʲɪnʲɪs]
cientista (m)	mókslininkas (v)	['mokslʲɪnʲɪŋkas]
teoria (f)	teòrija (m)	[tʲɛ'orʲɪjɛ]

axioma (m)	aksiomà (m)	[aksʲɪjɔ'ma]
análise (f)	anãlizė (m)	[a'naːlʲɪzʲeː]
analisar (vt)	analizúoti	[analʲɪ'zʊɑtʲɪ]
argumento (m)	argumeñtas (v)	[argʊ'mʲɛntas]
substância (f)	mèdžiaga (m)	['mʲædʒʲæga]

hipótese (f)	hipotèzė (m)	[ɣʲɪpo'tʲɛzʲeː]
dilema (m)	dilemà (m)	[dʲɪlʲɛ'ma]
tese (f)	disertãcija (m)	[dʲɪsʲɛr'taːtsʲɪjɛ]
dogma (m)	dogmà (m)	[dog'ma]

doutrina (f)	doktrinà (m)	[doktrʲɪ'na]
pesquisa (f)	tyrinéjimas (v)	[tʲiːrʲɪ'nʲɛjɪmas]
pesquisar (vt)	tyrinéti	[tʲiːrʲɪ'nʲeːtʲɪ]
testes (m pl)	kontrolè (m)	[kɔn'trolʲeː]
laboratório (m)	laboratòrija (m)	[lʲabora'torʲɪjɛ]

método (m)	metòdas (v)	[mʲɛ'todas]
molécula (f)	molèkulė (m)	[mo'lʲɛkʊlʲeː]
monitoramento (m)	monitòringas (v)	[monʲɪ'torʲɪŋgas]
descoberta (f)	atradìmas (v)	[atra'dʲɪmas]

postulado (m)	postulãtas (v)	[postʊ'lʲaːtas]
princípio (m)	prìncipas (v)	['prʲɪntsʲɪpas]
prognóstico (previsão)	prognòzė (m)	[prog'nozʲeː]
prognosticar (vt)	prognozúoti	[progno'zʊɑtʲɪ]

síntese (f)	siñtezė (m)	['sʲɪntezʲeː]
tendência (f)	tendeñcija (m)	[tʲɛn'dʲɛntsʲɪjɛ]
teorema (m)	teoremà (m)	[tʲɛorʲɛ'ma]

ensinamentos (m pl)	mókslas (v)	['mokslʲas]
fato (m)	fãktas (v)	['faːktas]
expedição (f)	ekspedìcija (m)	[ɛkspʲɛ'dʲɪtsʲɪjɛ]
experiência (f)	eksperimeñtas (v)	[ɛkspʲɛrʲɪ'mʲɛntas]

acadêmico (m)	akadèmikas (v)	[aka'dʲɛmʲɪkas]
bacharel (m)	bakaláuras (v)	[baka'lʲɑʊras]
doutor (m)	dàktaras (v)	['daːktaras]
professor (m) associado	doceñtas (v)	[do'tsʲɛntas]
mestrado (m)	magìstras (v)	[ma'gʲɪstras]
professor (m)	profèsorius (v)	[pro'fʲɛsorʲʊs]

Profissões e ocupações

85. Procura de emprego. Demissão

trabalho (m)	dárbas (v)	['darbas]
equipe (f)	etãtai (dgs)	[ɛ'ta:tʌɪ]
pessoal (m)	personãlas (v)	[pʲɛrso'na:las]
carreira (f)	karjerà (m)	[karjɛ'ra]
perspectivas (f pl)	perspektyvà (m)	[pʲɛrspʲɛktʲi:'va]
habilidades (f pl)	meistriškùmas (v)	[mʲɛɪstrʲɪʃkʊmas]
seleção (f)	atrankà (m)	[atraŋ'ka]
agência (f) de emprego	darbúotojų paieškõs agentũra (m)	[dar'bʊɑto:ju: paʲiɛʃ'ko:s agʲɛntu:'ra]
currículo (m)	gyvẽnimo aprãšymas (v)	[gʲi:'vʲænʲɪmɔ ap'ra:ʃɪ:mas]
entrevista (f) de emprego	pókalbis (v)	['pokalʲbʲɪs]
vaga (f)	laisvà dárbo vietà (m)	[lʲʌɪs'va 'darbɔ vʲiɛ'ta]
salário (m)	dárbo ùžmokestis (v)	['darbɔ 'ʊʒmokʲɛstʲɪs]
salário (m) fixo	algà (m)	[alʲ'ga]
pagamento (m)	atlýginimas (v)	[at'lʲi:gʲɪnʲɪmas]
cargo (m)	páreigos (m dgs)	['parʲɛɪgos]
dever (do empregado)	pareigà (m)	[parʲɛɪ'ga]
gama (f) de deveres	sritìs (m)	[srʲɪ'tʲɪs]
ocupado (adj)	ùžimtas	['ʊʒɪmtas]
despedir, demitir (vt)	atléisti	[at'lʲɛɪstʲɪ]
demissão (f)	atleidìmas (v)	[atlʲɛɪ'dʲɪmas]
desemprego (m)	bedarbỹstė (m)	[bʲɛdar'bʲi:stʲe:]
desempregado (m)	bedaȓbis (v)	[bʲɛ'darbʲɪs]
aposentadoria (f)	peñsija (m)	['pʲɛnsʲɪjɛ]
aposentar-se (vr)	išeĩti į̃ peñsiją	[ɪ'ʃɛɪtʲɪ i: 'pʲɛnsʲɪja:]

86. Gente de negócios

diretor (m)	dirèktorius (v)	[dʲɪ'rʲɛktorʲʊs]
gerente (m)	valdýtojas (v)	[valʲ'dʲi:to:jɛs]
patrão, chefe (m)	vadõvas (v)	[va'do:vas]
superior (m)	vĩršininkas (v)	['vʲɪrʃɪnʲɪŋkas]
superiores (m pl)	vadovýbė (m)	[vado'vʲi:bʲe:]
presidente (m)	prezideñtas (v)	[prʲɛzʲɪ'dʲɛntas]
chairman (m)	pìrmininkas (v)	['pʲɪrmʲɪnʲɪŋkas]
substituto (m)	pavadúotojas (v)	[pava'dʊɑto:jɛs]
assistente (m)	padėjéjas (v)	[padʲe:'je:jas]

secretário (m)	sekretõrius (v)	[sʲɛkrʲɛ'to:rʲʊs]
secretário (m) pessoal	asmenìnis sekretõrius (v)	[asmʲɛ'nʲɪnʲɪs sʲɛkrʲɛ'to:rʲʊs]

homem (m) de negócios	komersántas (v)	[kɔmʲɛr'santas]
empreendedor (m)	veŕslininkas (v)	['vʲɛrslʲɪnʲɪŋkas]
fundador (m)	steigéjas (v)	[stʲɛɪ'gʲe:jas]
fundar (vt)	ịsteĩgti	[i:'stʲɛɪktʲɪ]

principiador (m)	steigéjas (v)	[stʲɛɪ'gʲe:jas]
parceiro, sócio (m)	pártneris (v)	['partnʲɛrʲɪs]
acionista (m)	ãkcininkas (v)	['a:ktsʲɪnʲɪŋkas]

milionário (m)	milijoniẽrius (v)	[mʲɪlʲɪjo'nʲɛrʲʊs]
bilionário (m)	milijardiẽrius (v)	[mʲɪlʲɪjar'dʲɛrʲʊs]
proprietário (m)	valdýtojas (v)	[valʲ'dʲi:to:jɛs]
proprietário (m) de terras	žẽmės savinĩnkas (v)	['ʒʲæmʲe:s savʲɪ'nʲɪŋkas]

cliente (m)	klieñtas (v)	['klʲiɛntas]
cliente (m) habitual	pastovùs klieñtas (v)	[pasto'vʊs klʲi'ɛntas]
comprador (m)	pirkéjas (v)	[pʲɪr'kʲe:jas]
visitante (m)	lankýtojas (v)	[lʲaŋ'kʲi:to:jɛs]

profissional (m)	profesionãlas (v)	[profʲɛsʲɪjo'na:lʲas]
perito (m)	ekspeŕtas (v)	[ɛks'pʲɛrtas]
especialista (m)	specialìstas (v)	[spʲɛtsʲɪja'lʲɪstas]

banqueiro (m)	bánkininkas (v)	['baŋkʲɪnʲɪŋkas]
corretor (m)	bròkeris (v)	['brokʲɛrʲɪs]

caixa (m, f)	kãsininkas (v)	['ka:sʲɪnʲɪŋkas]
contador (m)	buhálteris (v)	[bʊ'ɣalʲtʲɛrʲɪs]
guarda (m)	apsauginĩnkas (v)	[apsɑʊgʲɪ'nʲɪŋkas]

investidor (m)	investúotojas (v)	[ɪnvʲɛs'tʊɑto:jɛs]
devedor (m)	skõlininkas (v)	['sko:lʲɪnʲɪŋkas]
credor (m)	kredìtorius (v)	[krʲɛ'dʲɪtorʲʊs]
mutuário (m)	paskolõs gavéjas (v)	[pasko'lʲo:s ga'vʲe:jas]

importador (m)	importúotojas (v)	[ɪmpor'tʊɑto:jɛs]
exportador (m)	eksportúotojas (v)	[ɛkspor'tʊɑto:jɛs]

produtor (m)	gamìntojas (v)	[ga'mʲɪnto:jɛs]
distribuidor (m)	plãtintojas (v)	['plʲa:tʲɪnto:jɛs]
intermediário (m)	tárpininkas (v)	['tarpʲɪnʲɪŋkas]

consultor (m)	konsultántas (v)	[kɔnsʊlʲ'tantas]
representante comercial	atstõvas (v)	[at'sto:vas]
agente (m)	ageñtas (v)	[a'gʲɛntas]
agente (m) de seguros	draudìmo ageñtas (v)	[drɑʊ'dʲɪmo a'gʲɛntas]

87. Profissões de serviços

cozinheiro (m)	viréjas (v)	[vʲɪ'rʲe:jas]
chefe (m) de cozinha	vyriáusiasis viréjas (v)	[vʲi:'rʲæʊsʲæsʲɪs vʲɪ'rʲe:jas]

padeiro (m)	kepėjas (v)	[kʲɛ'pʲe:jas]
barman (m)	bármenas (v)	['barmʲɛnas]
garçom (m)	padavėjas (v)	[pada'vʲe:jas]
garçonete (f)	padavėja (m)	[pada'vʲe:ja]

advogado (m)	advokãtas (v)	[advo'ka:tas]
jurista (m)	juristas (v)	[jʊ'rʲɪstas]
notário (m)	notãras (v)	[no'ta:ras]

eletricista (m)	mònteris (v)	['montʲɛrʲɪs]
encanador (m)	santèchnikas (v)	[san'tʲɛxnʲɪkas]
carpinteiro (m)	dailìdė (v)	[dʌɪ'lʲɪdʲe:]

massagista (m)	masažistas (v)	[masa'ʒʲɪstas]
massagista (f)	masažistė (m)	[masa'ʒʲɪstʲe:]
médico (m)	gýdytojas (v)	['gʲi:dʲi:to:jɛs]

taxista (m)	taksìstas (v)	[tak'sʲɪstas]
condutor (automobilista)	vairúotojas (v)	[vʌɪ'rʊɑto:jɛs]
entregador (m)	kùrjeris (v)	['kʊrjɛrʲɪs]

camareira (f)	kambarìnė (m)	[kamba'rʲɪnʲe:]
guarda (m)	apsauginiñkas (v)	[apsɑʊgʲɪ'nʲɪŋkas]
aeromoça (f)	stiuardėsė (m)	[stʲʊar'dʲɛsʲe:]

professor (m)	mókytojas (v)	['mokʲi:to:jɛs]
bibliotecário (m)	bibliotèkininkas (v)	[bʲɪblʲɪjo'tʲɛkʲɪnʲɪŋkas]
tradutor (m)	vertėjas (v)	[vʲɛr'tʲe:jas]
intérprete (m)	vertėjas (v)	[vʲɛr'tʲe:jas]
guia (m)	gìdas (v)	['gʲɪdas]

cabeleireiro (m)	kirpėjas (v)	[kʲɪr'pʲe:jas]
carteiro (m)	pãštininkas (v)	['pa:ʃtʲɪnʲɪŋkas]
vendedor (m)	pardavėjas (v)	[parda'vʲe:jas]

jardineiro (m)	sõdininkas (v)	['so:dʲɪnʲɪŋkas]
criado (m)	tarnas (v)	['tarnas]
criada (f)	tarnáitė (m)	[tar'nʌɪtʲe:]
empregada (f) de limpeza	valýtoja (m)	[va'lʲi:to:jɛ]

88. Profissões militares e postos

soldado (m) raso	eilìnis (v)	[ɛɪ'lʲɪnʲɪs]
sargento (m)	seržántas (v)	[sʲɛr'ʒantas]
tenente (m)	leitenántas (v)	[lʲɛɪtʲɛ'nantas]
capitão (m)	kapitõnas (v)	[kapʲɪ'to:nas]

major (m)	majõras (v)	[ma'jɔ:ras]
coronel (m)	pùlkininkas (v)	['pʊlkʲɪnʲɪŋkas]
general (m)	generõlas (v)	[gʲɛnʲɛ'ro:lʲas]
marechal (m)	máršalas (v)	['marʃalʲas]
almirante (m)	admirõlas (v)	[admʲɪ'ro:lʲas]
militar (m)	kariškis (v)	[ka'rʲɪʃkʲɪs]
soldado (m)	kareìvis (v)	[ka'rʲɛɪvʲɪs]

| oficial (m) | karininkas (v) | [karʲɪ'nʲɪŋkas] |
| comandante (m) | vãdas (v) | ['va:das] |

guarda (m) de fronteira	pasieniẽtis (v)	[pasʲiɛ'nʲɛtʲɪs]
operador (m) de rádio	radìstas (v)	[ra'dʲɪstas]
explorador (m)	žvalgas (v)	['ʒvalʲgas]
sapador-mineiro (m)	pioniẽrius (v)	[pʲɪjo'nʲɛrʲʊs]
atirador (m)	šaulỹs (v)	[ʃɑʊ'lʲi:s]
navegador (m)	štùrmanas (v)	['ʃtʊrmanas]

89. Oficiais. Padres

| rei (m) | karãlius (v) | [ka'ra:lʲʊs] |
| rainha (f) | karalíenė (m) | [kara'lʲiɛnʲe:] |

| príncipe (m) | prìncas (v) | ['prʲɪntsas] |
| princesa (f) | princèsė (m) | [prʲɪn'tsʲɛsʲe:] |

| czar (m) | cãras (v) | ['tsa:ras] |
| czarina (f) | caríenė (m) | [tsa'rʲiɛnʲe:] |

presidente (m)	prezideñtas (v)	[prʲɛzʲɪ'dʲɛntas]
ministro (m)	minìstras (v)	[mʲɪ'nʲɪstras]
primeiro-ministro (m)	minìstras pìrmininkas (v)	[mʲɪ'nʲɪstras 'pʲɪrmʲɪnʲɪŋkas]
senador (m)	senãtorius (v)	[sʲɛ'na:torʲʊs]

diplomata (m)	diplomãtas (v)	[dʲɪplʲo'ma:tas]
cônsul (m)	kònsulas (v)	['konsʊlʲas]
embaixador (m)	ambasãdorius (v)	[amba'sa:dorʲʊs]
conselheiro (m)	pataréjas (v)	[pata'rʲe:jas]

funcionário (m)	valdininkas (v)	[valʲdʲɪ'nʲɪŋkas]
prefeito (m)	prefèktas (v)	[prʲɛ'fʲɛktas]
Presidente (m) da Câmara	mèras (v)	['mʲɛras]

| juiz (m) | teiséjas (v) | [tʲɛɪ'sʲe:jas] |
| procurador (m) | prokuròras (v) | [prokʊ'roras] |

missionário (m)	misioniẽrius (v)	[mʲɪsʲɪjo'nʲɛrʲʊs]
monge (m)	vienuõlis (v)	[vʲiɛ'nʊɑlʲɪs]
abade (m)	abãtas (v)	[a'ba:tas]
rabino (m)	rãbinas (v)	['ra:bʲɪnas]

vizir (m)	vizìris (v)	[vʲɪ'zʲɪrʲɪs]
xá (m)	šãchas (v)	['ʃa:xas]
xeique (m)	šeĩchas (v)	['ʃɛɪxas]

90. Profissões agrícolas

abelheiro (m)	bìtininkas (v)	['bʲɪtʲɪnʲɪŋkas]
pastor (m)	piemuõ (v)	[pʲiɛ'mʊɑ]
agrônomo (m)	agronòmas (v)	[agro'nomas]

| criador (m) de gado | gývulininkas (v) | ['gʲi:vulʲɪnʲɪŋkas] |
| veterinário (m) | veterinãras (v) | [vʲɛtʲɛrʲɪ'na:ras] |

agricultor, fazendeiro (m)	fèrmeris (v)	['fʲɛrmʲɛrʲɪs]
vinicultor (m)	vyndarỹs (v)	[vʲi:nda'rʲi:s]
zoólogo (m)	zoológas (v)	[zoo'lʲogas]
vaqueiro (m)	kaubójus (v)	[kɑʊ'bojʊs]

91. Profissões artísticas

| ator (m) | ãktorius (v) | ['a:ktorʲʊs] |
| atriz (f) | ãktorė (m) | ['a:ktorʲe:] |

| cantor (m) | dainininkas (v) | [dʌɪnʲɪ'nʲɪŋkas] |
| cantora (f) | dainininkė (m) | [dʌɪnʲɪ'nʲɪŋkʲe:] |

| bailarino (m) | šokėjas (v) | [ʃo'kʲe:jas] |
| bailarina (f) | šokėja (m) | [ʃo'kʲe:ja] |

| artista (m) | artìstas (v) | [ar'tʲɪstas] |
| artista (f) | artìstė (m) | [ar'tʲɪstʲe:] |

músico (m)	muzikántas (v)	[mʊzʲɪ'kantas]
pianista (m)	pianìstas (v)	[pʲɪja'nʲɪstas]
guitarrista (m)	gitarìstas (v)	[gʲɪta'rʲɪstas]

maestro (m)	dirigeñtas (v)	[dʲɪrʲɪ'gʲɛntas]
compositor (m)	kompozìtorius (v)	[kɔmpo'zʲɪtorʲʊs]
empresário (m)	impresãrijas (v)	[ɪmprʲɛ'sa:rʲɪjas]

diretor (m) de cinema	režisiẽrius (v)	[rʲɛʒʲɪ'sʲɛrʲʊs]
produtor (m)	prodiùseris (v)	[pro'dʲʊsʲɛrʲɪs]
roteirista (m)	scenarìstas (v)	[stsʲɛna'rʲɪstas]
crítico (m)	krìtikas (v)	['krʲɪtʲɪkas]

escritor (m)	rašýtojas (v)	[ra'ʃʲɪ:to:jɛs]
poeta (m)	poètas (v)	[po'ɛtas]
escultor (m)	skùlptorius (v)	['skʊlʲptorʲʊs]
pintor (m)	mẽnininkas (v)	['mʲænʲɪnʲɪŋkas]

malabarista (m)	žongliẽrius (v)	[ʒon'glʲɛrʲʊs]
palhaço (m)	klòunas (v)	['klʲoʊnas]
acrobata (m)	akrobãtas (v)	[akro'ba:tas]
ilusionista (m)	fòkusininkas (v)	['fokʊsʲɪnʲɪŋkas]

92. Várias profissões

médico (m)	gýdytojas (v)	['gʲi:dʲi:to:jɛs]
enfermeira (f)	medicìnos sesẽlė (m)	[mʲɛdʲɪ'tsʲɪnos se'sʲælʲe:]
psiquiatra (m)	psichiãtras (v)	[psʲɪxʲɪ'jatras]
dentista (m)	stomatológas (v)	[stomato'lʲogas]
cirurgião (m)	chirùrgas (v)	[xʲɪ'rʊrgas]

astronauta (m)	astronáutas (v)	[astro'nautas]
astrônomo (m)	astronòmas (v)	[astro'nomas]
piloto (m)	pilòtas (v)	[pʲɪ'lʲotas]

motorista (m)	vairúotojas (v)	[vʌɪ'ruato:jɛs]
maquinista (m)	mašinìstas (v)	[maʃɪ'nʲɪstas]
mecânico (m)	mechãnikas (v)	[mʲɛ'xa:nʲɪkas]

mineiro (m)	šãchtininkas (v)	['ʃa:xtʲɪnʲɪŋkas]
operário (m)	darbiniñkas (v)	[darbʲɪ'nʲɪŋkas]
serralheiro (m)	šáltkalvis (v)	['ʃalʲtkalʲvʲɪs]
marceneiro (m)	stãlius (v)	['sta:lʲʊs]
torneiro (m)	tẽkintojas (v)	['tʲækʲɪnto:jɛs]
construtor (m)	statýbininkas (v)	[sta'tʲi:bʲɪnʲɪŋkas]
soldador (m)	suvìrintojas (v)	[sʊ'vʲɪrʲɪnto:jɛs]

professor (m)	profèsorius (v)	[pro'fʲɛsorʲʊs]
arquiteto (m)	architèktas (v)	[arxʲɪ'tʲɛktas]
historiador (m)	istòrikas (v)	[ɪs'torʲɪkas]
cientista (m)	mókslininkas (v)	['mokslʲɪnʲɪŋkas]
físico (m)	fìzikas (v)	['fʲɪzʲɪkas]
químico (m)	chèmikas (v)	['xʲɛmʲɪkas]

arqueólogo (m)	archeològas (v)	[arxʲɛo'lʲogas]
geólogo (m)	geològas (v)	[gʲɛo'lʲogas]
pesquisador (cientista)	tyrinétojas (v)	[tʲi:rʲɪ'nʲe:to:jɛs]

babysitter, babá (f)	áuklė (m)	['auklʲe:]
professor (m)	pedagògas (v)	[pʲɛda'gogas]

redator (m)	redãktorius (v)	[rʲɛ'da:ktorʲʊs]
redator-chefe (m)	vyriáusiasis redãktorius (v)	[vʲi:'rʲæʊsʲæsʲɪs rʲɛ'da:ktorʲʊs]
correspondente (m)	korespondeñtas (v)	[kɔrʲɛspon'dʲɛntas]
datilógrafa (f)	mašìnininkė (m)	[ma'ʃɪnʲɪnʲɪŋkʲe:]

designer (m)	dizáineris (v)	[dʲɪ'zʌɪnʲɛrʲɪs]
especialista (m) em informática	kompiùterių specialìstas (v)	[kɔm'pʲʊtʲɛrʲu: spʲɛtsʲɪja'lʲɪstas]

programador (m)	programúotojas (v)	[progra'muato:jɛs]
engenheiro (m)	inžinièrius (v)	[ɪnʒʲɪ'nʲɛrʲʊs]

marujo (m)	jũrininkas (v)	['ju:rʲɪnʲɪŋkas]
marinheiro (m)	jūrèivis (v)	[ju:'rʲɛɪvʲɪs]
socorrista (m)	gélbėtojas (v)	['gʲælʲbʲe:to:jɛs]

bombeiro (m)	gaìsrininkas (v)	['gʌɪsrʲɪnʲɪŋkas]
polícia (m)	polìcininkas (v)	[po'lʲɪtsʲɪnʲɪŋkas]
guarda-noturno (m)	sárgas (v)	['sargas]
detetive (m)	seklỹs (v)	[sʲɛk'lʲi:s]

funcionário (m) da alfândega	muìtininkas (v)	['mʊɪtʲɪnʲɪŋkas]
guarda-costas (m)	asmeñs sargýbinis (v)	[as'mʲɛns sar'gʲi:bʲɪnʲɪs]
guarda (m) prisional	prižiũrétojas (v)	[prʲɪʒʲu:'rʲe:to:jɛs]
inspetor (m)	inspèktorius (v)	[ɪn'spʲɛktorʲʊs]
esportista (m)	spòrtininkas (v)	['sportʲɪnʲɪŋkas]
treinador (m)	trèneris (v)	['trʲɛnʲɛrʲɪs]

açougueiro (m)	mėsininkas (v)	['mʲe:sʲɪnʲɪŋkas]
sapateiro (m)	batsiuvỹs (v)	[batsʲʊ'vʲi:s]
comerciante (m)	komersántas (v)	[kɔmʲɛr'santas]
carregador (m)	krovéjas (v)	[kro'vʲe:jas]
estilista (m)	modeliúotojas (v)	[modʲɛ'lʲʊɑto:jɛs]
modelo (f)	modelis (v)	['modʲɛlʲɪs]

93. Ocupações. Estatuto social

estudante (~ de escola)	moksleìvis (v)	[moks'lʲɛɪvʲɪs]
estudante (~ universitária)	studeñtas (v)	[stʊ'dʲɛntas]
filósofo (m)	filosófas (v)	[fʲɪlʲo'sofas]
economista (m)	ekonomìstas (v)	[ɛkono'mʲɪstas]
inventor (m)	išradéjas (v)	[ɪʃra'dʲe:jas]
desempregado (m)	bedar̃bis (v)	[bʲɛ'darbʲɪs]
aposentado (m)	peñsininkas (v)	['pʲɛnsʲɪnʲɪŋkas]
espião (m)	šnìpas (v)	['ʃnʲɪpas]
preso, prisioneiro (m)	kalinỹs (v)	[kalʲɪ'nʲi:s]
grevista (m)	streìkininkas (v)	['strʲɛɪkʲɪnʲɪŋkas]
burocrata (m)	biurokrãtas (v)	[bʲʊro'kra:tas]
viajante (m)	keliáutojas (v)	[kʲɛ'lʲæʊto:jɛs]
homossexual (m)	homoseklualìstas (v)	[ɣomosʲɛklʊa'lʲɪstas]
hacker (m)	programìšius (v)	[progra'mʲɪʃʊs]
hippie (m, f)	hìpis (v)	['ɣʲɪpʲɪs]
bandido (m)	bandìtas (v)	[ban'dʲɪtas]
assassino (m)	sam̃domas žudìkas (v)	['samdomas ʒʊ'dʲɪkas]
drogado (m)	narkomãnas (v)	[narko'ma:nas]
traficante (m)	narkótikų prekeìvis (v)	[nar'kotʲɪku: prʲɛ'kʲɛɪvʲɪs]
prostituta (f)	prostitutė (m)	[prostʲɪ'tʊtʲe:]
cafetão (m)	suteneris (v)	[sʊ'tʲɛnʲɛrʲɪs]
bruxo (m)	bùrtininkas (v)	['bʊrtʲɪnʲɪŋkas]
bruxa (f)	bùrtininkė (m)	['bʊrtʲɪnʲɪŋkʲe:]
pirata (m)	pirãtas (v)	[pʲɪ'ra:tas]
escravo (m)	vérgas (v)	['vʲɛrgas]
samurai (m)	samurãjus (v)	[samʊ'ra:jʊs]
selvagem (m)	laukìnis žmogùs (v)	[lʲɑʊ'kʲɪnʲɪs ʒmɔ'gʊs]

Educação

94. Escola

escola (f)	mokyklà (m)	[mok'i:k'l'a]
diretor (m) de escola	mokỹklos dirèktorius (v)	[mo'k'i:kl'os d'i'r'ektor'us]
aluno (m)	mokinỹs (v)	[mok'ı'n'i:s]
aluna (f)	mokinē (m)	[mok'ı'n'e:]
estudante (m)	moksleìvis (v)	[moks'l'ɛıv'ıs]
estudante (f)	moksleĩvè (m)	[moks'l'ɛıv'e:]
ensinar (vt)	mókyti	['mok'i:t'ı]
aprender (vt)	mókytis	['mok'i:t'ıs]
decorar (vt)	mókytis atmintinaĩ	['mok'i:t'ıs atm'ınt'ı'nʌı]
estudar (vi)	mókytis	['mok'i:t'ıs]
estar na escola	mókytis	['mok'i:t'ıs]
ir à escola	eĩti į̃ mokỹklą	['ɛıt'ı i: mo'k'ı:kl'a:]
alfabeto (m)	abėcėlė (m)	[ab'e:'ts'e:l'e:]
disciplina (f)	dalỹkas (v)	[da'l'i:kas]
sala (f) de aula	klãsė (m)	['kl'a:s'e:]
lição, aula (f)	pamokà (m)	[pamo'ka]
recreio (m)	pértrauka (m)	['p'ertrauka]
toque (m)	skambùtis (v)	[skam'but'ıs]
classe (f)	súolas (v)	['sual'as]
quadro (m) negro	lentà (m)	[l'ɛn'ta]
nota (f)	pažymỹs (v)	[paʒ'i:'m'i:s]
boa nota (f)	gēras pažymỹs (v)	['g'æras paʒ'i:'m'i:s]
nota (f) baixa	prãstas pažymỹs (v)	['pra:stas paʒ'i:'m'i:s]
dar uma nota	rašýti pãžymį	[ra'ʃ'ı:t'ı 'pa:ʒ'ı:m'ı:]
erro (m)	klaidà (m)	[kl'ʌı'da]
errar (vi)	darýti klaidàs	[da'r'i:t'ı kl'ʌı'das]
corrigir (~ um erro)	taisýti	[tʌı's'i:t'ı]
cola (f)	paruoštùkas (v)	[parua'ʃtukas]
dever (m) de casa	namų̃ dárbas (v)	[na'mu: 'darbas]
exercício (m)	pratìmas (v)	[pra't'ımas]
estar presente	bũti	['bu:t'ı]
estar ausente	nebũti	[n'ɛ'bu:t'ı]
faltar às aulas	praleĩsti pãmokas	[pra'l'ɛıst'ı 'pa:mokas]
punir (vt)	baũsti	['baust'ı]
punição (f)	bausmē (m)	[baus'm'e:]
comportamento (m)	elgesỹs (v)	[ɛl'g'ɛ's'i:s]

boletim (m) escolar	dienýnas (v)	[dʲiɛ'nʲi:nas]
lápis (m)	pieštùkas (v)	[pʲiɛʃ'tʊkas]
borracha (f)	trintùkas (v)	[trʲɪn'tʊkas]
giz (m)	kreidà (m)	[krʲɛɪda]
porta-lápis (m)	penãlas (v)	[pʲɛ'nalʲas]

mala, pasta, mochila (f)	pòrtfelis (v)	['portfʲɛlʲɪs]
caneta (f)	tušinùkas (v)	[tʊʃɪ'nʊkas]
caderno (m)	sạ̀siuvinis (v)	['sa:sʲʊvʲɪnʲɪs]
livro (m) didático	vadovẽlis (v)	[vado'vʲe:lʲɪs]
compasso (m)	skriestùvas (v)	[skrʲiɛ'stʊvas]

traçar (vt)	braižýti	[brʌɪ'ʒʲi:tʲɪ]
desenho (m) técnico	bréžinỹs (v)	[brʲe:ʒʲɪ'nʲi:s]

poesia (f)	eilérastis (v)	[ɛɪ'lʲe:raʃtʲɪs]
de cor	atmintinaĩ	[atmʲɪntʲɪ'nʌɪ]
decorar (vt)	mókytis atmintinaĩ	['mokʲi:tʲɪs atmʲɪntʲɪ'nʌɪ]

férias (f pl)	atóstogos (m dgs)	[a'tostogos]
estar de férias	atostogáuti	[atosto'gɑʊtʲɪ]
passar as férias	praléisti atóstogas	[pra'lʲɛɪstʲɪ a'tostogas]

teste (m), prova (f)	kontròlinis dárbas (v)	[kɔn'trolʲɪnʲɪs 'darbas]
redação (f)	rašinỹs (v)	[raʃʲɪ'nʲi:s]
ditado (m)	diktàntas (v)	[dʲɪk'tantas]
exame (m), prova (f)	egzãminas (v)	[ɛg'za:mʲɪnas]
fazer prova	laikýti egzãminus	[lʲʌɪ'kʲi:tʲɪ ɛg'za:mʲɪnʊs]
experiência (~ química)	bañdymas (v)	['bandʲi:mas]

95. Colégio. Universidade

academia (f)	akadèmija (m)	[aka'dʲɛmʲɪjɛ]
universidade (f)	universitètas (v)	[ʊnʲɪvʲɛrsʲɪ'tʲɛtas]
faculdade (f)	fakultètas (v)	[fakʊlʲ'tʲɛtas]

estudante (m)	studeñtas (v)	[stʊ'dʲɛntas]
estudante (f)	studeñtè (m)	[stʊ'dentʲe:]
professor (m)	déstytojas (v)	['dʲe:stʲi:to:jɛs]

auditório (m)	auditòrija (m)	[ɑʊdʲɪ'torʲɪjɛ]
graduado (m)	absolveñtas (v)	[absolʲ'vʲɛntas]

diploma (m)	diplòmas (v)	[dʲɪp'lʲomas]
tese (f)	disertãcija (m)	[dʲɪsʲɛr'ta:tsʲɪjɛ]

estudo (obra)	tyrinéjimas (v)	[tʲi:rʲɪ'nʲɛjɪmas]
laboratório (m)	laboratòrija (m)	[lʲabora'torʲɪjɛ]

palestra (f)	paskaità (m)	[paskʌɪ'ta]
colega (m) de curso	bendrakursis (v)	[bʲɛndra'kʊrsʲɪs]

bolsa (f) de estudos	stipeñdija (m)	[stʲɪ'pʲɛndʲɪjɛ]
grau (m) acadêmico	mókslinis láipsnis (v)	['mokslʲɪnʲɪs 'lʌɪpsnʲɪs]

96. Ciências. Disciplinas

matemática (f)	matemātika (m)	[matˠɛ'ma:tˠɪka]
álgebra (f)	álgebra (m)	['alˠgˠɛbra]
geometria (f)	geometrija (m)	[gˠɛo'mˠɛtrˠɪjɛ]

astronomia (f)	astronomija (m)	[astro'nomˠɪjɛ]
biologia (f)	biologija (m)	[bˠɪjo'lˠogˠɪjɛ]
geografia (f)	geografija (m)	[gˠɛo'gra:fˠɪjɛ]
geologia (f)	geologija (m)	[gˠɛo'lˠogˠɪjɛ]
história (f)	istorija (m)	[ɪs'torˠɪjɛ]

medicina (f)	medicina (m)	[mˠɛdˠɪtsˠɪ'na]
pedagogia (f)	pedagogika (m)	[pˠɛda'gogˠɪka]
direito (m)	teisė (m)	['tˠɛisˠe:]

física (f)	fizika (m)	['fˠɪzˠɪka]
química (f)	chemija (m)	['xˠɛmˠɪjɛ]
filosofia (f)	filosofija (m)	[fˠɪlˠo'sofˠɪjɛ]
psicologia (f)	psichologija (m)	[psˠɪxo'lˠogˠɪjɛ]

97. Sistema de escrita. Ortografia

gramática (f)	gramatika (m)	[gra'ma:tˠɪka]
vocabulário (m)	leksika (m)	['lˠɛksˠɪka]
fonética (f)	fonetika (m)	[fo'nˠɛtˠɪka]

substantivo (m)	daiktavardis (v)	[dʌɪk'ta:vardˠɪs]
adjetivo (m)	būdvardis (v)	['bu:dvardˠɪs]
verbo (m)	veiksmāžodis (v)	[vˠɛɪks'ma:ʒodˠɪs]
advérbio (m)	príeveiksmis (v)	['prˠiɛvˠɛɪksmˠɪs]

pronome (m)	įvardis (v)	['i:vardˠɪs]
interjeição (f)	jaustukas (v)	[jɛʊs'tʊkas]
preposição (f)	prielinksnis (v)	['prˠiɛlˠiŋksnˠɪs]

raiz (f)	žodžio šaknis (m)	['ʒo:dʒɔ ʃak'nˠɪs]
terminação (f)	galūnė (m)	[ga'lˠu:nˠe:]
prefixo (m)	priešdėlis (v)	['prˠiɛʃdˠe:lˠɪs]
sílaba (f)	skiemuō (v)	[skˠiɛ'mʊa]
sufixo (m)	príesaga (m)	['prˠiɛsaga]

| acento (m) | kírtis (m) | ['kˠɪrtˠɪs] |
| apóstrofo (f) | apostrofas (v) | [apos'trofas] |

ponto (m)	taškas (v)	['ta:ʃkas]
vírgula (f)	kablelis (v)	[kab'lˠælˠɪs]
ponto e vírgula (m)	kabliataškis (v)	[kab'lˠætaʃkˠɪs]
dois pontos (m pl)	dvitaškis (v)	['dvˠɪtaʃkˠɪs]
reticências (f pl)	daūgtaškis (v)	['dɑʊktaʃkˠɪs]

| ponto (m) de interrogação | klaustukas (v) | [klˠɑʊ'stʊkas] |
| ponto (m) de exclamação | šauktukas (v) | [ʃɑʊk'tʊkas] |

aspas (f pl)	kabùtės (m dgs)	[ka'bʊtʲe:s]
entre aspas	kabùtėse	[ka'bʊtʲe:se]
parênteses (m pl)	skliaustėliai (v dgs)	[sklʲɛʊ'stʲælʲɛɪ]
entre parênteses	skliaustėliuose	[sklʲɛʊ'stʲælʲʊosʲɛ]

hífen (m)	defisas (v)	[dʲɛ'fʲɪsas]
travessão (m)	brūkšnỹs (v)	[bru:kʃnʲi:s]
espaço (m)	tárpas (v)	['tarpas]

letra (f)	raĩdė (m)	['rʌɪdʲe:]
letra (f) maiúscula	didžióji raĩdė (m)	[dʲɪ'dʒʲo:jɪ 'rʌɪdʲe:]

vogal (f)	balsis (v)	['balʲsʲɪs]
consoante (f)	príebalsis (v)	['prʲɛbalʲsʲɪs]

frase (f)	sakinỹs (v)	[sakʲɪ'nʲi:s]
sujeito (m)	veiksnỹs (v)	[vʲɛɪks'nʲi:s]
predicado (m)	tarinỹs (v)	[tarʲɪ'nʲi:s]

linha (f)	eilùtė (m)	[ɛɪ'lʲʊtʲe:]
em uma nova linha	ìš naujõs eilùtės	[ɪʃ 'nɑʊjɔ:s ɛɪ'lʲʊtʲe:s]
parágrafo (m)	pastraĩpa (m)	[past'rʌɪpa]

palavra (f)	žõdis (v)	['ʒo:dʲɪs]
grupo (m) de palavras	žõdžių junginỹs (v)	['ʒo:dʒʲu: jʊngʲɪ'nʲi:s]
expressão (f)	išsireiškìmas (v)	[ɪʃsʲɪrʲɛɪʃ'kʲɪmas]
sinônimo (m)	sinonìmas (v)	[sʲɪno'nʲɪmas]
antônimo (m)	antonìmas (v)	[anto'nʲɪmas]

regra (f)	taisỹklė (m)	[tʌɪ'sʲi:klʲe:]
exceção (f)	išimtìs (m)	[ɪʃɪm'tʲɪs]
correto (adj)	teisìngas	[tʲɛɪ'sʲɪngas]

conjugação (f)	asmenuõtė (m)	[asme'nʊɑtʲe:]
declinação (f)	linksniuõtė (m)	[lʲɪŋks'nʲʊo:tʲe:]
caso (m)	liñksnis (v)	['lʲɪŋksnʲɪs]
pergunta (f)	kláusimas (v)	['klʲɑʊsʲɪmas]
sublinhar (vt)	pabraũkti	[pa'brɑʊktʲɪ]
linha (f) pontilhada	punktỹras (v)	[pʊŋk'tʲi:ras]

98. Línguas estrangeiras

língua (f)	kalbà (m)	[kalʲ'ba]
estrangeiro (adj)	ùžsienio	['ʊʒsʲiɛnʲɔ]
língua (f) estrangeira	ùžsienio kalbà (m)	['ʊʒsʲiɛnʲɔ kalʲba]
estudar (vt)	studijúoti	[stʊdʲɪ'jʊɑtʲɪ]
aprender (vt)	mókytis	['mokʲi:tʲɪs]

ler (vt)	skaitýti	[skʌɪ'tʲi:tʲɪ]
falar (vi)	kalbéti	[kalʲ'bʲe:tʲɪ]
entender (vt)	supràsti	[sʊp'rastʲɪ]
escrever (vt)	rašýti	[ra'ʃɪ:tʲɪ]
rapidamente	greĩtai	['grʲɛɪtʌɪ]
devagar, lentamente	létaĩ	[lʲe:'tʌɪ]

fluentemente	laisvaì	[lʲʌɪs'vʌɪ]
regras (f pl)	taisỹklės (m dgs)	[tʌɪ'sʲiːklʲeːs]
gramática (f)	gramãtika (m)	[gra'maːtʲɪka]
vocabulário (m)	lèksika (m)	['lʲɛksʲɪka]
fonética (f)	fonètika (m)	[fo'nʲɛtʲɪka]

livro (m) didático	vadovĕlis (v)	[vado'vʲeːlʲɪs]
dicionário (m)	žodýnas (v)	[ʒo'dʲiːnas]
manual (m) autodidático	savìmokos vadovĕlis (v)	[sa'vʲɪmokos vado'vʲeːlʲɪs]
guia (m) de conversação	pasikalbéjimų knygėlė (m)	[pasʲɪkalʲˈbʲɛjɪmu: knʲiːˈgʲælʲeː]

fita (f) cassete	kasètė (m)	[ka'sʲɛtʲeː]
videoteipe (m)	vaizdãjuostė (m)	[vʌɪzˈdaːjʊɑstʲeː]
CD (m)	kompãktinis dìskas (v)	[kɔmˈpaːktʲɪnʲɪs 'dʲɪskas]
DVD (m)	DVD diskàs (v)	[dʲɪvʲɪˈdʲɪ dʲɪs'kas]

alfabeto (m)	abėcėlė (m)	[abʲeːˈtsʲeːlʲeː]
soletrar (vt)	sakýti paraidžiuì	[sa'kʲiːtʲɪ parʌɪˈdʒʲʊɪ]
pronúncia (f)	tarìmas (v)	[ta'rʲɪmas]

sotaque (m)	akceñtas (v)	[ak'tsʲɛntas]
com sotaque	sù akcentù	['sʊ aktsʲɛn'tʊ]
sem sotaque	bè akceñto	['bʲɛ ak'tsʲɛntɔ]

| palavra (f) | žõdis (v) | ['ʒoːdʲɪs] |
| sentido (m) | prasmĕ (m) | [pras'mʲeː] |

curso (m)	kùrsai (v dgs)	['kʊrsʌɪ]
inscrever-se (vr)	užsirašýti	[ʊʒsʲɪraˈʃɪːtʲɪ]
professor (m)	déstytojas (v)	['dʲeːstʲiːto:jɛs]

tradução (processo)	vertìmas (v)	[vʲɛr'tʲɪmas]
tradução (texto)	vertìmas (v)	[vʲɛr'tʲɪmas]
tradutor (m)	vertéjas (v)	[vʲɛr'tʲeːjas]
intérprete (m)	vertéjas (v)	[vʲɛr'tʲeːjas]

| poliglota (m) | poliglòtas (v) | [polʲɪ'glotas] |
| memória (f) | atmintìs (m) | [atmʲɪn'tʲɪs] |

Descanso. Entretenimento. Viagens

99. Viagens

turismo (m)	turizmas (v)	[tʊ'rʲɪzmas]
turista (m)	turistas (v)	[tʊ'rʲɪstas]
viagem (f)	kelionė (m)	[kʲɛ'lʲoːnʲeː]
aventura (f)	nuotykis (v)	['nʊatʲiːkʲɪs]
percurso (curta viagem)	išvyka (m)	['ɪʃvʲiːka]

férias (f pl)	atostogos (m dgs)	[a'tostogos]
estar de férias	atostogauti	[atosto'gɑʊtʲɪ]
descanso (m)	poilsis (v)	['poɪlʲsʲɪs]

trem (m)	traukinys (v)	[trɑʊkʲɪ'nʲiːs]
de trem (chegar ~)	traukiniu	['trɑʊkʲɪnʲʊ]
avião (m)	lėktuvas (v)	[lʲeːk'tʊvas]
de avião	lėktuvu	[lʲeːktʊ'vʊ]
de carro	automobiliu	[ɑʊtomobʲɪ'lʲʊ]
de navio	laivu	[lʲʌɪ'vʊ]

bagagem (f)	bagažas (v)	[ba'gaːʒas]
mala (f)	lagaminas (v)	[lʲaga'mʲɪnas]
carrinho (m)	bagažo vežimėlis (v)	[ba'gaːʒɔ veʒʲɪ'mʲeːlʲɪs]

passaporte (m)	pasas (v)	['paːsas]
visto (m)	viza (m)	[vʲɪ'za]
passagem (f)	bilietas (v)	['bʲɪlʲiɛtas]
passagem (f) aérea	lėktuvo bilietas (v)	[lʲeːk'tʊvɔ 'bʲɪlʲiɛtas]

guia (m) de viagem	vadovas (v)	[va'doːvas]
mapa (m)	žemėlapis (v)	[ʒe'mʲeːlʲapʲɪs]
área (f)	vietovė (m)	[vʲiɛ'tovʲeː]
lugar (m)	vieta (m)	[vʲiɛ'ta]

exotismo (m)	egzotika (m)	[ɛg'zotʲɪka]
exótico (adj)	egzotinis	[ɛg'zotʲɪnʲɪs]
surpreendente (adj)	nuostabus	[nʊasta'bʊs]

grupo (m)	grupė (m)	['grʊpʲeː]
excursão (f)	ekskursija (m)	[ɛks'kʊrsʲɪjɛ]
guia (m)	ekskursijos vadovas (v)	[ɛks'kʊrsʲɪjɔs va'doːvas]

100. Hotel

hotel (m)	viešbutis (v)	['vʲɛʃbʊtʲɪs]
motel (m)	motelis (v)	[mo'tʲɛlʲɪs]
três estrelas	3 žvaigždutės	['trʲɪs ʒvʌɪgʒ'dʊtʲeːs]

cinco estrelas	5 žvaigždutės	['penᵏᵏos ʒvʌɪgʒ'dutᵏe:s]
ficar (vi, vt)	apsistóti	[apsᵏɪs'totᵏɪ]
quarto (m)	kambarỹs (v)	[kamba'rᵏi:s]
quarto (m) individual	vienviētis kambarỹs (v)	['vᵏiɛn'vᵏɛtᵏɪs kamba'rᵏi:s]
quarto (m) duplo	dviviētis kambarỹs (v)	[dvᵏɪ'vᵏɛtᵏɪs kamba'rᵏi:s]
reservar um quarto	rezervúoti kam̃barį	[rᵏɛzᵏɛr'vuatᵏɪ 'kambarᵏɪ:]
meia pensão (f)	pusiáu pensiònas (v)	[pusᵏæu pᵏɛnsᵏɪ'jɔnas]
pensão (f) completa	pensiònas (v)	[pᵏɛnsᵏɪ'jɔnas]
com banheira	sù vonià	['su vo'nᵏæ]
com chuveiro	sù dušù	['su du'ʃu]
televisão (m) por satélite	palydõvinė televìzija (m)	[palᵏi:'do:vᵏɪnᵏe: tᵏɛlᵏɛ'vᵏɪzᵏɪjɛ]
ar (m) condicionado	kondicioniērius (v)	[kondᵏɪtsᵏɪjɔ'nᵏɛrᵏus]
toalha (f)	rañkšluostis (v)	['raŋkʃᵏuastᵏɪs]
chave (f)	rãktas (v)	['ra:ktas]
administrador (m)	administrãtorius (v)	[admᵏɪnᵏɪs'tra:torᵏus]
camareira (f)	kambarìnė (m)	[kamba'rᵏɪnᵏe:]
bagageiro (m)	nešìkas (v)	[nᵏɛ'ʃɪkas]
porteiro (m)	registrãtorius (v)	[rᵏɛgᵏɪs'tra:torᵏus]
restaurante (m)	restorãnas (v)	[rᵏɛsto'ra:nas]
bar (m)	bãras (v)	['ba:ras]
café (m) da manhã	pùsryčiai (v dgs)	['pusrᵏi:tʂᵏɛɪ]
jantar (m)	vakariēnė (m)	[vaka'rᵏɛnᵏe:]
bufê (m)	švèdiškas stãlas (v)	['ʃvᵏɛdᵏɪʃkas 'sta:lᵏas]
saguão (m)	vestibiùlis (v)	[vᵏɛstᵏɪ'bᵏulᵏɪs]
elevador (m)	lìftas (v)	['lᵏɪftas]
NÃO PERTURBE	NETRUKDÝTI	[nᵏɛtrok'dᵏi:tᵏɪ]
PROIBIDO FUMAR!	NERŪKÝTI!	[nᵏɛru:'kᵏi:tᵏɪ]

EQUIPAMENTO TÉCNICO. TRANSPORTES

Equipamento técnico. Transportes

101. Computador

computador (m)	kompiùteris (v)	[kɔm'pʲutʲɛrʲɪs]
computador (m) portátil	nešiojamasis kompiùteris (v)	[nʲɛ'ʃʲojamasʲɪs kom'pʲutʲɛrʲɪs]
ligar (vt)	įjùngti	[iː'juŋktʲɪ]
desligar (vt)	išjùngti	[ɪ'ʃjuŋktʲɪ]
teclado (m)	klaviatūrà (m)	[klʲavʲætuː'ra]
tecla (f)	klavišas (v)	[klʲa'vʲɪʃas]
mouse (m)	pelě (m)	[pʲɛ'lʲe:]
tapete (m) para mouse	kilimělis (v)	[kʲɪlʲɪ'mʲe:lʲɪs]
botão (m)	mygtùkas (v)	[mʲiːk'tukas]
cursor (m)	žymėklis (v)	[ʒʲiː'mʲæklʲɪs]
monitor (m)	monìtorius (v)	[mo'nʲɪtorʲus]
tela (f)	ekrãnas (v)	[ɛk'raːnas]
disco (m) rígido	kietàsis dìskas (v)	[kʲɪɛ'tasʲɪs 'dʲɪskas]
capacidade (f) do disco rígido	kíetojo dìsko talpà (m)	['kʲɪɛtojɔ 'dʲɪskɔ talʲʲpa]
memória (f)	atmintìs (m)	[atmʲɪn'tʲɪs]
memória RAM (f)	operatyvioji atmintìs (m)	[opʲɛratʲiː'vʲoːjɪ atmʲɪn'tʲɪs]
arquivo (m)	fáilas (v)	['fʌɪlʲas]
pasta (f)	ãplankas (v)	['aːplʲaŋkas]
abrir (vt)	atidarýti	[atʲɪda'rʲiːtʲɪ]
fechar (vt)	uždarýti	[ʊʒda'rʲiːtʲɪ]
salvar (vt)	išsáugoti	[ɪʃ'saʊgotʲɪ]
deletar (vt)	ištrìnti	[ɪʃ'trʲɪntʲɪ]
copiar (vt)	nukopijúoti	[nʊkopʲɪ'juatʲɪ]
ordenar (vt)	rūšiúoti	[ruː'ʃuatʲɪ]
copiar (vt)	pérrašyti	['pʲɛrraʃɪːtʲɪ]
programa (m)	programà (m)	[progra'ma]
software (m)	prográminė įranga (m)	[pro'graːmʲɪnʲe: 'iːranga]
programador (m)	programúotojas (v)	[progra'muatojɛs]
programar (vt)	programúoti	[progra'muatʲɪ]
hacker (m)	programìšius (v)	[progra'mʲɪʃus]
senha (f)	slaptãžodis (v)	[slʲap'taːʒodʲɪs]
vírus (m)	vìrusas (v)	['vʲɪrusas]
detectar (vt)	aptìkti	[ap'tʲɪktʲɪ]

| byte (m) | báitas (v) | ['bʌɪtas] |
| megabyte (m) | megabáitas (v) | [mⁱɛga'bʌɪtas] |

| dados (m pl) | dúomenys (v dgs) | ['dʊamⁱɛnⁱiːs] |
| base (f) de dados | duomenų̃ bãzė (m) | [dʊame'nu: 'ba:zⁱe:] |

cabo (m)	laĩdas (v)	['lⁱʌɪdas]
desconectar (vt)	prijùngti	[prⁱɪ'jʊŋktⁱɪ]
conectar (vt)	atjùngti	[a'tjʊŋktⁱɪ]

102. Internet. E-mail

internet (f)	internẽtas (v)	[ɪntⁱɛr'nⁱɛtas]
browser (m)	naršỹklė (m)	[nar'ʃɪːklⁱe:]
motor (m) de busca	paieškõs sistemà (m)	[paⁱiɛʃ'ko:s sⁱɪstⁱɛ'ma]
provedor (m)	tiekéjas (v)	[tⁱiɛ'kⁱe:jas]

webmaster (m)	svetaĩnių kūrė́jas (v)	[sve'tʌɪnⁱu: ku:'rⁱe:jas]
website (m)	svetaĩnė (m)	[sve'tʌɪnⁱe:]
web page (f)	tinklãlapis (v)	[tⁱɪŋk'lⁱa:lⁱapⁱɪs]

| endereço (m) | ãdresas (v) | ['a:drⁱɛsas] |
| livro (m) de endereços | adresų̃ knygà (m) | [adrⁱɛ'su: knⁱi:'ga] |

caixa (f) de correio	pãšto dėžùtė (m)	['pa:ʃto dⁱe:'ʒʊtⁱe:]
correio (m)	korespondeñcija (m)	[kɔrⁱɛspon'dⁱɛntsⁱɪjɛ]
cheia (caixa de correio)	pérpildytas	['pⁱɛrpⁱɪlⁱdⁱi:tas]

mensagem (f)	pranešìmas (v)	[pranⁱɛ'ʃⁱɪmas]
mensagens (f pl) recebidas	įeĩnantys pranešìmai (v dgs)	[iː'ɛɪnantⁱɪːs pranⁱɛ'ʃⁱɪːmʌɪ]
mensagens (f pl) enviadas	išeĩnantys pranešìmai (v dgs)	[ɪ'ʃɛɪnantⁱiːs pranⁱɛ'ʃⁱɪmʌɪ]

remetente (m)	siuntéjas (v)	[sⁱʊn'tⁱe:jas]
enviar (vt)	išsių̃sti	[ɪ'ʃⁱsⁱuːstⁱɪ]
envio (m)	išsiuntìmas (v)	[ɪʃⁱʊn'tⁱɪmas]

| destinatário (m) | gavéjas (v) | [ga'vⁱe:jas] |
| receber (vt) | gáuti | ['gɑʊtⁱɪ] |

| correspondência (f) | susirašinėjimas (v) | [sʊsⁱɪraʃⁱɪ'nⁱɛjɪmas] |
| corresponder-se (vr) | susirašinė́ti | [sʊsⁱɪraʃⁱɪ'nⁱe:tⁱɪ] |

arquivo (m)	fáilas (v)	['fʌɪlⁱas]
fazer download, baixar (vt)	parsisių̃sti	[parsⁱɪ'sⁱuːstⁱɪ]
criar (vt)	sukùrti	[sʊ'kʊrtⁱɪ]
deletar (vt)	ištrìnti	[ɪʃ'trⁱɪntⁱɪ]
deletado (adj)	ištrìntas	[ɪʃ'trⁱɪntas]

conexão (f)	ryšỹs (v)	[rⁱi:'ʃⁱɪ:s]
velocidade (f)	greĩtis (v)	['grⁱɛɪtⁱɪs]
modem (m)	modèmas (v)	[mo'dⁱɛmas]
acesso (m)	prìeiga (m)	['prⁱɪⁱɛɪga]
porta (f)	príevadas (v)	['prⁱⁱɛvadas]
conexão (f)	pajungìmas (v)	[pajʊn'gⁱɪmas]

conectar (vi)	prisijùngti	[prɪs'ɪ'jʊŋkt'ɪ]
escolher (vt)	pasiriñkti	[pas'ɪ'r'ɪŋkt'ɪ]
buscar (vt)	ieškóti	[ɪɛʃ'kot'ɪ]

103. Eletricidade

eletricidade (f)	elektrà (m)	[ɛl'ɛkt'ra]
elétrico (adj)	elektrìnis	[ɛl'ɛk'tr'ɪn'ɪs]
planta (f) elétrica	elèktros stotìs (m)	[ɛ'l'ɛktros sto't'ɪs]
energia (f)	enèrgija (m)	[ɛ'n'ɛrg'ɪjɛ]
energia (f) elétrica	elèktros enèrgija (m)	[ɛ'l'ɛktros ɛ'n'ɛrg'ɪjɛ]

lâmpada (f)	lempùtė (m)	[l'ɛm'pʊt'eː]
lanterna (f)	žibintùvas (v)	[ʒ'ɪb'ɪn'tʊvas]
poste (m) de iluminação	žibiñtas (v)	[ʒ'ɪ'b'ɪntas]

luz (f)	šviesà (m)	[ʃv'iɛ'sa]
ligar (vt)	įjùngti	[iː'jʊŋkt'ɪ]
desligar (vt)	išjùngti	[ɪ'ʃjʊŋkt'ɪ]
apagar a luz	užgesìnti šviẽsą	[ʊʒg'ɛ's'ɪnt'ɪ 'ʃv'ɛsaː]

queimar (vi)	pérdegti	['p'ɛrd'ɛkt'ɪ]
curto-circuito (m)	trumpàsis jungìmas (v)	[trʊm'pas'ɪs jʊn'g'ɪmas]
ruptura (f)	trūkìmas (v)	[truː'k'ɪmas]
contato (m)	kontãktas (v)	[kɔn'taːktas]

interruptor (m)	jungìklis (v)	[jʊn'g'ɪkl'ɪs]
tomada (de parede)	šakùtės lìzdas (v)	[ʃa'kʊt'eːs 'l'ɪzdas]
plugue (m)	šakùtė (m)	[ʃa'kʊt'eː]
extensão (f)	ilgintùvas (v)	[ɪl'g'ɪn'tʊvas]

fusível (m)	saugìklis (v)	[saʊ'g'ɪkl'ɪs]
fio, cabo (m)	laìdas (v)	['l'ʌɪdas]
instalação (f) elétrica	instaliãcija (m)	[ɪnsta'l'æts'ɪjɛ]

ampère (m)	ampèras (v)	[am'p'ɛras]
amperagem (f)	srovės stìpris (v)	[sro'v'eːs 'st'ɪpr'ɪs]
volt (m)	vòltas (v)	['vol'tas]
voltagem (f)	įtampa (m)	['iːtampa]

| aparelho (m) elétrico | elèktros príetaisas (v) | [ɛ'l'ɛktros 'pr'iɛtʌɪsas] |
| indicador (m) | indikãtorius (v) | [ɪnd'ɪ'ka:tor'ʊs] |

eletricista (m)	elèktrikas (v)	[ɛ'l'ɛktr'ɪkas]
soldar (vt)	lituõti	[l'ɪ'tʊɑt'ɪ]
soldador (m)	lituõklis (v)	[l'ɪ'tʊɑkl'ɪs]
corrente (f) elétrica	srovė (m)	[sro'v'eː]

104. Ferramentas

| ferramenta (f) | įrankis (v) | ['iːraŋk'ɪs] |
| ferramentas (f pl) | įrankiai (v dgs) | ['iːraŋk'ɛɪ] |

equipamento (m)	íranga (m)	['i:ranga]
martelo (m)	plaktùkas (v)	[plʲak'tʊkas]
chave (f) de fenda	atsuktùvas (v)	[atsʊk'tʊvas]
machado (m)	kírvis (v)	['kʲɪrvʲɪs]

serra (f)	pjűklas (v)	['pju:klʲas]
serrar (vt)	pjáuti	['pjɑʊtʲɪ]
plaina (f)	óblius (v)	['o:blʲʊs]
aplainar (vt)	obliúoti	[ob'lʲʊɑtʲɪ]
soldador (m)	lituőklis (v)	[lʲɪ'tʊɑklʲɪs]
soldar (vt)	lituőti	[lʲɪ'tʊɑtʲɪ]

lima (f)	dìldė (m)	['dʲɪlʲdʲe:]
tenaz (f)	rĕplės (m dgs)	['rʲæplʲe:s]
alicate (m)	plókščiosios rĕplės (m dgs)	['plokʃtʂʲosʲos 'rʲæplʲe:s]
formão (m)	káltas (v)	['kalʲtas]

broca (f)	grążtas (v)	['gra:ʒtas]
furadeira (f) elétrica	grężtùvas (v)	[grʲɛ:ʒ'tʊvas]
furar (vt)	grężti	['grʲɛ:ʒtʲɪ]

faca (f)	peìlis (v)	['pʲɛɪlʲɪs]
lâmina (f)	ãšmenys (v dgs)	['a:ʃmʲɛnʲi:s]

afiado (adj)	aštrùs	[aʃt'rʊs]
cego (adj)	bùkas	['bʊkas]
embotar-se (vr)	atbùkti	[at'bʊktʲɪ]
afiar, amolar (vt)	galásti	[ga'lʲa:stʲɪ]

parafuso (m)	var̃žtas (v)	['varʒtas]
porca (f)	veržlě (m)	[vʲɛrʒ'lʲe:]
rosca (f)	sriĕgis (v)	['srʲɛgʲɪs]
parafuso (para madeira)	sraìgtas (v)	['srʌɪktas]

prego (m)	vinìs (m)	[vʲɪ'nʲɪs]
cabeça (f) do prego	galvùtė (m)	[galʲ'vʊtʲe:]

régua (f)	liniuõtė (m)	[lʲɪ'nʲʊo:tʲe:]
fita (f) métrica	rulètė (m)	[rʊ'lʲɛtʲe:]
nível (m)	gulsčiùkas (v)	[gʊlʲs'tʂʲʊkas]
lupa (f)	lùpa (m)	['lʲʊpa]

medidor (m)	matãvimo príetaisas (v)	[ma'ta:vʲɪmɔ 'prʲiɛtʌɪsas]
medir (vt)	matúoti	[ma'tʊɑtʲɪ]
escala (f)	skãlė (m)	['ska:lʲe:]
indicação (f), registro (m)	rodmuõ (v)	[rod'mʊɑ]

compressor (m)	komprèsorius (v)	[kɔm'prʲɛsorʲʊs]
microscópio (m)	mikroskòpas (v)	[mʲɪkro'skopas]

bomba (f)	siurblỹs (v)	[sʲʊr'blʲi:s]
robô (m)	ròbotas (v)	['robotas]
laser (m)	lãzeris (v)	['lʲa:zʲɛrʲɪs]

chave (f) de boca	veržlių rãktas (v)	[vʲɛrʒ'lʲu: 'ra:ktas]
fita (f) adesiva	lipnì júosta (m)	[lʲɪp'nʲɪ 'jʊɑsta]

cola (f)	klijaĩ (v dgs)	[klʲɪˈjʌɪ]
lixa (f)	švìtrinis pōpierius (v)	[ˈʃvʲɪtrʲɪnʲɪs ˈpoːpʲiɛrʲʊs]
mola (f)	spyruōklė (m)	[spʲiːˈrʊɑklʲe:]
ímã (m)	magnėtas (v)	[magˈnʲɛtas]
luva (f)	pírštinės (m dgs)	[ˈpʲɪrʃtʲɪnʲeːs]

corda (f)	vírvė (m)	[ˈvʲɪrvʲe:]
cabo (~ de nylon, etc.)	virvēlė (m)	[vʲɪrˈvʲæʎe:]
fio (m)	laĩdas (v)	[ˈlʲʌɪdas]
cabo (~ elétrico)	kābelis (v)	[ˈkabʲɛlʲɪs]

marreta (f)	kū́jis (v)	[ˈkuːjis]
pé de cabra (m)	laužtùvas (v)	[lʲɑʊʒˈtʊvas]
escada (f) de mão	kópėčios (m dgs)	[ˈkopʲe:tʂʲos]
escada (m)	kilnójamosios kópėčios (m dgs)	[kʲɪlʲˈnojamosʲos ˈkopʲe:tʂʲos]

enroscar (vt)	užsùkti	[ʊʒˈsʊktʲɪ]
desenroscar (vt)	atsùkti	[atˈsʊktʲɪ]
apertar (vt)	užspáusti	[ʊʒsˈpaʊstʲɪ]
colar (vt)	priklijúoti	[prʲɪklʲɪˈjʊatʲɪ]
cortar (vt)	pjáuti	[ˈpjɑʊtʲɪ]

falha (f)	gedìmas (v)	[gʲɛˈdʲɪmas]
conserto (m)	taĩsymas (v)	[ˈtʌɪsʲiːmas]
consertar, reparar (vt)	taisýti	[tʌɪˈsʲiːtʲɪ]
regular, ajustar (vt)	reguliúoti	[rʲɛgʊˈlʲʊatʲɪ]

verificar (vt)	tìkrinti	[ˈtʲɪkrʲɪntʲɪ]
verificação (f)	patìkrinimas (v)	[paˈtʲɪkrʲɪnʲɪmas]
indicação (f), registro (m)	rodmuō (v)	[rodˈmʊɑ]

| seguro (adj) | patìkimas | [ˈpatʲɪkʲɪmas] |
| complicado (adj) | sudėtìngas | [sʊdʲeːˈtʲɪngas] |

enferrujar (vi)	rūdýti	[ruːˈdʲiːtʲɪ]
enferrujado (adj)	surūdìjęs	[sʊruːˈdʲɪjɛːs]
ferrugem (f)	rū̃dys (m dgs)	[ˈruːdʲiːs]

Transportes

105. Avião

avião (m)	lėktùvas (v)	[lʲeːkˈtʊvas]
passagem (f) aérea	lėktùvo bìlietas (v)	[lʲeːkˈtʊvɔ ˈbʲɪlʲiɛtas]
companhia (f) aérea	aviakompãnija (m)	[avʲækomˈpaːnʲɪjɛ]
aeroporto (m)	óro úostas (v)	[ˈɔrɔ ˈʊɑstas]
supersônico (adj)	viršgarsìnis	[vʲɪrʃgarˈsʲɪnʲɪs]

comandante (m) do avião	órlaivio kapitõnas (v)	[ˈorlʲʌɪvʲɔ kapʲɪˈtoːnas]
tripulação (f)	ekipãžas (v)	[ɛkʲɪˈpaːʒas]
piloto (m)	pilòtas (v)	[pʲɪˈlʲotas]
aeromoça (f)	stiuardėsė (m)	[stʲʊarˈdʲɛsʲeː]
copiloto (m)	štùrmanas (v)	[ˈʃtʊrmanas]

asas (f pl)	sparnaĩ (v dgs)	[sparˈnʌɪ]
cauda (f)	gãlas (v)	[ˈgaːlʲas]
cabine (f)	kabinà (m)	[kabʲɪˈna]
motor (m)	varìklis (v)	[vaˈrʲɪklʲɪs]
trem (m) de pouso	važiuõklė (m)	[vaʒʲʊˈoːklʲeː]
turbina (f)	turbinà (m)	[tʊrbʲɪˈna]

hélice (f)	propèleris (v)	[proˈpʲɛlʲɛrʲɪs]
caixa-preta (f)	juodà dėžė̃ (m)	[jʊɑˈda dʲeːˈʒʲeː]
coluna (f) de controle	vairãratis (v)	[vʌɪˈraːratʲɪs]
combustível (m)	degalaĩ (v dgs)	[dʲɛgaˈlʲʌɪ]

instruções (f pl) de segurança	instrùkcija (m)	[ɪnsˈtrʊktsʲɪjɛ]
máscara (f) de oxigênio	deguõnies káukė (m)	[dʲɛgʊɑˈnʲiɛs ˈkɑʊkʲeː]
uniforme (m)	unifòrma (m)	[ʊnʲɪˈforma]

colete (m) salva-vidas	gélbėjimosi liemẽnė (m)	[ˈgʲælʲbʲeːjimosʲɪ lʲiɛˈmʲænʲeː]
paraquedas (m)	parašiùtas (v)	[paraˈʃʊtas]

decolagem (f)	kilìmas (v)	[kʲɪˈlʲɪmas]
descolar (vi)	kìlti	[ˈkʲɪlʲtʲɪ]
pista (f) de decolagem	kilìmo tãkas (v)	[kʲɪˈlʲɪmɔ ˈtaːkas]

visibilidade (f)	matomùmas (v)	[matoˈmʊmas]
voo (m)	skrỹdis (v)	[ˈskrʲiːdʲɪs]

altura (f)	aũkštis (v)	[ˈɑʊkʃtʲɪs]
poço (m) de ar	óro duobė̃ (m)	[ˈɔrɔ dʊɑˈbʲeː]

assento (m)	vietà (m)	[vʲiɛˈta]
fone (m) de ouvido	ausìnės (m dgs)	[ɑʊˈsʲɪnʲeːs]
mesa (f) retrátil	atverčiamàsis staliùkas (v)	[atvʲɛrtʂʲæˈmasʲɪs staˈlʲʊkas]
janela (f)	iliuminãtorius (v)	[ɪlʲʊmʲɪˈnaːtorʲʊs]
corredor (m)	praėjìmas (v)	[praeːˈjɪmas]

106. Comboio

trem (m)	traukinỹs (v)	[traʊkʲɪ'nʲiːs]
trem (m) elétrico	elektrìnis traukinỹs (v)	[ɛlʲɛk'trʲɪnʲɪs traʊkʲɪ'nʲiːs]
trem (m)	greitàsis traukinỹs (v)	[grʲɛɪ'tasʲɪs traʊkʲɪ'nʲiːs]
locomotiva (f) diesel	motòrvežis (v)	[mo'torvʲɛʒʲɪs]
locomotiva (f) a vapor	garvežỹs (v)	[garvʲɛ'ʒʲiːs]

vagão (f) de passageiros	vagònas (v)	[va'gonas]
vagão-restaurante (m)	vagònas restorãnas (v)	[va'gonas rʲɛsto'raːnas]

carris (m pl)	bėgiai (v dgs)	['bʲeːgʲɛɪ]
estrada (f) de ferro	geležìnkelis (v)	[gʲɛlʲɛ'ʒʲɪŋkʲɛlʲɪs]
travessa (f)	pãbėgis (v)	['paːbʲeːgʲɪs]

plataforma (f)	platfòrma (m)	[plʲat'forma]
linha (f)	kėlias (v)	['kʲælʲæs]
semáforo (m)	semafòras (v)	[sʲɛma'foras]
estação (f)	stotìs (m)	[sto'tʲɪs]

maquinista (m)	mašinìstas (v)	[maʃɪ'nʲɪstas]
bagageiro (m)	nešìkas (v)	[nʲɛ'ʃʲɪkas]
hospedeiro, -a (m, f)	kondùktorius (v)	[kɔn'dʊktorʲʊs]
passageiro (m)	kelẽivis (v)	[kʲɛ'lʲɛɪvʲɪs]
revisor (m)	kontroliẽrius (v)	[kɔntro'lʲɛrʲʊs]

corredor (m)	korìdorius (v)	[kɔ'rʲɪdorʲʊs]
freio (m) de emergência	stãbdymo krãnas (v)	['staːbdʲiːmɔ 'kraːnas]

compartimento (m)	kupẽ (m)	[kʊ'pʲe]
cama (f)	lentýna (m)	[lʲɛn'tʲiːna]
cama (f) de cima	viršutìnė lentýna (m)	[vʲɪrʃʊ'tʲɪnʲe: lʲɛn'tʲiːna]
cama (f) de baixo	apatìnė lentýna (m)	[apa'tʲɪnʲe: lʲɛn'tʲiːna]
roupa (f) de cama	pãtalynė (m)	['paːtalʲiːnʲe:]

passagem (f)	bìlietas (v)	['bʲɪlʲiɛtas]
horário (m)	tvarkãraštis (v)	[tvar'ka:raʃtʲɪs]
painel (m) de informação	šviẽslentė (m)	['ʃvʲɛslʲɛntʲe:]

partir (vt)	išvỹkti	[ɪʃ'vʲiːktʲɪ]
partida (f)	išvykìmas (v)	[ɪʃvʲi:'kʲɪmas]
chegar (vi)	atvỹkti	[at'vʲiːktʲɪ]
chegada (f)	atvykìmas (v)	[atvʲi:'kʲɪmas]

chegar de trem	atvažiúoti tráukiniu	[atva'ʒʲʊatʲɪ 'traʊkʲɪnʲʊ]
pegar o trem	įlìpti į́ tráukinį	[iː'lʲɪːptʲɪ iː 'traʊkʲɪnʲɪː]
descer de trem	išlìpti iš tráukinio	[ɪʃ'lʲɪptʲɪ ɪʃ 'traʊkʲɪnʲɔ]

acidente (m) ferroviário	katastrofà (m)	[katastro'fa]
descarrilar (vi)	nulẽkti nuõ bėgių̃	[nʊ'lʲeːktʲɪ 'nʊa 'bʲeːgʲuː]

locomotiva (f) a vapor	garvežỹs (v)	[garvʲɛ'ʒʲiːs]
foguista (m)	kūrìkas (v)	[ku:'rʲɪkas]
fornalha (f)	kūryklà (m)	[ku:rʲi:k'lʲa]
carvão (m)	anglìs (m)	[ang'lʲɪs]

107. Barco

| navio (m) | laĩvas (v) | ['lˠʌɪvas] |
| embarcação (f) | laĩvas (v) | ['lˠʌɪvas] |

barco (m) a vapor	gárlaivis (v)	['garlʲʌɪvʲɪs]
barco (m) fluvial	motòrlaivis (v)	[mo'torlʲʌɪvʲɪs]
transatlântico (m)	láineris (v)	['lʌɪnʲɛrʲɪs]
cruzeiro (m)	kreĩseris (v)	['krʲɛɪsʲɛrʲɪs]

iate (m)	jachtà (m)	[jax'ta]
rebocador (m)	vilkìkas (v)	[vʲɪlʲˠkʲɪkas]
barcaça (f)	bárža (m)	['barʒa]
ferry (m)	kéltas (v)	['kʲɛlʲtas]

| veleiro (m) | burinis laĩvas (v) | ['buʳɪnʲɪs 'lˠʌɪvas] |
| bergantim (m) | brigantinà (m) | [brʲɪgantʲɪ'na] |

| quebra-gelo (m) | lēdlaužis (v) | ['lˠædlɑʊʒʲɪs] |
| submarino (m) | povandenìnis laĩvas (v) | [povandʲɛ'nʲɪnʲɪs 'lˠʌɪvas] |

bote, barco (m)	váltis (m)	['valʲtʲɪs]
baleeira (bote salva-vidas)	váltis (m)	['valʲtʲɪs]
bote (m) salva-vidas	gélbėjimo váltis (m)	['gʲælʲbʲe:jɪmɔ 'valʲtʲɪs]
lancha (f)	kãteris (v)	['ka:tʲɛrʲɪs]

capitão (m)	kapitõnas (v)	[kapʲɪ'to:nas]
marinheiro (m)	jūreĩvis (v)	[ju:'rʲɛɪvʲɪs]
marujo (m)	jū́rininkas (v)	['ju:rʲɪnʲɪŋkas]
tripulação (f)	ekipãžas (v)	[ɛkʲɪ'pa:ʒas]

contramestre (m)	bòcmanas (v)	['botsmanas]
grumete (m)	jùnga (m)	['junga]
cozinheiro (m) de bordo	viréjas (v)	[vʲɪ'rʲe:jas]
médico (m) de bordo	laĩvo gýdytojas (v)	['lˠʌɪvɔ 'gʲi:dʲi:to:jɛs]

convés (m)	dēnis (v)	['dʲænʲɪs]
mastro (m)	stíebas (v)	['stʲiɛbas]
vela (f)	bùrė (m)	['buʳe:]

porão (m)	triùmas (v)	['trʲumas]
proa (f)	laĩvo príekis (v)	['lˠʌɪvɔ 'prʲiɛkʲɪs]
popa (f)	laivàgalis (v)	[lʌɪ'va:galʲɪs]
remo (m)	ìrklas (v)	['ɪrklʲas]
hélice (f)	sráigtas (v)	['srʌɪktas]

cabine (m)	kajùtė (m)	[ka'jutʲe:]
sala (f) dos oficiais	kajutkompãnija (m)	[kajutkom'pa:nʲɪjɛ]
sala (f) das máquinas	mašìnų skỹrius (v)	[ma'ʃɪnu: 'skʲi:rʲus]
ponte (m) de comando	kapitóno tiltēlis (v)	[kapʲɪ'to:nɔ tʲɪlʲˠ'tʲælʲɪs]
sala (f) de comunicações	rãdijo kabinà (m)	['ra:dʲɪjɔ kabʲɪ'na]
onda (f)	bangà (m)	[ban'ga]
diário (m) de bordo	laĩvo žurnãlas (v)	['lˠʌɪvɔ ʒuʳna:lʲas]
luneta (f)	žiūrõnas (v)	[ʒʲu:'ro:nas]
sino (m)	laĩvo skaṁbalas (v)	['lˠʌɪvɔ 'skambalʲas]

bandeira (f)	vėliava (m)	['vʲe:lʲæva]
cabo (m)	lýnas (v)	['lʲi:nas]
nó (m)	mãzgas (v)	['ma:zgas]

corrimão (m)	turẽklai (v dgs)	[tʊ'rʲe:klʲʌɪ]
prancha (f) de embarque	trãpas (v)	['tra:pas]

âncora (f)	iñkaras (v)	['ɪŋkaras]
recolher a âncora	pakélti iñkarą	[pa'kʲɛlʲtʲɪ 'ɪŋkara:]
jogar a âncora	nuléisti iñkarą	[nʊ'lʲɛɪstʲɪ 'ɪŋkara:]
amarra (corrente de âncora)	iñkaro grandìnė (m)	['ɪŋkarɔ gran'dʲɪnʲe:]

porto (m)	úostas (v)	['ʊastas]
cais, amarradouro (m)	príeplauka (m)	['prʲiɛplʲaʊka]
atracar (vi)	prisišvartúoti	[prʲɪsʲɪʃvar'tʊatʲɪ]
desatracar (vi)	išplaūkti	[ɪʃplʲaʊktʲɪ]

viagem (f)	keliõnė (m)	[kʲɛ'lʲo:nʲe:]
cruzeiro (m)	kruīzas (v)	[krʊ'ɪzas]
rumo (m)	kùrsas (v)	['kʊrsas]
itinerário (m)	maršrùtas (v)	[marʃrʊtas]

canal (m) de navegação	farvãteris (v)	[far'va:tʲɛrʲɪs]
banco (m) de areia	seklumà (m)	[sʲɛklʲʊ'ma]
encalhar (vt)	užplaūkti añt seklumõs	[ʊʒ'plʲaʊktʲɪ ant sʲɛklʲʊ'mo:s]

tempestade (f)	audrà (m)	[aʊd'ra]
sinal (m)	signãlas (v)	[sʲɪg'na:lʲas]
afundar-se (vr)	skęsti	['skʲɛ:stʲɪ]
Homem ao mar!	Žmogùs vandenyjè!	[ʒmo'gʊs vandʲɛnʲi:'jæ!]
SOS	SOS	[ɛs ɔ ɛs]
boia (f) salva-vidas	gélbėjimosi rãtas (v)	[gʲɛlʲbʲe:jimosʲɪ 'ra:tas]

108. Aeroporto

aeroporto (m)	óro úostas (v)	['orɔ 'ʊastas]
avião (m)	lėktùvas (v)	[lʲe:k'tʊvas]
companhia (f) aérea	aviakompãnija (m)	[avʲækom'pa:nʲɪjɛ]
controlador (m) de tráfego aéreo	dispečeris (v)	[dʲɪs'pʲɛtʂʲɛrʲɪs]

partida (f)	išskridìmas (v)	[ɪʃskrʲɪ'dʲɪmas]
chegada (f)	atskridìmas (v)	[atskrʲɪ'dʲɪmas]
chegar (vi)	atskrìsti	[ats'krʲɪstʲɪ]

hora (f) de partida	išvykìmo laĩkas (v)	[ɪʃvʲi:'kʲɪmɔ 'lʲʌɪkas]
hora (f) de chegada	atvykìmo laĩkas (v)	[atvʲi:'kʲɪmɔ 'lʲʌɪkas]

estar atrasado	vėlúoti	[vʲe:'lʲʊatʲɪ]
atraso (m) de voo	skrýdžio atidėjìmas (v)	['skrʲi:dʒʲɔ atʲɪdʲe:'jɪmas]

painel (m) de informação	informãcinė šviēslentė (m)	[ɪnfor'ma:tsʲɪnʲe: 'ʃvʲɛslʲɛntʲe:]
informação (f)	informãcija (m)	[ɪnfor'ma:tsʲɪjɛ]
anunciar (vt)	paskélbti	[pas'kʲɛlʲptʲɪ]

voo (m)	reisas (v)	['rʲɛɪsas]
alfândega (f)	muitinė (m)	['muɪtʲɪnʲeː]
funcionário (m) da alfândega	muitininkas (v)	['muɪtʲɪnʲɪŋkas]
declaração (f) alfandegária	deklaracija (m)	[dʲɛklʲaˈraːtsʲɪjɛ]
preencher (vt)	užpildyti	[ʊʒ'pʲɪlʲdʲiːtʲɪ]
preencher a declaração	užpildyti deklaraciją	[ʊʒ'pʲɪlʲdʲiːtʲɪ dʲɛklaˈraːtsɪja:]
controle (m) de passaporte	pasų kontrolė (m)	[pa'su: kon'trolʲe:]
bagagem (f)	bagažas (v)	[baˈgaːʒas]
bagagem (f) de mão	rankinis bagažas (v)	['raŋkʲɪnʲɪs baˈgaːʒas]
carrinho (m)	vežimėlis (v)	[vʲɛʒʲɪ'mʲe:lʲɪs]
pouso (m)	įlaipinimas (v)	[i:lʲʌɪ'pʲɪ:nʲɪmas]
pista (f) de pouso	nusileidimo takas (v)	[nʊsʲɪlʲɛɪ'dʲɪmɔ taːkas]
aterrissar (vi)	leistis	['lʲɛɪstʲɪs]
escada (f) de avião	laipteliai (v dgs)	[lʌɪp'tʲælʲɛɪ]
check-in (m)	registracija (m)	[rʲɛgʲɪs'traːtsʲɪjɛ]
balcão (m) do check-in	registracijos stalas (v)	[rʲɛgʲɪs'traːtsʲɪjɔs 'sta:lʲas]
fazer o check-in	užsiregistruoti	[ʊʒsʲɪrʲɛgʲɪs'trʊɑtʲɪ]
cartão (m) de embarque	įlipimo talonas (v)	[i:lʲɪ'pʲɪ:mɔ ta'lonas]
portão (m) de embarque	išėjimas (v)	[ɪʃʲe:'jɪmas]
trânsito (m)	tranzitas (v)	[tran'zʲɪtas]
esperar (vi, vt)	laukti	['lʲɑʊktʲɪ]
sala (f) de espera	laukiamasis (v)	[lʲɑʊkʲæ'masʲɪs]
despedir-se (acompanhar)	lydėti	[lʲi:'dʲe:tʲɪ]
despedir-se (dizer adeus)	atsisveikinti	[atsʲɪ'svʲɛɪkʲɪntʲɪ]

Eventos

109. Férias. Evento

festa (f)	šveñtė (m)	['ʃventʲe:]
feriado (m) nacional	nacionãlinė šveñtė (m)	[natsʲɪjɔ'na:lʲɪnʲe: 'ʃventʲe:]
feriado (m)	šveñtės dienà (m)	['ʃventʲe:s dʲiɛ'na]
festejar (vt)	švę̃sti	['ʃvʲɛ:stʲɪ]

evento (festa, etc.)	įvykis (v)	['i:vʲɪ:kʲɪs]
evento (banquete, etc.)	renginỹs (v)	[rʲɛngʲɪ'nʲi:s]
banquete (m)	bankètas (v)	[baŋ'kʲɛtas]
recepção (f)	priėmìmas (v)	[prʲɪʲe:'mʲɪmas]
festim (m)	puotà (m)	[puɑ'ta]

aniversário (m)	mẽtinės (m dgs)	['mʲætʲɪnʲe:s]
jubileu (m)	jubiliẽjus (v)	[jʊbʲɪ'lʲɛjʊs]
celebrar (vt)	atšvę̃sti	[at'ʃvʲɛ:stʲɪ]

| Ano (m) Novo | Naujíeji mẽtai (v dgs) | [nɑʊ'jiɛjɪ 'mʲætʌɪ] |
| Feliz Ano Novo! | Sù Naujaĩsiais! | ['sʊ nɑʊ'jʌɪsʲɛɪs!] |

Natal (m)	Kalẽdos (m dgs)	[ka'lʲe:dos]
Feliz Natal!	Linksmų̃ Kalẽdų!	[lʲɪŋks'mu: ka'lʲe:du:!]
árvore (f) de Natal	Kalẽdinė eglùtė (m)	[ka'lʲe:dʲɪnʲe: eg'lʊtʲe:]
fogos (m pl) de artifício	saliùtas (v)	[sa'lʲʊtas]

casamento (m)	vestùvės (m dgs)	[vʲɛs'tʊvʲe:s]
noivo (m)	jaunìkis (v)	[jɛʊ'nʲɪkʲɪs]
noiva (f)	jaunóji (m)	[jɛʊ'no:jɪ]

| convidar (vt) | kviẽsti | ['kvʲɛstʲɪ] |
| convite (m) | kvietìmas (v) | [kvʲiɛ'tʲɪmas] |

convidado (m)	svẽčias (v)	['svʲætʂʲæs]
visitar (vt)	eĩti į̃ svečiùs	['ɛɪtʲɪ i: svʲɛ'tʂʲʊs]
receber os convidados	sutìkti svečiùs	[sʊ'tʲɪktʲɪ svʲɛ'tʂʲʊs]

presente (m)	dovanà (m)	[dova'na]
oferecer, dar (vt)	dovanóti	[dova'notʲɪ]
receber presentes	gáuti dóvanas	['gɑʊtʲɪ 'dovanas]
buquê (m) de flores	púokštė (m)	['puɑkʃtʲe:]

| felicitações (f pl) | sveĩkinimas (v) | ['svʲɛɪkʲɪnʲɪmas] |
| felicitar (vt) | sveĩkinti | ['svʲɛɪkʲɪntʲɪ] |

cartão (m) de parabéns	sveĩkinimo atvirùkas (v)	['svʲɛɪkʲɪnʲɪmɔ atvʲɪ'rʊkas]
enviar um cartão postal	išsių̃sti atvirùką	[ɪʃ'sʲʊ:stʲɪ atvʲɪ'rʊka:]
receber um cartão postal	gáuti atvirùką	['gɑʊtʲɪ atvʲɪ'rʊka:]
brinde (m)	tòstas (v)	['tostas]

| oferecer (vt) | vaišìnti | [vʌɪˈʃɪntʲɪ] |
| champanhe (m) | šampãnas (v) | [ʃamˈpaːnas] |

divertir-se (vr)	lìnksmintis	[ˈlʲɪŋksmʲɪntʲɪs]
diversão (f)	linksmýbė (m)	[lʲɪŋksˈmʲiːbʲe:]
alegria (f)	džiaũgsmas (v)	[ˈdʒʲɛʊgsmas]

| dança (f) | šõkis (v) | [ˈʃoːkʲɪs] |
| dançar (vi) | šókti | [ˈʃoktʲɪ] |

| valsa (f) | válsas (v) | [ˈvalʲsas] |
| tango (m) | tángo (v) | [ˈtangɔ] |

110. Funerais. Enterro

cemitério (m)	kãpinės (m dgs)	[ˈkaːpʲɪnʲe:s]
sepultura (f), túmulo (m)	kãpas (v)	[ˈkaːpas]
cruz (f)	krỹžius (v)	[ˈkrʲiːʒʲʊs]
lápide (f)	añtkapis (v)	[ˈantkapʲɪs]
cerca (f)	ãptvaras (v)	[ˈaːptvaras]
capela (f)	koplyčià (m)	[kɔplʲiːˈtʂʲæ]

morte (f)	mirtìs (m)	[mʲɪrˈtʲɪs]
morrer (vi)	mírti	[ˈmʲɪrtʲɪ]
defunto (m)	veliónis (v)	[vʲɛˈlʲonʲɪs]
luto (m)	gẽdulas (v)	[ˈgʲædʊlʲas]

enterrar, sepultar (vt)	láidoti	[ˈlʲʌɪdotʲɪ]
funerária (f)	láidojimo biùras (v)	[ˈlʲʌɪdojɪmɔ ˈbʲʊras]
funeral (m)	láidotuvės (m dgs)	[ˈlʲʌɪdotʊvʲe:s]

coroa (f) de flores	vainìkas (v)	[vʌɪˈnʲɪkas]
caixão (m)	ka̅rstas (v)	[ˈkarstas]
carro (m) funerário	katafálkas (v)	[kataˈfalʲkas]
mortalha (f)	lavõndengtė (m)	[lʲaˈvo:ndeŋktʲe:]

procissão (f) funerária	gẽdulo procèsija (m)	[ˈgʲædʊlʲɔ proˈtsʲɛsʲɪjɛ]
urna (f) funerária	ùrna (m)	[ˈʊrna]
crematório (m)	krematòriumas (v)	[krʲɛmaˈtorʲumas]

obituário (m), necrologia (f)	nekrològas (v)	[nʲɛkroˈlʲogas]
chorar (vi)	ve̅rkti	[ˈvʲɛrktʲɪ]
soluçar (vi)	raudóti	[rɑʊˈdotʲɪ]

111. Guerra. Soldados

pelotão (m)	bū̃rỹs (v)	[buˈrʲi:s]
companhia (f)	kúopa (m)	[ˈkʊɑpa]
regimento (m)	pulkas (v)	[ˈpʊlʲkas]
exército (m)	ármija (m)	[ˈarmʲɪjɛ]
divisão (f)	divìzija (m)	[dʲɪˈvʲɪzʲɪjɛ]
esquadrão (m)	bū̃rỹs (v)	[buˈrʲi:s]

hoste (f)	kariúomenė (m)	[ka'rʲʊɑmenʲe:]
soldado (m)	kareĩvis (v)	[ka'rʲɛɪvʲɪs]
oficial (m)	karininkas (v)	[karʲɪ'nʲɪŋkas]

soldado (m) raso	eilĩnis (v)	[ɛɪ'lʲɪnʲɪs]
sargento (m)	seržántas (v)	[sʲɛr'ʒantas]
tenente (m)	leitenántas (v)	[lʲɛɪtʲɛ'nantas]
capitão (m)	kapitõnas (v)	[kapʲɪ'to:nas]
major (m)	majõras (v)	[ma'jɔ:ras]
coronel (m)	pulkininkas (v)	['pʊlʲkʲɪnʲɪŋkas]
general (m)	generõlas (v)	[gʲɛnʲɛ'ro:lʲas]

marujo (m)	jũrininkas (v)	['ju:rʲɪnʲɪŋkas]
capitão (m)	kapitõnas (v)	[kapʲɪ'to:nas]
contramestre (m)	bòcmanas (v)	['botsmanas]

artilheiro (m)	artilerìstas (v)	[artʲɪlʲɛ'rʲɪstas]
soldado (m) paraquedista	desántininkas (v)	[dʲɛ'santʲɪnʲɪŋkas]
piloto (m)	lakũnas (v)	[lʲa'ku:nas]
navegador (m)	štùrmanas (v)	['ʃtʊrmanas]
mecânico (m)	mechãnikas (v)	[mʲɛ'xa:nʲɪkas]

sapador-mineiro (m)	pioniẽrius (v)	[pʲɪjo'nʲɛrʲʊs]
paraquedista (m)	parašiùtininkas (v)	[para'ʃʊtʲɪnʲɪŋkas]
explorador (m)	žvalgas (v)	['ʒvalʲgas]
atirador (m) de tocaia	snáiperis (v)	['snʌɪpʲɛrʲɪs]

patrulha (f)	patrùlis (v)	[pat'rʊlʲɪs]
patrulhar (vt)	patruliúoti	[patrʊ'lʲʊatʲɪ]
sentinela (f)	sargýbinis (v)	[sar'gʲi:bʲɪnʲɪs]

guerreiro (m)	karỹs (v)	[ka'rʲi:s]
patriota (m)	patriòtas (v)	[patrʲɪ'jotas]
herói (m)	dìdvyris (v)	['dʲɪdvʲi:rʲɪs]
heroína (f)	dìdvyrė (m)	['dʲɪdvʲi:rʲe:]

traidor (m)	išdavìkas (v)	[ɪʃda'vʲɪkas]
trair (vt)	išdúoti	[ɪʃ'dʊatʲɪ]
desertor (m)	dezertỹras (v)	[dʲɛzʲɛr'tʲi:ras]
desertar (vt)	dezertyrúoti	[dʲɛzʲɛrtʲi:'rʊatʲɪ]

mercenário (m)	samdinỹs (v)	[samdʲɪ'nʲi:s]
recruta (m)	naujõkas (v)	[nɑʊ'jɔ:kas]
voluntário (m)	savanõris (v)	[sava'no:rʲɪs]

morto (m)	nužudýtasis (v)	[nʊʒʊ'dʲi:tasʲɪs]
ferido (m)	sužeistàsis (v)	[sʊʒʲɛɪ'stasʲɪs]
prisioneiro (m) de guerra	belaĩsvis (v)	[bʲɛ'lʲʌɪsvʲɪs]

112. Guerra. Ações militares. Parte 1

guerra (f)	kãras (v)	['ka:ras]
guerrear (vt)	kariáuti	[ka'rʲæʊtʲɪ]
guerra (f) civil	piliẽtinis kãras (v)	[pʲɪ'lʲɛtʲɪnʲɪs 'ka:ras]

perfidamente	klastìngai	[klʲas'tʲɪŋgʌɪ]
declaração (f) de guerra	paskelbìmas (v)	[paskʲɛlʲ'bʲɪmas]
declarar guerra	paskélbti	[pas'kʲɛlʲptʲɪ]
agressão (f)	agrèsija (m)	[ag'rʲɛsʲɪjɛ]
atacar (vt)	pùlti	['pʊlʲtʲɪ]

invadir (vt)	užgróbti	[ʊʒ'groptʲɪ]
invasor (m)	užgrobìkas (v)	[ʊʒgro'bʲɪkas]
conquistador (m)	užkariáutojas (v)	[ʊʒka'rʲæʊto:jɛs]

defesa (f)	gynýba (m)	[gʲi:'nʲi:ba]
defender (vt)	gìnti	['gʲɪntʲɪ]
defender-se (vr)	gìntis	['gʲɪntʲɪs]

inimigo (m)	príešas (v)	['prʲiɛʃas]
adversário (m)	príešininkas (v)	['prʲiɛʃɪnʲɪŋkas]
inimigo (adj)	príešo	['prʲiɛʃo]

| estratégia (f) | stratègija (m) | [stra'tʲɛgʲɪjɛ] |
| tática (f) | tãktika (m) | ['ta:ktʲɪka] |

ordem (f)	įsãkymas (v)	[i:'sa:kʲɪ:mas]
comando (m)	kománda (m)	[kɔ'manda]
ordenar (vt)	įsakýti	[i:sa'kʲi:tʲɪ]
missão (f)	užduotìs (m)	[ʊʒdʊɑ'tʲɪs]
secreto (adj)	slãptas	['slʲa:ptas]

| batalha (f) | mũšis (v) | ['mu:ʃɪs] |
| combate (m) | kautýnės (m dgs) | [kɑʊ'tʲi:nʲe:s] |

ataque (m)	atakà (m)	[ata'ka]
assalto (m)	štũrmas (v)	['ʃtʊrmas]
assaltar (vt)	šturmúoti	[ʃtʊr'mʊɑtʲɪ]
assédio, sítio (m)	apgulà (m)	[apgʊ'lʲa]

| ofensiva (f) | puolìmas (v) | [pʊɑ'lʲɪmas] |
| tomar à ofensiva | pùlti | ['pʊlʲtʲɪ] |

| retirada (f) | atsitraukìmas (v) | [atsʲɪtrɑʊ'kʲɪmas] |
| retirar-se (vr) | atsitráukti | [atsʲɪ'trɑʊktʲɪ] |

| cerco (m) | apsupìmas (v) | [apsʊ'pʲɪmas] |
| cercar (vt) | apsùpti | [ap'sʊptʲɪ] |

bombardeio (m)	bombardãvimas (v)	[bombar'da:vʲɪmas]
lançar uma bomba	numèsti bòmbą	[nʊ'mʲɛstʲɪ 'bomba:]
bombardear (vt)	bombardúoti	[bombar'dʊɑtʲɪ]
explosão (f)	sprogìmas (v)	[spro'gʲɪmas]

tiro (m)	šũvis (v)	['ʃu:vʲɪs]
dar um tiro	iššáuti	[ɪʃ'ʃɑʊtʲɪ]
tiroteio (m)	šáudymas (v)	['ʃɑʊdʲi:mas]

apontar para ...	táikytis į̃ ...	['tʌɪkʲi:tʲɪs i: ..]
apontar (vt)	nutáikyti	[nʊ'tʌɪkʲi:tʲɪ]
acertar (vt)	patáikyti	[pa'tʌɪkʲi:tʲɪ]

afundar (~ um navio, etc.)	paskandinti	[paskan'dʲɪntʲɪ]
brecha (f)	pradauža (m)	[pradɑʊ'ʒa]
afundar-se (vr)	grimzti į dugną	['grʲɪmztʲɪ iː 'dʊgna:]

frente (m)	frontas (v)	['frontas]
evacuação (f)	evakuācija (m)	[ɛvakʊ'a:tsʲɪjɛ]
evacuar (vt)	evakúoti	[ɛva'kʊatʲɪ]

arame (m) enfarpado	spygliúotoji vielà (m)	[spʲiːg'lʲʊatojɪ vʲiɛ'la]
barreira (f) anti-tanque	užtvara (m)	['ʊʒtvara]
torre (f) de vigia	bókštas (v)	['bokʃtas]

hospital (m) militar	kãro ligóninė (m)	['ka:rɔ lʲɪ'gonʲɪnʲe:]
ferir (vt)	sužeìsti	[sʊ'ʒʲɛɪstʲɪ]
ferida (f)	žaizdà (m)	[ʒʌɪz'da]
ferido (m)	sužeistàsis (v)	[sʊʒʲɛɪ'stasʲɪs]
ficar ferido	bū̃ti sužeistám	['buːtʲɪ sʊʒʲɛɪs'tam]
grave (ferida ~)	sunkùs	[sʊŋ'kʊs]

113. Guerra. Ações militares. Parte 2

cativeiro (m)	neláisvė (m)	[nʲɛ'lʲʌɪsvʲe:]
capturar (vt)	paimti į neláisvę	['pʌɪmtʲɪ iː nʲɛ'lʲʌɪsvʲɛː]
estar em cativeiro	bū̃ti neláisvėje	['buːtʲɪ ne'lʲʌɪsvʲe:je]
ser aprisionado	patèkti į neláisvę	[pa'tʲɛktʲɪ iː nʲɛ'lʲʌɪsvʲɛː]

campo (m) de concentração	koncentrācijos stovyklà (m)	[kontsʲɛn'tra:tsɪjos stovʲi:k'lʲa]
prisioneiro (m) de guerra	belaĩsvis (v)	[bʲɛ'lʲʌɪsvʲɪs]
escapar (vi)	bėgti ìš neláisvės	['bʲe:ktʲɪ ɪʃ ne'lʲʌɪsvʲe:s]

trair (vt)	išdúoti	[ɪʃ'dʊatʲɪ]
traidor (m)	išdavìkas (v)	[ɪʃda'vʲɪkas]
traição (f)	išdavỹstė (m)	[ɪʃda'vʲiːstʲe:]

fuzilar, executar (vt)	sušáudyti	[sʊ'ʃɑʊdʲiːtʲɪ]
fuzilamento (m)	sušáudymas (v)	[sʊ'ʃɑʊdʲiːmas]

equipamento (m)	prangà (m)	[apran'ga]
insígnia (f) de ombro	añtpetis (v)	['antpʲɛtʲɪs]
máscara (f) de gás	dujókaukė (m)	[dʊ'jokɑʊkʲe:]

rádio (m)	rãdijo stotė̃lė (m)	['ra:dʲɪjo sto'tʲælʲe:]
cifra (f), código (m)	šìfras (v)	['ʃɪfras]
conspiração (f)	konspirācija (m)	[konspʲɪ'ra:tsʲɪjɛ]
senha (f)	slaptãžodis (v)	[slʲap'ta:ʒodʲɪs]

mina (f)	minà (m)	[mʲɪ'na]
minar (vt)	užminúoti	[ʊʒmʲɪ'nʊatʲɪ]
campo (m) minado	mìnų laũkas (v)	['mʲɪnu: 'lʲɑʊkas]

alarme (m) aéreo	óro pavõjus (v)	['orɔ pa'voːjʊs]
alarme (m)	aliármas (v)	[a'lʲæ:rmas]
sinal (m)	signãlas (v)	[sʲɪg'na:lʲas]
sinalizador (m)	signãlinė raketà (m)	[sʲɪg'na:lʲɪnʲe: rake'ta]

quartel-general (m)	štãbas (v)	['ʃta:bas]
reconhecimento (m)	žvalgýba (m)	[ʒvalʲ'gʲi:ba]
situação (f)	padėtìs (m)	[padʲe:'tʲɪs]
relatório (m)	rãportas (v)	['ra:portas]
emboscada (f)	pasalà (m)	[pasa'lʲa]
reforço (m)	pastìprinimas (v)	[pas'tʲɪprʲɪnʲɪmas]

alvo (m)	taikinỹs (v)	[tʌɪkʲɪ'nʲi:s]
campo (m) de tiro	poligònas (v)	[polʲɪ'gonas]
manobras (f pl)	karìniai mókymai (v dgs)	[ka'rʲɪnʲɛɪ 'mokʲi:mʌɪ]

pânico (m)	pãnika (m)	['pa:nʲɪka]
devastação (f)	suirùtė (m)	[suɪ'rʊtʲe:]
ruínas (f pl)	griovìmai (m)	[grʲo'vʲɪmas]
destruir (vt)	griáuti	['grʲæʊtʲɪ]

sobreviver (vi)	išgyvénti	[ɪʃgʲi:'vʲɛntʲɪ]
desarmar (vt)	nuginklúoti	[nʊgʲɪŋ'klʲʊatʲɪ]
manusear (vt)	naudótis	[nɑʊ'dotʲɪs]

| Sentido! | Ramiaĩ! | [ra'mʲɛɪ!] |
| Descansar! | Laisvaĩ! | [lʲʌɪs'vʌɪ!] |

façanha (f)	žỹgdarbis (v)	['ʒʲi:gdarbʲɪs]
juramento (m)	príesaika (m)	['prʲiɛsʌɪka]
jurar (vi)	prisíekti	[prʲɪ'sʲiɛktʲɪ]

condecoração (f)	apdovanójimas (v)	[apdova'no:jɪmas]
condecorar (vt)	apdovanóti	[apdova'notʲɪ]
medalha (f)	medãlis (v)	[mʲɛ'da:lʲɪs]
ordem (f)	òrdinas (v)	['ordʲɪnas]

vitória (f)	pérgalė (m)	['pʲɛrgalʲe:]
derrota (f)	pralaimėjimas (v)	[pralʲʌɪ'mʲɛjɪmas]
armistício (m)	paliáubos (m dgs)	[pa'lʲæʊbos]

bandeira (f)	vėliava (m)	['vʲe:lʲæva]
glória (f)	šlovė̃ (m)	[ʃlʲo'vʲe:]
parada (f)	parãdas (v)	[pa'ra:das]
marchar (vi)	žygiúoti	[ʒʲi:'gʲʊatʲɪ]

114. Armas

arma (f)	giñklas (v)	['gʲɪŋklʲas]
arma (f) de fogo	šaunamàsis giñklas (v)	[ʃɑʊna'masʲɪs 'gʲɪŋklʲas]
arma (f) branca	šaltàsis giñklas (v)	[ʃalʲ'tasʲɪs 'gʲɪŋklʲas]

arma (f) química	chèminis giñklas (v)	['xʲɛmʲɪnʲɪs 'gʲɪŋklʲas]
nuclear (adj)	branduolìnis	[brandʊa'lʲɪnʲɪs]
arma (f) nuclear	branduolìnis giñklas (v)	[brandʊa'lʲɪnʲɪs 'gʲɪŋklas]

bomba (f)	bòmba (m)	['bomba]
bomba (f) atômica	atòminė bòmba (m)	[a'tomʲɪnʲe: 'bomba]
pistola (f)	pistolètas (v)	[pʲɪsto'lʲɛtas]

rifle (m)	šáutuvas (v)	['ʃɑutʊvas]
semi-automática (f)	automãtas (v)	[ɑuto'ma:tas]
metralhadora (f)	kulkósvaidis (v)	[kʊlʲ'kosvʌɪdʲɪs]
boca (f)	žiótys (m dgs)	['ʒʲotʲi:s]
cano (m)	vamzdis (v)	['vamzdʲɪs]
calibre (m)	kalìbras (v)	[ka'lʲɪbras]
gatilho (m)	gaidùkas (v)	[gʌɪ'dʊkas]
mira (f)	taikìklis (v)	[tʌɪ'kʲɪklʲɪs]
carregador (m)	détuvě (m)	[dʲe:tʊ'vʲe:]
coronha (f)	búožě (m)	['bʊɑʒʲe:]
granada (f) de mão	granatà (m)	[grana'ta]
explosivo (m)	sprogmuõ (v)	['sprogmʊɑ]
bala (f)	kulkà (m)	[kʊlʲ'ka]
cartucho (m)	patrònas (v)	[pat'ronas]
carga (f)	šovinỹs (v)	[ʃovʲɪ'nʲi:s]
munições (f pl)	šáudmenys (v dgs)	['ʃɑudmʲɛnʲi:s]
bombardeiro (m)	bombónešis (v)	[bom'bonʲɛʃɪs]
avião (m) de caça	naikintùvas (v)	[nʌɪkʲɪn'tʊvas]
helicóptero (m)	sraigtàsparnis (v)	[srʌɪk'ta:sparnʲɪs]
canhão (m) antiaéreo	zenìtinis pabŭklas (v)	[zʲɛ'nʲɪ:tʲɪnʲɪs i:rʲɛngʲɪ'nʲɪ:s]
tanque (m)	tánkas (v)	['taŋkas]
canhão (de um tanque)	patránka (m)	[pat'raŋka]
artilharia (f)	artilèrija (m)	[artʲɪ'lʲɛrʲɪjɛ]
fazer a pontaria	nutáikyti	[nʊ'tʌɪkʲi:tʲɪ]
projétil (m)	sviedinỹs (v)	[svʲɪɛdʲɪ'nʲi:s]
granada (f) de morteiro	minà (m)	[mʲɪ'na]
morteiro (m)	minósvaidis (v)	[mʲɪ'nosvʌɪdʲɪs]
estilhaço (m)	skevéldra (m)	[skʲɛ'vʲɛlʲdra]
submarino (m)	povandenìnis laĩvas (v)	[povandʲɛ'nʲɪnʲɪs 'lʲʌɪvas]
torpedo (m)	torpedà (m)	[torpʲɛ'da]
míssil (m)	raketà (m)	[rakʲɛ'ta]
carregar (uma arma)	užtaisýti	[ʊʒtʌɪ'sʲi:tʲɪ]
disparar, atirar (vi)	šáuti	['ʃɑutʲɪ]
apontar para ...	táikytis į̃ ...	['tʌɪkʲi:tʲɪs i: ..]
baioneta (f)	dùrtuvas (v)	['dʊrtʊvas]
espada (f)	špagà (m)	[ʃpa'ga]
sabre (m)	kárdas (v)	['kardas]
lança (f)	íetis (m)	['rʲɛtʲɪs]
arco (m)	lañkas (v)	['lʲaŋkas]
flecha (f)	strělě (m)	[strʲe:'lʲe:]
mosquete (m)	muškietà (m)	[mʊʃkʲɪɛ'ta]
besta (f)	arbalètas (v)	[arba'lʲɛtas]

115. Povos da antiguidade

primitivo (adj)	pirmýkštis	[pʲɪr'mʲiːkʃtʲɪs]
pré-histórico (adj)	priešistòrinis	[prʲieʃɪ'storʲɪnʲɪs]
antigo (adj)	senóvinis	[sʲɛ'novʲɪnʲɪs]
Idade (f) da Pedra	Akmeñs ámžius (v)	[ak'mʲɛns 'amʒʲʊs]
Idade (f) do Bronze	Žálvario ámžius (v)	['ʒalʲvarɔ 'amʒʲʊs]
Era (f) do Gelo	ledýnmetis (v)	[lʲɛ'dʲiːnmʲɛtʲɪs]
tribo (f)	gentìs (m)	[gʲɛn'tʲɪs]
canibal (m)	žmogédra (m)	[ʒmo'gʲeːdra]
caçador (m)	medžiótojas (v)	[mʲɛ'dʒʲoto:jɛs]
caçar (vi)	medžióti	[mʲɛ'dʒʲotʲɪ]
mamute (m)	mamùtas (v)	[ma'mʊtas]
caverna (f)	ùrvas (v)	['ʊrvas]
fogo (m)	ugnìs (v)	[ʊg'nʲɪs]
fogueira (f)	laužas (v)	['lʲɑʊʒas]
pintura (f) rupestre	piešinỹs añt olõs síenos (v)	[pʲieʃɪ'nʲiːs ant o'lʲoːs 'sʲiɛnos]
ferramenta (f)	dárbo įrankis (v)	['darbɔ 'iːraŋkɪs]
lança (f)	íetis (m)	['ɪɛtʲɪs]
machado (m) de pedra	akmenìnis kírvis (v)	[akmʲɛ'nʲɪnʲɪs 'kʲɪrvʲɪs]
guerrear (vt)	kariáuti	[ka'rʲæʊtʲɪ]
domesticar (vt)	prijaukìnti	[prʲɪjɛʊ'kʲɪntʲɪ]
ídolo (m)	stãbas (v)	['staːbas]
adorar, venerar (vt)	gárbinti	['garbʲɪntʲɪ]
superstição (f)	príetaras (v)	['prʲiɛtaras]
evolução (f)	evoliùcija (m)	[ɛvo'lʲʊtsʲɪjɛ]
desenvolvimento (m)	vỹstymasis (v)	['vʲiːstʲiːmasʲɪs]
extinção (f)	išnykìmas (v)	[ɪʃnʲiːˈkʲɪmas]
adaptar-se (vr)	prisitáikyti	[prʲɪsʲɪ'tʌɪkʲiːtʲɪ]
arqueologia (f)	archeologìja (m)	[arxʲeo'lʲogʲɪjɛ]
arqueólogo (m)	archeologas (v)	[arxʲeo'lʲogas]
arqueológico (adj)	archeologìnis	[arxʲeo'lʲogʲɪnʲɪs]
escavação (sítio)	kasinéjimai (m dgs)	[kasʲɪ'nʲɛjɪmʌɪ]
escavações (f pl)	kasinéjimai (m dgs)	[kasʲɪ'nʲɛjɪmʌɪ]
achado (m)	radinỹs (v)	[radʲɪ'nʲiːs]
fragmento (m)	fragmeñtas (v)	[frag'mʲɛntas]

116. Idade média

povo (m)	tautà (m)	[tɑʊ'ta]
povos (m pl)	tautõs (m dgs)	[tɑʊ'toːs]
tribo (f)	gentìs (m)	[gʲɛn'tʲɪs]
tribos (f pl)	geñtys (m dgs)	['gʲɛntʲiːs]
bárbaros (pl)	bárbarai (v dgs)	['barbarʌɪ]
galeses (pl)	gãlai (v dgs)	['ga:lʲʌɪ]

godos (pl)	gòtai (v dgs)	['gotʌɪ]
eslavos (pl)	slãvai (m dgs)	['slʲaːvʌɪ]
viquingues (pl)	vìkingai (v)	['vʲɪkʲɪngʌɪ]

romanos (pl)	roménas (v)	[ro'mʲeːnas]
romano (adj)	roméniškas	[ro'mʲeːnʲɪʃkas]

bizantinos (pl)	bizantiẽčiai (v dgs)	[bʲɪzan'tʲɛtʂʲɛɪ]
Bizâncio	Bizántija (m)	[bʲɪ'zantʲɪjɛ]
bizantino (adj)	bizántiškas	[bʲɪ'zantʲɪʃkas]

imperador (m)	imperãtorius (v)	[ɪmpʲɛ'raːtorʲʊs]
líder (m)	vãdas (v)	['vaːdas]
poderoso (adj)	galìngas	[ga'lʲɪngas]
rei (m)	karãlius (v)	[ka'raːlʲʊs]
governante (m)	valdõvas (v)	[valʲ'doːvas]

cavaleiro (m)	rìteris (v)	['rʲɪtʲɛrʲɪs]
senhor feudal (m)	feodãlas (v)	[fʲɛo'daːlʲas]
feudal (adj)	feodãlinis	[fʲɛo'daːlʲɪnʲɪs]
vassalo (m)	vasãlas (v)	[va'saːlʲas]

duque (m)	hèrcogas (v)	['ɣʲɛrtsogas]
conde (m)	grãfas (v)	['graːfas]
barão (m)	barõnas (v)	[ba'roːnas]
bispo (m)	výskupas (v)	['vʲiːskʊpas]

armadura (f)	šarvuõtė (m)	[ʃar'vʊɑtʲeː]
escudo (m)	skýdas (v)	['skʲiːdas]
espada (f)	kárdas (v)	['kardas]
viseira (f)	añtveidis (v)	['antvʲɛɪdʲɪs]
cota (f) de malha	šarvìniai marškiniaì (v dgs)	[ʃar'vʲɪnʲɛɪ marʃkʲɪ'nʲɛɪ]

cruzada (f)	krýžiaus žýgis (v)	['krʲiːʒʲɛʊs 'ʒʲiːgʲɪs]
cruzado (m)	kryžiuõtis (v)	[krʲiːʒʲʊ'oːtʲɪs]

território (m)	teritòrija (m)	[tʲɛrʲɪ'torʲɪjɛ]
atacar (vt)	pùlti	['pʊlʲtʲɪ]
conquistar (vt)	užkariáuti	[ʊʒka'rʲæʊtʲɪ]
ocupar, invadir (vt)	užgróbti	[ʊʒ'groptʲɪ]

assédio, sítio (m)	apgulà (m)	[apgʊ'lʲa]
sitiado (adj)	àpgultas	['apgʊlʲtas]
assediar, sitiar (vt)	apgùlti	[ap'gʊlʲtʲɪ]

inquisição (f)	inkvizìcija (m)	[ɪŋkvʲɪ'zʲɪtsʲɪjɛ]
inquisidor (m)	inkvizìtorius (v)	[ɪŋkvʲɪ'zʲɪtorʲʊs]
tortura (f)	kankìnimas (v)	[kaŋ'kʲɪnʲɪmas]
cruel (adj)	žiaurùs	[ʒʲɛʊ'rʊs]
herege (m)	erètikas (v)	[ɛ'rʲɛtʲɪkas]
heresia (f)	erèzija (m)	[ɛ'rʲɛzʲɪjɛ]

navegação (f) marítima	navigãcija (m)	[navʲɪ'gaːtsʲɪjɛ]
pirata (m)	pirãtas (v)	[pʲɪ'raːtas]
pirataria (f)	piratãvimas (v)	[pʲɪra'taːvʲɪmas]
abordagem (f)	abordažas (v)	[abor'daʒas]

presa (f), butim (m)	grõbis (v)	['gro:bʲɪs]
tesouros (m pl)	lõbis (v)	['lʲo:bʲɪs]

descobrimento (m)	atradìmas (v)	[atra'dʲɪmas]
descobrir (novas terras)	atràsti	[at'rastʲɪ]
expedição (f)	ekspedìcija (m)	[ɛkspʲɛ'dʲɪtsʲɪjɛ]

mosqueteiro (m)	muškiẽtininkas (v)	[muʃkʲɛtʲɪnʲɪŋkas]
cardeal (m)	kardinõlas (v)	[kardʲɪ'no:lʲas]
heráldica (f)	heráldika (m)	[ɣʲɛ'ralʲdʲɪka]
heráldico (adj)	heráldikos	[ɣʲɛ'ralʲdʲɪkos]

117. Líder. Chefe. Autoridades

rei (m)	karãlius (v)	[ka'ra:lʲʊs]
rainha (f)	karalíenė (m)	[kara'lʲiɛnʲe:]
real (adj)	karãliškas	[ka'ra:lʲɪʃkas]
reino (m)	karalỹstė (m)	[kara'lʲi:stʲe:]

príncipe (m)	prìncas (v)	['prʲɪntsas]
princesa (f)	princèsė (m)	[prʲɪn'tsʲɛsʲe:]

presidente (m)	prezideñtas (v)	[prʲɛzʲɪ'dʲɛntas]
vice-presidente (m)	viceprezideñtas (v)	[vʲɪtsʲɛprʲɛzʲɪ'dʲɛntas]
senador (m)	senãtorius (v)	[sʲɛ'na:torʲʊs]

monarca (m)	monárchas (v)	[mo'narxas]
governante (m)	valdõvas (v)	[valʲ'do:vas]
ditador (m)	diktãtorius (v)	[dʲɪk'ta:torʲʊs]
tirano (m)	tirõnas (v)	[tʲɪ'ro:nas]
magnata (m)	magnãtas (v)	[mag'na:tas]

diretor (m)	dirèktorius (v)	[dʲɪ'rʲɛktorʲʊs]
chefe (m)	šèfas (v)	['ʃɛfas]
gerente (m)	valdýtojas (v)	[valʲ'dʲi:to:jɛs]
patrão (m)	bõsas (v)	['bo:sas]
dono (m)	savinin̄kas (v)	[savʲɪ'nʲɪŋkas]

líder (m)	vãdas (v)	['va:das]
chefe (m)	vadõvas (v)	[va'do:vas]
autoridades (f pl)	valdžiõs òrganai (v dgs)	[valʲ'dʒʲo:s 'organʌɪ]
superiores (m pl)	vadovýbė (m)	[vado'vʲi:bʲe:]

governador (m)	gubernãtorius (v)	[gʊbʲɛr'na:torʲʊs]
cônsul (m)	kònsulas (v)	['konsʊlʲas]
diplomata (m)	diplomãtas (v)	[dʲɪplʲo'ma:tas]

Presidente (m) da Câmara	mèras (v)	['mʲɛras]
xerife (m)	šerìfas (v)	[ʃɛrʲɪfas]

imperador (m)	imperãtorius (v)	[ɪmpʲɛ'ra:torʲʊs]
czar (m)	cãras (v)	['tsa:ras]
faraó (m)	faraònas (v)	[fara'onas]
cã, khan (m)	chãnas (v)	['xa:nas]

118. Violação da lei. Criminosos. Parte 1

bandido (m)	bandìtas (v)	[ban'dʲɪtas]
crime (m)	nusikaltìmas (v)	[nʊsʲɪkalʲ'tʲɪmas]
criminoso (m)	nusikaĺtėlis (v)	[nʊsʲɪ'kaltʲe:lʲɪs]
ladrão (m)	vagìs (v)	[va'gʲɪs]
roubar (vt)	võgti	['vo:ktʲɪ]
furto, roubo (m)	vagỹstė (m)	[va'gʲi:stʲe:]
raptar, sequestrar (vt)	pagróbti	[pag'roptʲɪ]
sequestro (m)	pagrobéjas (v)	[pagro'bʲe:jas]
sequestrador (m)	pagrobìmas (v)	[pagro'bʲɪmas]
resgate (m)	ìšpirka (m)	['ɪʃpʲɪrka]
pedir resgate	reikaláuti ìšpirkos	[rʲɛɪka'lʲaʊtʲɪ 'ɪʃpʲɪrkos]
roubar (vt)	plėšikáuti	[plʲe:ʃʲɪ'kaʊtʲɪ]
assalto, roubo (m)	apiplėšimas (v)	[apʲɪ'plʲe:ʃɪmas]
assaltante (m)	plėšìkas (v)	[plʲe:'ʃɪkas]
extorquir (vt)	prievartáuti	[prʲiɛvar'taʊtʲɪ]
extorsionário (m)	prievartáutojas (v)	[prʲiɛvar'taʊto:jɛs]
extorsão (f)	prievartãvimas (v)	[prʲiɛvar'ta:vʲɪmas]
matar, assassinar (vt)	nužudýti	[nʊʒʊ'dʲi:tʲɪ]
homicídio (m)	nužudymas (v)	[nʊ'ʒʊdʲi:mas]
homicida, assassino (m)	žudìkas (v)	[ʒʊ'dʲɪkas]
tiro (m)	šū̃vis (v)	['ʃu:vʲɪs]
dar um tiro	iššáuti	[ɪʃʃaʊtʲɪ]
matar a tiro	nušáuti	[nʊ'ʃaʊtʲɪ]
disparar, atirar (vi)	šáudyti	['ʃaʊdʲi:tʲɪ]
tiroteio (m)	šáudymas (v)	['ʃaʊdʲi:mas]
incidente (m)	ívykis (v)	['i:vʲɪkʲɪs]
briga (~ de rua)	muštýnės (m dgs)	[mʊʃ'tʲi:nʲe:s]
Socorro!	Gélbėkit!	['gʲɛlʲbʲe:kʲɪt!]
vítima (f)	auka̍ (m)	[aʊ'ka]
danificar (vt)	sugadìnti	[sʊga'dʲɪntʲɪ]
dano (m)	núostolis (v)	['nʊastolʲɪs]
cadáver (m)	lavónas (v)	[lʲa'vonas]
grave (adj)	sunkùs	[sʊŋ'kʊs]
atacar (vt)	užpùlti	[ʊʒ'pʊlʲtʲɪ]
bater (espancar)	mùšti	['mʊʃtʲɪ]
espancar (vt)	sumùšti	[sʊ'mʊʃtʲɪ]
tirar, roubar (dinheiro)	atim̃ti	[a'tʲɪmtʲɪ]
esfaquear (vt)	papjáuti	[pa'pjaʊtʲɪ]
mutilar (vt)	sužalóti	[sʊʒa'lʲotʲɪ]
ferir (vt)	sužalóti	[sʊʒa'lʲotʲɪ]
chantagem (f)	šantãžas (v)	[ʃan'ta:ʒas]
chantagear (vt)	šantažúoti	[ʃanta'ʒʊatʲɪ]

chantagista (m)	šantažúotojas (v)	[ʃanta'ʒuɑto:jɛs]
extorsão (f)	rėketas (v)	['rʲɛkʲɛtas]
extorsionário (m)	reketúotojas (v)	[rʲɛkʲɛ'tuɑto:jɛs]
gângster (m)	gángsteris (v)	['gangstʲɛrʲɪs]
máfia (f)	māfija (m)	['ma:fʲɪjɛ]

punguista (m)	kišénvagis (v)	[kʲɪ'ʃɛnvagʲɪs]
assaltante, ladrão (m)	įsilaužėlis (v)	[i:sʲɪlɑu'ʒʲe:lʲɪs]
contrabando (m)	kontrabánda (m)	[kɔntra'banda]
contrabandista (m)	kontrabándininkas (v)	[kɔntra'bandʲɪnʲɪŋkas]

falsificação (f)	klastõtė (m)	[klʲas'to:tʲe:]
falsificar (vt)	klastóti	[klʲas'totʲɪ]
falsificado (adj)	klastõtė	[klʲas'to:tʲe:]

119. Violação da lei. Criminosos. Parte 2

estupro (m)	išprievartãvimas (v)	[ɪʃprʲiɛvar'ta:vʲɪmas]
estuprar (vt)	išprievartáuti	[ɪʃprʲiɛvar'tɑutʲɪ]
estuprador (m)	prievartáutojas (v)	[prʲiɛvar'tɑuto:jɛs]
maníaco (m)	maniãkas (v)	[manʲɪ'jakas]

prostituta (f)	prostitùtė (m)	[prostʲɪ'tutʲe:]
prostituição (f)	prostitùcija (m)	[prostʲɪ'tutsʲɪjɛ]
cafetão (m)	sutèneris (v)	[su'tʲɛnʲɛrʲɪs]

drogado (m)	narkomãnas (v)	[narko'ma:nas]
traficante (m)	prekiáutojas narkòtikais (v)	[prʲɛ'kʲæuto:jɛs nar'kotʲɪkʌɪs]

explodir (vt)	susprogdìnti	[susprog'dʲɪntʲɪ]
explosão (f)	sprogìmas (v)	[spro'gʲɪmas]
incendiar (vt)	padègti	[pa'dʲɛktʲɪ]
incendiário (m)	padegėjas (v)	[padʲɛ'gʲe:jas]

terrorismo (m)	terorìzmas (v)	[tʲɛro'rʲɪzmas]
terrorista (m)	terorìstas (v)	[tʲɛro'rʲɪstas]
refém (m)	įkaitas (v)	['i:kʌɪtas]

enganar (vt)	apgáuti	[ap'gɑutʲɪ]
engano (m)	apgavỹstė (m)	[apga'vʲi:stʲe:]
vigarista (m)	sùkčius (v)	['suktʂus]

subornar (vt)	papìrkti	[pa'pʲɪrktʲɪ]
suborno (atividade)	papirkìmas (v)	[papʲɪr'kʲɪmas]
suborno (dinheiro)	kỹšis (v)	['kʲi:ʃɪs]

veneno (m)	nuõdas (v)	['nuɑdas]
envenenar (vt)	nunuõdyti	[nu'nuɑdʲi:tʲɪ]
envenenar-se (vr)	nusinuõdyti	[nusʲɪnuɑdʲi:tʲɪ]

suicídio (m)	savižudýbė (m)	[savʲɪʒu'dʲi:bʲe:]
suicida (m)	savìžudis (v)	[sa'vʲɪʒudʲɪs]
ameaçar (vt)	grasìnti	[gra'sʲɪntʲɪ]
ameaça (f)	grasìnimas (v)	[gra'sʲɪnʲɪmas]

atentar contra a vida de ...	kėsìntis	[kʲeːˈsʲɪntʲɪs]
atentado (m)	pasikėsìnimas (v)	[pasʲɪkʲeːˈsʲɪnʲɪmas]
roubar (um carro)	nuvarýti	[nʊvaˈrʲiːtʲɪ]
sequestrar (um avião)	nuvarýti	[nʊvaˈrʲiːtʲɪ]
vingança (f)	kerštas (v)	[ˈkʲɛrʃtas]
vingar (vt)	keršyti	[ˈkʲɛrʃʲɪːtʲɪ]
torturar (vt)	kankìnti	[kaŋˈkʲɪntʲɪ]
tortura (f)	kankìnimas (v)	[kaŋˈkʲɪnʲɪmas]
atormentar (vt)	kankìnti	[kaŋˈkʲɪntʲɪ]
pirata (m)	pirãtas (v)	[pʲɪˈraːtas]
desordeiro (m)	chuligãnas (v)	[xʊlʲɪˈgaːnas]
armado (adj)	ginklúotas	[gʲɪŋkˈlʲʊɑtas]
violência (f)	príevarta (m)	[ˈprʲiɛvarta]
espionagem (f)	špionãžas (v)	[ʃpʲoˈnaːʒas]
espionar (vi)	šnipinéti	[ʃnʲɪpʲɪˈnʲeːtʲɪ]

120. Polícia. Lei. Parte 1

justiça (sistema de ~)	teĩsmas (v)	[ˈtʲɛɪsmas]
tribunal (m)	teĩsmas (v)	[ˈtʲɛɪsmas]
juiz (m)	teisėjas (v)	[tʲɛɪˈsʲeːjas]
jurados (m pl)	prisíekusieji (v)	[prʲɪˈsʲiɛkʊsʲiɛji]
tribunal (m) do júri	prisíekusiųjų teĩsmas (v)	[prʲɪˈsʲiɛkʊsʲuːjuː ˈtʲɛɪsmas]
julgar (vt)	teĩsti	[ˈtʲɛɪstʲɪ]
advogado (m)	advokãtas (v)	[advoˈkaːtas]
réu (m)	teisiamàsis (v)	[tʲɛɪsʲæ'masʲɪs]
banco (m) dos réus	teisiamũjų súolas (v)	[tʲɛɪsʲæ'muːjuː ˈsʊalʲas]
acusação (f)	káltinimai (v)	[ˈkalʲtʲɪnʲɪmʌɪ]
acusado (m)	káltinamasis (v)	[ˈkalʲtʲɪnamasʲɪs]
sentença (f)	núosprendis (v)	[ˈnʊasprʲɛndʲɪs]
sentenciar (vt)	nuteĩsti	[nʊˈtʲɛɪstʲɪ]
culpado (m)	kaltiniñkas (v)	[kalʲtʲɪˈrʲnʲɪŋkas]
punir (vt)	nubaũsti	[nʊˈbɑʊstʲɪ]
punição (f)	bausmě̃ (m)	[bɑʊsˈmʲeː]
multa (f)	baudà (m)	[bɑʊˈda]
prisão (f) perpétua	kalė́jimas ikì gyvõs galvõs (v)	[kaˈlʲeːjɪmas ikʲɪ gʲiːˈvoːs galʲʲˈvoːs]
pena (f) de morte	mirtiẽs bausmě̃ (m)	[mʲɪrˈtʲɛs bɑʊsˈmʲeː]
cadeira (f) elétrica	elèktros kė́dě̃ (m)	[eˈlʲɛktros kʲeːˈdʲeː]
forca (f)	kártuvės (m dgs)	[ˈkartʊvʲeːs]
executar (vt)	baũsti mirtimì	[ˈbɑʊstʲɪ mʲɪrtʲɪˈmʲɪ]
execução (f)	baudìmas mirtimì (v)	[bɑʊˈdʲɪmas mʲɪrtʲɪˈmʲɪ]

prisão (f)	kaléjimas (v)	[ka'lʲɛjɪmas]
cela (f) de prisão	kāmera (m)	['kaːmʲɛra]
escolta (f)	konvòjus (v)	[kɔn'vojʊs]
guarda (m) prisional	prižiūrétojas (v)	[prʲɪʒʲuːʲrʲeːtoːjɛs]
preso, prisioneiro (m)	kalinỹs (v)	[kalʲɪ'nʲiːs]
algemas (f pl)	antrankiai (v dgs)	['antrakʲɛɪ]
algemar (vt)	uždéti antrankius	[ʊʒ'dʲeːtʲɪ 'antraŋkʲʊs]
fuga, evasão (f)	pabėgìmas (v)	[pabʲe:'gʲɪmas]
fugir (vi)	pabégti	[pa'bʲe:ktʲɪ]
desaparecer (vi)	dingti	['dʲɪŋktʲɪ]
soltar, libertar (vt)	paleisti	[pa'lʲɛɪstʲɪ]
anistia (f)	amnèstija (m)	[am'nʲɛstʲɪjɛ]
polícia (instituição)	policija (m)	[po'lʲɪtsʲɪjɛ]
polícia (m)	policininkas (v)	[po'lʲɪtsʲɪnʲɪŋkas]
delegacia (f) de polícia	policijos núovada (m)	[po'lʲɪtsʲɪjos 'nʊɑvada]
cassetete (m)	guminis pagalỹs (v)	[gʊ'mʲɪnʲɪs paga'lʲiːs]
megafone (m)	garsiākalbis (v)	[gar'sʲækalʲbʲɪs]
carro (m) de patrulha	patrùlio mašinà (m)	[pat'rʊlʲo maʃɪ'na]
sirene (f)	sirenà (m)	[sʲɪrʲɛ'na]
ligar a sirene	įjùngti sirèną	[iː'jʊŋktʲɪ sʲɪ'rʲɛna:]
toque (m) da sirene	sirėnos kaukìmas (v)	[sʲɪ'rʲɛnos kɑʊ'kʲɪmas]
cena (f) do crime	įvykio vietà (m)	['iːvʲɪːkʲɔ vʲiɛ'ta]
testemunha (f)	liùdininkas (v)	['lʲʊdʲɪnʲɪŋkas]
liberdade (f)	láisvė (m)	['lʲʌɪsvʲe:]
cúmplice (m)	bendrininkas (v)	['bʲɛndrʲɪnʲɪŋkas]
escapar (vi)	pasislèpti	[pasʲɪ'slʲe:ptʲɪ]
traço (não deixar ~s)	pédsakas (v)	['pʲe:dsakas]

121. Polícia. Lei. Parte 2

procura (f)	paieškà (m)	[pa̩ʲiɛʃ'ka]
procurar (vt)	ieškóti	[ɪɛʃ'kotʲɪ]
suspeita (f)	įtarìmas (v)	[i:ta'rʲɪːmas]
suspeito (adj)	įtartinas	[i:'tartʲɪnas]
parar (veículo, etc.)	sustabdýti	[sʊstab'dʲiːtʲɪ]
deter (fazer parar)	sulaikýti	[sʊlʲʌɪ'kʲiːtʲɪ]
caso (~ criminal)	bylà (m)	[bʲiː'lʲa]
investigação (f)	tyrìmas (v)	[tʲiː'rʲɪmas]
detetive (m)	detektỹvas (v)	[dʲɛtʲɛk'tʲiːvas]
investigador (m)	tyréjas (v)	[tʲiː'rʲe:jas]
versão (f)	versija (m)	['vʲɛrsʲɪjɛ]
motivo (m)	motỹvas (v)	[mo'tʲiːvas]
interrogatório (m)	apklausà (m)	[apklʲɑʊ'sa]
interrogar (vt)	apkláusti	[ap'klʲɑʊstʲɪ]
questionar (vt)	apkláusti	[ap'klʲɑʊstʲɪ]
verificação (f)	patìkrinimas (v)	[pa'tʲɪkrʲɪnʲɪmas]

batida (f) policial	gaudỹnės (m dgs)	[gɑʊˈdʲiːnʲeːs]
busca (f)	krata (m)	[kraˈta]
perseguição (f)	vijìmasis (v)	[vʲɪˈjɪmasʲɪs]
perseguir (vt)	sekti	[ˈsʲɛktʲɪ]
seguir, rastrear (vt)	sekti	[ˈsʲɛktʲɪ]

prisão (f)	ãreštas (v)	[ˈaːrʲɛʃtas]
prender (vt)	areštúoti	[arʲɛʃˈtʊɑtʲɪ]
pegar, capturar (vt)	pagáuti	[paˈɡɑʊtʲɪ]
captura (f)	pagavìmas (v)	[pagaˈvʲɪmas]

documento (m)	dokumeñtas (v)	[dokʊˈmʲɛntas]
prova (f)	įródymas (v)	[iːˈrodʲɪːmas]
provar (vt)	įródyti	[iːˈrodʲɪːtʲɪ]
pegada (f)	pėdsakas (v)	[ˈpʲeːdsakas]
impressões (f pl) digitais	pìrštų añtspaudai (v dgs)	[ˈpʲɪrʃtuː ˈantspɑʊdʌɪ]
prova (f)	įkaltis (v)	[ˈiːkalʲtʲɪs]

álibi (m)	ãlibi (v)	[ˈaːlʲɪbʲɪ]
inocente (adj)	nekáltas	[nʲɛˈkalʲtas]
injustiça (f)	neteisingùmas (v)	[nʲɛtʲɛɪsʲɪnˈgʊmas]
injusto (adj)	neteisìngas	[nʲɛtʲɛɪˈsʲɪngas]

criminal (adj)	kriminãlinis	[krʲɪmʲɪˈnaːlʲɪnʲɪs]
confiscar (vt)	konfiskúoti	[konfʲɪsˈkʊɑtʲɪ]
droga (f)	narkòtikas (v)	[narˈkotʲɪkas]
arma (f)	giñklas (v)	[ˈɡʲɪŋklʲas]
desarmar (vt)	nuginklúoti	[nʊgʲɪŋˈklʲʊɑtʲɪ]
ordenar (vt)	įsakinėti	[iːsakʲɪˈnʲeːtʲɪ]
desaparecer (vi)	diñgti	[ˈdʲɪŋktʲɪ]

lei (f)	įstãtymas (v)	[iːˈstaːtʲiːmas]
legal (adj)	teisétas	[tʲɛɪˈsʲeːtas]
ilegal (adj)	neteisétas	[nʲɛtʲɛɪˈsʲeːtas]

responsabilidade (f)	atsakomýbė (m)	[atsako'mʲiːbʲeː]
responsável (adj)	atsakìngas	[atsaˈkʲɪngas]

NATUREZA

A Terra. Parte 1

122. Espaço sideral

espaço, cosmo (m)	kòsmosas (v)	['kosmosas]
espacial, cósmico (adj)	kòsminis	['kosmⁱɪnⁱɪs]
espaço (m) cósmico	kòsminė erdvě (m)	['kosmⁱɪnⁱe: ɛrd'vⁱe:]
mundo (m)	visatà (m)	[vⁱɪsa'ta]
universo (m)	pasáulis (v)	[pa'sɑʊlⁱɪs]
galáxia (f)	galãktika (m)	[ga'lⁱa:ktⁱɪka]
estrela (f)	žvaigždě (m)	[ʒvʌɪg'ʒdⁱe:]
constelação (f)	žvaigždýnas (v)	[ʒvʌɪgʒ'dⁱi:nas]
planeta (m)	planetà (m)	[plⁱanⁱɛ'ta]
satélite (m)	palydõvas (v)	[palⁱi:'do:vas]
meteorito (m)	meteorìtas (v)	[mⁱɛtⁱɛo'rⁱɪtas]
cometa (m)	kometà (m)	[kɔmⁱɛ'ta]
asteroide (m)	asteroìdas (v)	[astⁱɛ'rɔɪdas]
órbita (f)	orbità (m)	[orbⁱɪ'ta]
girar (vi)	sùktis	['sʊktⁱɪs]
atmosfera (f)	atmosferà (m)	[atmosfⁱɛ'ra]
Sol (m)	Sáulė (m)	['sɑʊlⁱe:]
Sistema (m) Solar	Sáulės sistemà (m)	['sɑʊlⁱe:s sⁱɪste'ma]
eclipse (m) solar	Sáulės užtemìmas (v)	['sɑʊlⁱe:s ʊʒtⁱɛ'mⁱɪmas]
Terra (f)	Žẽmė (m)	['ʒⁱæmⁱe:]
Lua (f)	Ménùlis (v)	[mⁱe:'nʊlⁱɪs]
Marte (m)	Mársas (v)	['marsas]
Vênus (f)	Venerà (m)	[vⁱɛnⁱɛ'ra]
Júpiter (m)	Jupìteris (v)	[jʊ'pⁱɪtⁱɛrⁱɪs]
Saturno (m)	Satùrnas (v)	[sa'tʊrnas]
Mercúrio (m)	Merkùrijus (v)	[mⁱɛr'kʊrⁱɪjʊs]
Urano (m)	Urãnas (v)	[ʊ'ra:nas]
Netuno (m)	Neptũnas (v)	[nⁱɛp'tu:nas]
Plutão (m)	Plutònas (v)	[plⁱʊ'tonas]
Via Láctea (f)	Paũkščių Tãkas (v)	['pɑʊkʃtʂⁱʊ 'ta:kas]
Ursa Maior (f)	Didíeji Grĩžulo Rãtai (v dgs)	[dⁱɪ'dⁱiɛjɪ 'grⁱɪ:ʒʊlⁱɔ 'ra:tʌɪ]
Estrela Polar (f)	Šiaurìnė žvaigždě (m)	[ʃⁱɛʊ'rⁱɪnⁱe: ʒvʌɪg'ʒdⁱe:]
marciano (m)	marsiẽtis (v)	[mar'sⁱɛtⁱɪs]
extraterrestre (m)	ateìvis (v)	[a'tⁱɛɪvⁱɪs]

alienígena (m)	atei̇̀vis (v)	[a'tʲɛɪvʲɪs]
disco (m) voador	skrai̇̀danti lėkště (m)	['skrʌɪdantʲɪ lʲe:kʃtʲe:]
espaçonave (f)	kȯ̀sminis lai̇̀vas (v)	['kosmʲɪnʲɪs 'lʲʌɪvas]
estação (f) orbital	orbi̇̀tos stoti̇̀s (m)	[or'bʲɪtos sto'tʲɪs]
lançamento (m)	stȧ́rtas (v)	['startas]
motor (m)	vari̇̀klis (v)	[va'rʲɪklʲɪs]
bocal (m)	tūtȧ̀ (m)	[tu:'ta]
combustível (m)	ku̇̀ras (v)	['kʊras]
cabine (f)	kabinȧ̀ (m)	[kabʲɪ'na]
antena (f)	antenȧ̀ (m)	[antʲɛ'na]
vigia (f)	iliuminȧ̀torius (v)	[ɪlʲʊmʲɪ'na:torʲʊs]
bateria (f) solar	sȧ́ulės batèrija (m)	['sɑʊlʲe:s ba'tʲɛrʲɪjɛ]
traje (m) espacial	skafȧ́ndras (v)	[ska'fandras]
imponderabilidade (f)	nesvaru̇̀mas (v)	[nʲɛsva'rumas]
oxigênio (m)	deguȯ̀nis (v)	[dʲɛ'gʊɑnʲɪs]
acoplagem (f)	susijungi̇̀mas (v)	[sʊsʲɪjʊn'gʲɪmas]
fazer uma acoplagem	susijùngti	[sʊsʲɪ'jʊŋktʲɪ]
observatório (m)	observatȯ̀rija (m)	[obsʲɛrva'torʲɪjɛ]
telescópio (m)	teleskȯ̀pas (v)	[tʲɛlʲɛ'skopas]
observar (vt)	stebéti	[stʲe'bʲe:tʲɪ]
explorar (vt)	tyrinéti	[tʲɪ:rʲɪ'nʲe:tʲɪ]

123. A Terra

Terra (f)	Žẽmė (m)	['ʒʲæmʲe:]
globo terrestre (Terra)	žẽmės rutulỹs (v)	['ʒʲæmʲe:s rʊtʊ'lʲi:s]
planeta (m)	planetȧ̀ (m)	[plʲanʲɛ'ta]
atmosfera (f)	atmosferȧ̀ (m)	[atmosfʲɛ'ra]
geografia (f)	geogrȧ̃fija (m)	[gʲɛo'gra:fʲɪjɛ]
natureza (f)	gamtȧ̀ (m)	[gam'ta]
globo (mapa esférico)	gaublỹs (v)	[gɑʊb'lʲi:s]
mapa (m)	žemélapis (v)	[ʒe'mʲe:lʲapʲɪs]
atlas (m)	ȧ̃tlasas (v)	['a:tlʲasas]
Europa (f)	Europȧ̀ (m)	[ɛʊro'pa]
Ásia (f)	ȧ̃zija (m)	['a:zʲɪjɛ]
África (f)	ȧ̃frika (m)	['a:frʲɪka]
Austrália (f)	Austrȧ̃lija (m)	[ɑʊs'tra:lʲɪjɛ]
América (f)	Amèrika (m)	[a'mʲɛrʲɪka]
América (f) do Norte	Šiȧ́urės Amèrika (m)	['ʃæʊrʲe:s a'mʲɛrʲɪka]
América (f) do Sul	Pietŭ Amèrika (m)	[pʲɪɛ'tu: a'mʲɛrʲɪka]
Antártida (f)	Antarktidȧ̀ (m)	[antarktʲɪ'da]
Ártico (m)	Ȧ́rktika (m)	['arktʲɪka]

124. Pontos cardeais

norte (m)	šiáurė (m)	['ʃæʊrʲe:]
para norte	į šiáurę	[i: 'ʃæʊrʲɛ:]
no norte	šiáurėje	['ʃæʊrʲe:je]
do norte (adj)	šiaurìnis	[ʃɛʊ'rʲɪnʲɪs]
sul (m)	pietùs (v)	[pʲiɛ'tʊs]
para sul	į pietùs	[i: pʲiɛ'tʊs]
no sul	pietuosè	[pʲiɛtʊɑ'sʲɛ]
do sul (adj)	pietìnis	[pʲiɛ'tʲɪnʲɪs]
oeste, ocidente (m)	vakaraĩ (v dgs)	[vaka'rʌɪ]
para oeste	į vākarus	[i: 'va:karʊs]
no oeste	vakaruosè	[vakarʊɑ'sʲɛ]
ocidental (adj)	vakariẽtiškas	[vaka'rʲɛtʲɪʃkas]
leste, oriente (m)	rytaĩ (v dgs)	[rʲi:'tʌɪ]
para leste	į rýtus	[i: 'rʲɪ:tʊs]
no leste	rytuosè	[rʲi:tʊɑ'sʲɛ]
oriental (adj)	rytiẽtiškas	[rʲi:'tʲɛtʲɪʃkas]

125. Mar. Oceano

mar (m)	jū́ra (m)	['ju:ra]
oceano (m)	vandenýnas (v)	[vandʲɛ'nʲi:nas]
golfo (m)	įlanka (m)	['i:lʲaŋka]
estreito (m)	sąsiauris (v)	['sa:sʲɛʊrʲɪs]
continente (m)	žemýnas (v)	[ʒʲɛ'mʲi:nas]
ilha (f)	salà (m)	[sa'lʲa]
península (f)	pusiãsalis (v)	[pʊ'sʲæsalʲɪs]
arquipélago (m)	archipelãgas (v)	[arxʲɪpʲɛ'lʲa:gas]
baía (f)	užutekis (v)	[ʊʒʊtʲɛkʲɪs]
porto (m)	úostas (v)	['ʊɑstas]
lagoa (f)	lagūnà (m)	[lʲagu:'na]
cabo (m)	iškyšulỹs (v)	[ɪʃkʲi:ʃʊ'lʲi:s]
atol (m)	atólas (v)	[a'tolʲas]
recife (m)	rìfas (v)	['rʲɪfas]
coral (m)	korãlas (v)	[kɔ'ra:lʲas]
recife (m) de coral	korãlų rìfas (v)	[kɔ'ra:lʲu: 'rʲɪfas]
profundo (adj)	gilùs	[gʲɪ'lʲʊs]
profundidade (f)	gýlis (v)	['gʲi:lʲɪs]
abismo (m)	bedùgnė (m)	[bʲɛ'dʊgnʲe:]
fossa (f) oceânica	įduba (m)	['i:dʊba]
corrente (f)	srovė̃ (m)	[sro'vʲe:]
banhar (vt)	skaláuti	[ska'lʲɑʊtʲɪ]
litoral (m)	pajūris (v)	['pajūris]
costa (f)	pakrántė (m)	[pak'rantʲe:]

maré (f) alta	añtplūdis (v)	['antplʲu:dʲɪs]
refluxo (m)	atóslūgis (v)	[a'toslʲu:gʲɪs]
restinga (f)	atãbradas (v)	[a'ta:bradas]
fundo (m)	dùgnas (v)	['dʊgnas]

onda (f)	bangà (m)	[ban'ga]
crista (f) da onda	bangõs keterà (m)	[ban'go:s kʲɛtʲɛ'ra]
espuma (f)	pùtos (m dgs)	['pʊtos]

tempestade (f)	audrà (m)	[ɑʊd'ra]
furacão (m)	uragãnas (v)	[ʊra'ga:nas]
tsunami (m)	cunãmis (v)	[tsʊ'na:mʲɪs]
calmaria (f)	štiliùs (v)	[ʃtʲɪ'lʲʊs]
calmo (adj)	ramùs	[ra'mʊs]

| polo (m) | ašìgalis (v) | [a'ʃɪgalʲɪs] |
| polar (adj) | poliãrinis | [po'lʲærʲɪnʲɪs] |

latitude (f)	platumà (m)	[plʲatʊ'ma]
longitude (f)	ilgumà (m)	[ɪlʲgʊ'ma]
paralela (f)	paralèlė (m)	[para'lʲɛlʲe:]
equador (m)	ekvãtorius (v)	[ɛk'va:torʲʊs]

céu (m)	dangùs (v)	[dan'gʊs]
horizonte (m)	horizòntas (v)	[ɣorʲɪ'zontas]
ar (m)	óras (v)	['oras]

farol (m)	švyturỹs (v)	[ʃvʲi:tʊ'rʲi:s]
mergulhar (vi)	nárdyti	['nardʲi:tʲɪ]
afundar-se (vr)	nuskęsti	[nʊ'skʲɛ:stʲɪ]
tesouros (m pl)	lõbis (v)	['lʲo:bʲɪs]

126. Nomes de Mares e Oceanos

Oceano (m) Atlântico	Atlánto vandenýnas (v)	[at'lʲanto vandʲɛ'nʲi:nas]
Oceano (m) Índico	Ìndijos vandenýnas (v)	['ɪndʲɪjos vandʲɛ'nʲi:nas]
Oceano (m) Pacífico	Ramùsis vandenýnas (v)	[ra'mʊsʲɪs vandʲɛ'nʲi:nas]
Oceano (m) Ártico	Árkties vandenýnas (v)	['arktʲiɛs vandʲɛ'nʲi:nas]

Mar (m) Negro	Juodóji jūra (m)	[jʊɑ'do:jɪ 'ju:ra]
Mar (m) Vermelho	Raudonóji jūra (m)	[rɑʊdo'no:jɪ 'ju:ra]
Mar (m) Amarelo	Geltonóji jūra (m)	[gʲɛlʲto'no:jɪ 'ju:ra]
Mar (m) Branco	Baltóji jūra (m)	[balʲ'to:jɪ 'ju:ra]

Mar (m) Cáspio	Kãspijos jūra (m)	['ka:spʲɪjos 'ju:ra]
Mar (m) Morto	Negyvóji jūra (m)	[nʲɛgʲi:'vo:jɪ 'ju:ra]
Mar (m) Mediterrâneo	Vidùržemio jūra (m)	[vʲɪ'dʊrʒʲɛmʲɔ 'ju:ra]

| Mar (m) Egeu | Egėjo jūra (m) | [ɛ'gʲæjo 'ju:ra] |
| Mar (m) Adriático | ãdrijos jūra (m) | ['a:drʲɪjos 'ju:ra] |

Mar (m) Arábico	Arãbijos jūra (m)	[a'rabʲɪjos 'ju:ra]
Mar (m) do Japão	Japònijos jūra (m)	[ja'ponʲɪjos ju:ra]
Mar (m) de Bering	Bèringo jūra (m)	['bʲɛrʲɪngɔ 'ju:ra]

Mar (m) da China Meridional	Pietų Kìnijos jūra (m)	[pⁱɛ'tu: 'kⁱɪnⁱɪjɔs 'ju:ra]
Mar (m) de Coral	Koralų jūra (m)	[kɔ'ra:lⁱu: 'ju:ra]
Mar (m) de Tasman	Tasmãnų jūra (m)	[tas'manu: 'ju:ra]
Mar (m) do Caribe	Karibų jūra (m)	[ka'rⁱɪbu: 'ju:ra]

Mar (m) de Barents	Bãrenco jūra (m)	[barⁱɛntsɔ 'ju:ra]
Mar (m) de Kara	Kãrsko jūra (m)	['karskɔ 'ju:ra]

Mar (m) do Norte	Šiáurės jūra (m)	['ʃæurⁱe:s 'ju:ra]
Mar (m) Báltico	Baltijos jūra (m)	['balⁱtⁱɪjɔs 'ju:ra]
Mar (m) da Noruega	Norvègijos jūra (m)	[nor'vⁱɛgⁱɪjɔs 'ju:ra]

127. Montanhas

montanha (f)	kálnas (v)	['kalⁱnas]
cordilheira (f)	kalnų vìrtinė (m)	[kalⁱ'nu: vⁱɪrtⁱɪnⁱe:]
serra (f)	kalnãgūbris (v)	[kalⁱ'na:gu:brⁱɪs]

cume (m)	viršūnė (m)	[vⁱɪr'ʃu:nⁱe:]
pico (m)	pìkas (v)	['pⁱɪkas]
pé (m)	papédė (m)	[pa'pⁱe:dⁱe:]
declive (m)	núokalnė (m)	['nuɑkalⁱnⁱe:]

vulcão (m)	ugnìkalnis (v)	[ug'nⁱɪkalⁱnⁱɪs]
vulcão (m) ativo	veĩkiantis ugnìkalnis (v)	['vⁱɛɪkⁱæntⁱɪs ug'nⁱɪkalⁱnⁱɪs]
vulcão (m) extinto	užgēsęs ugnìkalnis (v)	[uʒ'gⁱæsⁱɛ:s ug'nⁱɪkalⁱnⁱɪs]

erupção (f)	išsivéržimas (v)	[ɪʃⁱɪvⁱɛr'ʒⁱɪmas]
cratera (f)	krãteris (v)	['kra:tⁱɛrⁱɪs]
magma (m)	magmà (m)	[mag'ma]
lava (f)	lavà (m)	[lⁱa'va]
fundido (lava ~a)	įkaĩtęs	[i:'kʌɪtⁱɛ:s]
cânion, desfiladeiro (m)	kanjõnas (v)	[ka'njɔ nas]
garganta (f)	tarpùkalnė (m)	[tar'pukalⁱnⁱe:]
fenda (f)	tarpēklis (m)	[tar'pⁱæklⁱɪs]

passo, colo (m)	kalnãkelis (m)	[kalⁱ'nakⁱɛlⁱɪs]
planalto (m)	gulstė (m)	[gulⁱ'stⁱe:]
falésia (f)	uolà (m)	[uɑ'lⁱa]
colina (f)	kalvà (m)	[kalⁱ'va]

geleira (f)	ledýnas (v)	[lⁱɛ'dⁱi:nas]
cachoeira (f)	krioklỹs (v)	[krⁱok'lⁱi:s]
gêiser (m)	geĩzeris (v)	['gⁱɛɪzⁱɛrⁱɪs]
lago (m)	ẽžeras (v)	['ɛʒⁱeras]

planície (f)	lygumà (m)	[lⁱi:gu'ma]
paisagem (f)	peizãžas (v)	[pⁱɛɪ'za:ʒas]
eco (m)	áidas (v)	['ʌɪdas]

alpinista (m)	alpinìstas (v)	[alⁱpⁱɪ'nⁱɪstas]
escalador (m)	uolakopỹs (v)	[uɑlⁱako'pỹs]
conquistar (vt)	pavérgti	[pa'vⁱɛrktⁱɪ]
subida, escalada (f)	kopìmas (v)	[kɔ'pⁱɪmas]

128. Nomes de montanhas

Alpes (m pl)	Álpės (m dgs)	[ˈalʲpʲeːs]
Monte Branco (m)	Monblãnas (v)	[monˈblʲaːnas]
Pirineus (m pl)	Pirénai (v)	[pʲɪˈrʲeːnʌɪ]
Cárpatos (m pl)	Karpãtai (v dgs)	[karˈpaːtʌɪ]
Urais (m pl)	Urãlo kalnaĩ (v dgs)	[ʊˈraːlɔ kalʲˈnʌɪ]
Cáucaso (m)	Kaukãzas (v)	[kɑʊˈkaːzas]
Elbrus (m)	Elbrùsas (v)	[ɛlʲˈbrʊsas]
Altai (m)	Altãjus (v)	[alʲˈtaːjʊs]
Tian Shan (m)	Tian Šãnis (v)	[tʲæn ˈʃaːnʲɪs]
Pamir (m)	Pamỹras (v)	[paˈmʲiːras]
Himalaia (m)	Himalãjai (v dgs)	[ɣˈɪmaˈlʲaːjʌɪ]
monte Everest (m)	Everèstas (v)	[ɛvʲɛˈrʲɛstas]
Cordilheira (f) dos Andes	Añdai (v)	[ˈandʌɪ]
Kilimanjaro (m)	Kilimandžãras (v)	[kʲɪlʲɪmanˈdʒaːras]

129. Rios

rio (m)	ùpė (m)	[ˈʊpʲeː]
fonte, nascente (f)	šaltìnis (v)	[ʃalʲˈtʲɪnʲɪs]
leito (m) de rio	vagà (m)	[vaˈga]
bacia (f)	baseĩnas (v)	[baˈsʲɛɪnas]
desaguar no ...	įtekéti į̃ ...	[iːtʲɛˈkʲeːtʲɪ iː ..]
afluente (m)	añtplūdis (v)	[ˈantplʲuːdʲɪs]
margem (do rio)	krañtas (v)	[ˈkrantas]
corrente (f)	srově̃ (m)	[sroˈvʲeː]
rio abaixo	pasroviuĩ	[pasroˈvʲʊɪ]
rio acima	priẽš srõvę	[ˈprʲɛʃ ˈsroːvʲɛː]
inundação (f)	pótvynis (v)	[ˈpotvʲiːnʲɪs]
cheia (f)	póplūdis (v)	[ˈpoplʲuːdʲɪs]
transbordar (vi)	išsilíeti	[ɪʃsʲɪˈlʲiɛtʲɪ]
inundar (vt)	tvìndyti	[ˈtvʲɪndʲiːtʲɪ]
banco (m) de areia	seklumà (m)	[sʲɛklʲʊˈma]
corredeira (f)	sleñkstis (v)	[ˈslʲɛŋkstʲɪs]
barragem (f)	ùžtvanka (m)	[ˈʊʒtvaŋka]
canal (m)	kanãlas (v)	[kaˈnaːlʲas]
reservatório (m) de água	vandeñs saugyklà (m)	[vanˈdʲɛns sɑʊgʲiːkˈlʲa]
eclusa (f)	šliùzas (v)	[ˈʃlʲʊzas]
corpo (m) de água	vandeñs telkinỹs (v)	[vanˈdʲɛns tʲɛlʲkʲɪrˈnʲiːs]
pântano (m)	pélkė (m)	[ˈpʲɛlʲkʲeː]
lamaçal (m)	liū̃nas (v)	[ˈlʲuːnas]
redemoinho (m)	verpẽtas (v)	[vʲɛrˈpʲætas]
riacho (m)	upėlis (v)	[ʊˈpʲælʲɪs]

potável (adj)	gėriamas	['gʲærʲæmas]
doce (água)	gėlas	['gʲe:lʲas]

gelo (m)	lẽdas (v)	['lʲædas]
congelar-se (vr)	užšálti	[ʊʒ'ʃalʲtʲɪ]

130. Nomes de rios

rio Sena (m)	Senà (m)	[sʲɛ'na]
rio Loire (m)	Luarà (m)	[lʲʊa'ra]

rio Tâmisa (m)	Temzė (m)	['tʲɛmzʲe:]
rio Reno (m)	Reĩnas (v)	['rʲɛɪnas]
rio Danúbio (m)	Dunõjus (v)	[dʊ'no:jʊs]

rio Volga (m)	Vòlga (m)	['volʲga]
rio Don (m)	Dònas (v)	['donas]
rio Lena (m)	Lenà (m)	[lʲɛ'na]

rio Amarelo (m)	Geltonóji ùpė (m)	[gʲɛlʲto'no:jɪ 'ʊpʲe:]
rio Yangtzé (m)	Jangdzė̃ (m)	[jang'dzʲe:]
rio Mekong (m)	Mekòngas (v)	[mʲɛ'kongas]
rio Ganges (m)	Gángas (v)	['gangas]

rio Nilo (m)	Nìlas (v)	['nʲɪlʲas]
rio Congo (m)	Kòngas (v)	['kongas]
rio Cubango (m)	Okavángas (v)	[oka'va ngas]
rio Zambeze (m)	Zambèzė (m)	[zam'bʲɛzʲe:]
rio Limpopo (m)	Limpopò (v)	[lʲɪmpo'po]
rio Mississippi (m)	Misisìpė (m)	[mʲɪsʲɪ'sʲɪpʲe:]

131. Floresta

floresta (f), bosque (m)	mìškas (v)	['mʲɪʃkas]
florestal (adj)	miškìnis	[mʲɪʃ'kʲɪnʲɪs]

mata (f) fechada	tankumýnas (v)	[taŋkʊ'mʲi:nas]
arvoredo (m)	giráitė (m)	[gʲɪ'rʌɪtʲe:]
clareira (f)	laũkas (v)	['lʲaʊkas]

matagal (m)	žolýnas, beržýnas (v)	[ʒo'lʲi:nas], [bʲɛr'ʒʲi:nas]
mato (m), caatinga (f)	krūmýnas (v)	[kru:'mʲi:nas]

pequena trilha (f)	takẽlis (v)	[ta'kʲælʲɪs]
ravina (f)	griovỹs (v)	[grʲo'vʲi:s]

árvore (f)	mẽdis (v)	['mʲædʲɪs]
folha (f)	lãpas (v)	['lʲa:pas]
folhagem (f)	lapijà (m)	[lʲapʲɪ'ja]

queda (f) das folhas	lãpų kritìmas (v)	['lʲa:pu: krʲɪ'tʲɪmas]
cair (vi)	krìsti	['krʲɪstʲɪ]

topo (m)	viršū̃nė (m)	[vʲɪrˈʃuːnʲeː]
ramo (m)	šakà (m)	[ʃaˈka]
galho (m)	šakà (m)	[ʃaˈka]
botão (m)	pum͂puras (v)	[ˈpʊmpʊras]
agulha (f)	spyglỹs (v)	[spʲiːgˈlʲiːs]
pinha (f)	kankorė̃žis (v)	[kaŋˈkorʲeːʒʲɪs]

buraco (m) de árvore	úoksas (v)	[ˈʊɑksas]
ninho (m)	lìzdas (v)	[ˈlʲɪzdas]
toca (f)	olà (m)	[oˈlʲa]

tronco (m)	kamíenas (v)	[kaˈmʲiɛnas]
raiz (f)	šaknìs (m)	[ʃakˈnʲɪs]
casca (f) de árvore	žievė̃ (m)	[ʒʲiɛˈvʲeː]
musgo (m)	sãmana (m)	[ˈsaːmana]

arrancar pela raiz	ráuti	[ˈrɑʊtʲɪ]
cortar (vt)	kírsti	[ˈkʲɪrstʲɪ]
desflorestar (vt)	iškìrsti	[ɪʃˈkʲɪrstʲɪ]
toco, cepo (m)	kélmas (v)	[ˈkʲɛlʲmas]

fogueira (f)	láužas (v)	[ˈlʲɑʊʒas]
incêndio (m) florestal	gaĩsras (v)	[ˈgʌɪsras]
apagar (vt)	gesìnti	[gʲɛˈsʲɪntʲɪ]

guarda-parque (m)	mìškininkas (v)	[ˈmʲɪʃkʲɪnʲɪŋkas]
proteção (f)	apsaugà (m)	[apsɑʊˈga]
proteger (a natureza)	sáugoti	[ˈsɑʊgotʲɪ]
caçador (m) furtivo	brakoniė̃rius (v)	[brakoˈnʲɛrʲʊs]
armadilha (f)	spą̃stai (v dgs)	[ˈspaːstʌɪ]

colher (cogumelos)	grybáuti	[grʲiːˈbɑʊtʲɪ]
colher (bagas)	uogáuti	[ʊɑˈgɑʊtʲɪ]
perder-se (vr)	pasiklýsti	[pasʲɪˈklʲiːstʲɪ]

132. Recursos naturais

recursos (m pl) naturais	gamtìniai ištekliai (v dgs)	[gamˈtʲɪnʲɛɪ ˈɪʃtʲɛklʲɛɪ]
minerais (m pl)	naudìngos iškasenos (m dgs)	[nɑʊˈdʲɪngos ˈɪʃkasʲɛnos]
depósitos (m pl)	telkiniaĩ (v dgs)	[tʲɛlʲkʲɪˈnʲɛɪ]
jazida (f)	telkinỹs (v)	[tʲɛlʲkʲɪˈnʲiːs]

extrair (vt)	iškàsti	[ɪʃˈkastʲɪ]
extração (f)	laimìkis (v)	[lʲʌɪˈmʲɪkʲɪs]
minério (m)	rū̃da (m)	[ruːˈda]
mina (f)	rūdýnas (v)	[ruːˈdʲiːnas]
poço (m) de mina	šachtà (m)	[ʃaxˈta]
mineiro (m)	šãchtininkas (v)	[ˈʃaːxtʲɪnʲɪŋkas]

gás (m)	dùjos (m dgs)	[ˈdʊjos]
gasoduto (m)	dujótiekis (v)	[dʊˈjotʲiɛkʲɪs]

petróleo (m)	naftà (m)	[nafˈta]
oleoduto (m)	naftótiekis (v)	[nafˈtotʲiɛkʲɪs]

poço (m) de petróleo	náftos bókštas (v)	['na:ftos 'bokʃtas]
torre (f) petrolífera	grȩžimo bókštas (v)	['grʲɛ:ʒʲɪmɔ 'bokʃtas]
petroleiro (m)	tánklaivis (v)	['taŋklʲʌɪvʲɪs]

areia (f)	smȩ̃lis (v)	['smʲe:lʲɪs]
calcário (m)	kálkinis akmuõ (v)	['kalʲkʲɪnʲɪs ak'mʊɑ]
cascalho (m)	žvy̆ras (v)	['ʒvʲiː:ras]
turfa (f)	dúrpȩs (m dgs)	['dʊrpʲe:s]
argila (f)	mólis (v)	['molʲɪs]
carvão (m)	anglìs (m)	[ang'lʲɪs]

ferro (m)	geležìs (v)	[gʲɛlʲɛ'ʒʲɪs]
ouro (m)	áuksas (v)	['ɑʊksas]
prata (f)	sidãbras (v)	[sʲɪ'da:bras]
níquel (m)	nìkelis (v)	['nʲɪkʲɛlʲɪs]
cobre (m)	vãris (v)	['va:rʲɪs]

zinco (m)	cìnkas (v)	['tsʲɪŋkas]
manganês (m)	mangãnas (v)	[man'ga:nas]
mercúrio (m)	gývsidabris (v)	['gʲiː:vsʲɪdabrʲɪs]
chumbo (m)	švìnas (v)	['ʃvʲɪnas]

mineral (m)	minerãlas (v)	[mʲɪnʲɛ'ra:lʲas]
cristal (m)	kristãlas (v)	[krʲɪs'ta:lʲas]
mármore (m)	mármuras (v)	['marmʊras]
urânio (m)	urãnas (v)	[ʊ'ra:nas]

A Terra. Parte 2

133. Tempo

tempo (m)	óras (v)	['oras]
previsão (f) do tempo	óro prognózė (m)	['orɔ prog'nozʲe:]
temperatura (f)	temperatūrà (m)	[tʲɛmpʲɛratu:'ra]
termômetro (m)	termomètras (v)	[tʲɛrmo'mʲɛtras]
barômetro (m)	baromètras (v)	[baro'mʲɛtras]
úmido (adj)	drégnas	['drʲe:gnas]
umidade (f)	drėgmė̃ (m)	[drʲe:g'mʲe:]
calor (m)	karštis (v)	['karʃtʲɪs]
tórrido (adj)	kárštas	['karʃtas]
está muito calor	karšta	['karʃta]
está calor	šílta	['ʃɪlʲta]
quente (morno)	šíltas	['ʃɪlʲtas]
está frio	šálta	['ʃalʲta]
frio (adj)	šáltas	['ʃalʲtas]
sol (m)	sáulė (m)	['saulʲe:]
brilhar (vi)	šviẽsti	['ʃvʲɛstʲɪ]
de sol, ensolarado	sauléta	[sau'lʲe:ta]
nascer (vi)	pakìlti	[pa'kʲɪlʲtʲɪ]
pôr-se (vr)	léistis	['lʲɛɪstʲɪs]
nuvem (f)	debesìs (v)	[dʲɛbʲɛ'sʲɪs]
nublado (adj)	debesúota	[dʲɛbʲɛ'suata]
nuvem (f) preta	debesìs (v)	[dʲɛbʲɛ'sʲɪs]
escuro, cinzento (adj)	apsiniáukę	[apsʲɪ'nʲæukʲɛ:]
chuva (f)	lietùs (v)	[lʲiɛ'tʊs]
está a chover	lỹja	['lʲi:ja]
chuvoso (adj)	lietìngas	[lʲiɛ'tʲɪngas]
chuviscar (vi)	lynóti	[lʲi:'notʲɪ]
chuva (f) torrencial	liū̃tis (m)	['lʲu:tʲɪs]
aguaceiro (m)	liū̃tis (m)	['lʲu:tʲɪs]
forte (chuva, etc.)	stiprùs	[stʲɪp'rʊs]
poça (f)	balà (m)	[ba'lʲa]
molhar-se (vr)	šlàpti	['ʃlʲaptʲɪ]
nevoeiro (m)	rū̃kas (v)	['ru:kas]
de nevoeiro	miglótas	[mʲɪg'lʲotas]
neve (f)	sniẽgas (v)	['snʲɛgas]
está nevando	sniñga	['snʲɪŋga]

134. Tempo extremo. Catástrofes naturais

trovoada (f)	perkūnija (m)	[pⁱɛr'ku:nⁱɪjɛ]
relâmpago (m)	žaìbas (v)	['ʒʌɪbas]
relampejar (vi)	žaibúoti	[ʒʌɪ'buɑtⁱɪ]
trovão (m)	griaustìnis (v)	[grⁱɛʊs'tⁱɪnⁱɪs]
trovejar (vi)	griáudėti	['grⁱæʊdⁱe:tⁱɪ]
está trovejando	griáudėja griaustìnis	['grⁱæʊdⁱe:ja grⁱɛʊs'tⁱɪnⁱɪs]
granizo (m)	krušà (m)	[krʊ'ʃa]
está caindo granizo	kriñta krušà	['krⁱɪnta krʊ'ʃa]
inundar (vt)	užlíeti	[ʊʒ'lⁱiɛtⁱɪ]
inundação (f)	pótvynis (v)	['potvⁱi:nⁱɪs]
terremoto (m)	žẽmės drebėjimas (v)	['ʒⁱæmⁱe:s dre'bⁱɛjɪmas]
abalo, tremor (m)	smũgis (m)	['smu:gⁱɪs]
epicentro (m)	epiceñtras (v)	[ɛpⁱɪ'tsⁱɛntras]
erupção (f)	išsiveržìmas (v)	[ɪʃsⁱɪvⁱɛr'ʒⁱɪmas]
lava (f)	lavà (m)	[lⁱa'va]
tornado (m)	víesulas (v)	['vⁱiɛsʊlⁱas]
tornado (m)	tornãdo (v)	[tor'na:do]
tufão (m)	taifũnas (v)	[tʌɪ'fu:nas]
furacão (m)	uragãnas (v)	[ʊra'ga:nas]
tempestade (f)	audrà (m)	[ɑʊd'ra]
tsunami (m)	cunãmis (v)	[tsʊ'na:mⁱɪs]
ciclone (m)	ciklònas (v)	[tsⁱɪk'lⁱonas]
mau tempo (m)	dárgana (m)	['dargana]
incêndio (m)	gaìsras (v)	['gʌɪsras]
catástrofe (f)	katastrofà (m)	[katastro'fa]
meteorito (m)	meteorìtas (v)	[mⁱɛtⁱɛo'rⁱɪtas]
avalanche (f)	lavinà (m)	[lⁱavⁱɪ'na]
deslizamento (m) de neve	griūtìs (m)	[grⁱu:'tⁱɪs]
nevasca (f)	pūgà (m)	[pu:'ga]
tempestade (f) de neve	pūgà (m)	[pu:'ga]

Fauna

135. Mamíferos. Predadores

predador (m)	plėšrūnas (v)	[plʲeˈʃruːnas]
tigre (m)	tìgras (v)	[ˈtʲɪgras]
leão (m)	liū̃tas (v)	[ˈlʲuːtas]
lobo (m)	vìlkas (v)	[ˈvʲɪlʲkas]
raposa (f)	lãpė (m)	[ˈlʲaːpʲeː]

jaguar (m)	jaguãras (v)	[jagʊˈaːras]
leopardo (m)	leopárdas (v)	[lʲɛoˈpardas]
chita (f)	gepárdas (v)	[gʲɛˈpardas]

pantera (f)	panterà (m)	[pantʲɛˈra]
puma (m)	pumà (m)	[pʊˈma]
leopardo-das-neves (m)	snieginis leopárdas (v)	[snʲiɛˈgʲɪnʲɪs lʲɛoˈpardas]
lince (m)	lū̃šis (m)	[ˈlʲuːʃɪs]

coiote (m)	kojòtas (v)	[kɔˈjɔ tas]
chacal (m)	šakãlas (v)	[ʃaˈkaːlʲas]
hiena (f)	hienà (m)	[χʲiɛˈna]

136. Animais selvagens

animal (m)	gyvūnas (v)	[gʲiːˈvuːnas]
besta (f)	žvėrìs (v)	[ʒvʲeːˈrʲɪs]

esquilo (m)	voverė̃ (m)	[voveˈrʲeː]
ouriço (m)	ežỹs (v)	[ɛʒʲiːs]
lebre (f)	kìškis, zuĩkis (v)	[ˈkʲɪʃkʲɪs], [ˈzʊɪkʲɪs]
coelho (m)	triùšis (v)	[ˈtrʲʊʃɪs]

texugo (m)	barsùkas (v)	[barˈsʊkas]
guaxinim (m)	meškénas (v)	[mʲɛʃˈkʲeːnas]
hamster (m)	žiurkénas (v)	[ʒʲʊrˈkʲeːnas]
marmota (f)	švilpìkas (v)	[ʃvʲɪlʲˈpʲɪkas]

toupeira (f)	kùrmis (v)	[ˈkʊrmʲɪs]
rato (m)	pelė̃ (m)	[pʲɛˈlʲeː]
ratazana (f)	žiùrkė (m)	[ˈʒʲʊrkʲeː]
morcego (m)	šikšnósparnis (v)	[ʃɪkʃˈnosparnʲɪs]

arminho (m)	šermuonė̃lis (v)	[ʃermʊɑˈnʲeːlʲɪs]
zibelina (f)	sãbalas (v)	[ˈsaːbalʲas]
marta (f)	kiáunė (m)	[ˈkʲæʊnʲeː]
doninha (f)	žebenkštìs (m)	[ʒʲɛbʲɛŋkʃˈtʲɪs]
visom (m)	audìnė (m)	[ɑʊˈdʲɪnʲeː]

| castor (m) | bėbras (v) | ['bⁱæbras] |
| lontra (f) | ūdra (m) | ['u:dra] |

cavalo (m)	arklỹs (v)	[ark'lⁱi:s]
alce (m)	bríedis (v)	['brⁱɛdⁱɪs]
veado (m)	élnias (v)	['ɛlⁱnⁱæs]
camelo (m)	kupranugāris (v)	[kʊpranʊ'ga:rⁱɪs]

bisão (m)	bizònas (v)	[bⁱɪ'zonas]
auroque (m)	stumbras (v)	['stʊmbras]
búfalo (m)	buìvolas (v)	['bʊivolⁱas]

zebra (f)	zèbras (v)	['zⁱɛbras]
antílope (m)	antilòpė (m)	[antⁱɪ'lⁱopⁱe:]
corça (f)	stìrna (m)	['stⁱɪrna]
gamo (m)	daniēlius (v)	[da'nⁱɛlⁱʊs]
camurça (f)	gemzė (m)	['gⁱɛmzⁱe:]
javali (m)	šérnas (v)	['ʃɛrnas]

baleia (f)	bangìnis (v)	[ban'gⁱɪnⁱɪs]
foca (f)	rúonis (v)	['rʊɑnⁱɪs]
morsa (f)	vėplỹs (v)	[vⁱe:p'lⁱi:s]
urso-marinho (m)	kòtikas (v)	['kotⁱɪkas]
golfinho (m)	delfìnas (v)	[dⁱɛlⁱ'fⁱɪnas]

urso (m)	lokỹs (v), meška (m)	[lⁱo'kⁱi:s], [mⁱɛʃ'ka]
urso (m) polar	baltàsis lokỹs (v)	[balⁱ'tasⁱɪs lⁱo'kⁱi:s]
panda (m)	pánda (m)	['panda]

macaco (m)	beždžiònė (m)	[bⁱɛʒ'dʒⁱo:nⁱe:]
chimpanzé (m)	šimpánzė (m)	[ʃⁱɪm'panzⁱe:]
orangotango (m)	orangutángas (v)	[orangʊ'tangas]
gorila (m)	gorilà (m)	[gorⁱɪ'lⁱa]
macaco (m)	makakà (m)	[maka'ka]
gibão (m)	gibònas (v)	[gⁱɪ'bonas]

elefante (m)	dramblỹs (v)	[dram'blⁱi:s]
rinoceronte (m)	raganòsis (v)	[raga'no:sⁱɪs]
girafa (f)	žirafà (m)	[ʒⁱɪra'fa]
hipopótamo (m)	begemòtas (v)	[bⁱɛgⁱɛ'motas]

| canguru (m) | kengūrà (m) | [kⁱɛn'gu:'ra] |
| coala (m) | koalà (m) | [kɔa'lⁱa] |

mangusto (m)	mangustà (m)	[mangʊs'ta]
chinchila (f)	šinšilà (m)	[ʃⁱɪnʃⁱɪ'lⁱa]
cangambá (f)	skùnkas (v)	['skʊŋkas]
porco-espinho (m)	dygliuotis (v)	[dⁱi:g'lⁱʊotⁱɪs]

137. Animais domésticos

gata (f)	katě (m)	[ka'tⁱe:]
gato (m) macho	kātinas (v)	['ka:tⁱɪnas]
cão (m)	šuõ (v)	['ʃʊɑ]

cavalo (m)	arklỹs (v)	[ark'lʲiːs]
garanhão (m)	eřžilas (v)	['ɛrʒʲɪlʲas]
égua (f)	kumēlė (m)	[kʊ'mʲælʲeː]

vaca (f)	kárvė (m)	['karvʲeː]
touro (m)	bùlius (v)	['bʊlʲʊs]
boi (m)	jáutis (v)	['jɑʊtʲɪs]

ovelha (f)	avìs (m)	[a'vʲɪs]
carneiro (m)	ãvinas (v)	['aːvʲɪnas]
cabra (f)	ožkà (m)	[oʒ'ka]
bode (m)	ožỹs (v)	[o'ʒʲiːs]

burro (m)	ãsilas (v)	['aːsʲɪlʲas]
mula (f)	mùlas (v)	['mʊlʲas]

porco (m)	kiaũlė (m)	['kʲɛʊlʲeː]
leitão (m)	paršēlis (v)	[par'ʃælʲɪs]
coelho (m)	triùšis (v)	['trʲʊʃɪs]

galinha (f)	vištà (m)	[vʲɪʃ'ta]
galo (m)	gaidỹs (v)	[gʌɪ'dʲiːs]

pata (f), pato (m)	ántis (m)	['antʲɪs]
pato (m)	añtinas (v)	['antʲɪnas]
ganso (m)	žãsinas (v)	['ʒaːsʲɪnas]

peru (m)	kalakùtas (v)	[kalʲa'kʊtas]
perua (f)	kalakùtė (m)	[kalʲa'kʊtʲeː]

animais (m pl) domésticos	namìniai gyvūnai (v dgs)	[na'mʲɪnʲɛɪ gʲiː'vuːnʌɪ]
domesticado (adj)	prijaukìntas	[prʲɪ'jɛʊ'kʲɪntas]
domesticar (vt)	prijaukìnti	[prʲɪ'jɛʊ'kʲɪntʲɪ]
criar (vt)	augìnti	[ɑʊ'gʲɪntʲɪ]

fazenda (f)	fèrma (m)	['fʲɛrma]
aves (f pl) domésticas	namìnis paūkštis (v)	[na'mʲɪnʲɪs 'pɑʊkʃtʲɪs]
gado (m)	galvìjas (v)	[gal'vʲɪjɛs]
rebanho (m), manada (f)	bandà (m)	[ban'da]

estábulo (m)	arklìdė (m)	[ark'lʲɪdʲeː]
chiqueiro (m)	kiaulìdė (m)	[kʲɛʊ'lʲɪdʲeː]
estábulo (m)	karvìdė (m)	[kar'vʲɪdʲeː]
coelheira (f)	triušìdė (m)	[trʲʊ'ʃɪdʲeː]
galinheiro (m)	vištìdė (m)	[vʲɪʃ'tʲɪdʲeː]

138. Pássaros

pássaro (m), ave (f)	paūkštis (v)	['pɑʊkʃtʲɪs]
pombo (m)	balañdis (v)	[ba'lʲandʲɪs]
pardal (m)	žvìrblis (v)	['ʒvʲɪrblʲɪs]
chapim-real (m)	zýlė (m)	['zʲiːlʲeː]
pega-rabuda (f)	šárka (m)	['ʃarka]
corvo (m)	vařnas (v)	['varnas]

gralha-cinzenta (f)	várna (m)	['varna]
gralha-de-nuca-cinzenta (f)	kúosa (m)	['kuɒsa]
gralha-calva (f)	kovàs (v)	[kɔ'vas]
pato (m)	ántis (m)	['antʲɪs]
ganso (m)	žąsinas (v)	['ʒa:sʲɪnas]
faisão (m)	fazãnas (v)	[fa'za:nas]
águia (f)	erẽlis (v)	[ɛ'rʲælʲɪs]
açor (m)	vãnagas (v)	['va:nagas]
falcão (m)	sãkalas (v)	['sa:kalʲas]
abutre (m)	grìfas (v)	['grʲɪfas]
condor (m)	kondòras (v)	[kɔn'doras]
cisne (m)	gulbė (m)	['gʊlʲbʲe:]
grou (m)	gérvė (m)	['gʲɛrvʲe:]
cegonha (f)	gandras (v)	['gandras]
papagaio (m)	papūgà (m)	[papu:'ga]
beija-flor (m)	kolìbris (v)	[kɔ'lʲɪbrʲɪs]
pavão (m)	póvas (v)	['povas]
avestruz (m)	strùtis (v)	['strʊtʲɪs]
garça (f)	garnỹs (v)	[gar'nʲiː:s]
flamingo (m)	flamìngas (v)	[flʲa'mʲɪngas]
pelicano (m)	pelikãnas (v)	[pʲɛlʲɪ'ka:nas]
rouxinol (m)	lakštingala (m)	[lʲakʃ'tʲɪngalʲa]
andorinha (f)	kregždė (m)	[krʲɛgʒ'dʲe:]
tordo-zornal (m)	strãzdas (v)	['stra:zdas]
tordo-músico (m)	strãzdas giesmininkas (v)	['stra:zdas gʲiɛsmʲɪ'nʲɪŋkas]
melro-preto (m)	juodàsis strãzdas (v)	[jʊɒ'dasʲɪs s'tra:zdas]
andorinhão (m)	čiurlỹs (v)	[tʂʊr'lʲiː:s]
cotovia (f)	vyturỹs, vieversỹs (v)	[vʲi:tʊ'rʲiː:s], [vʲiɛvɛr'sʲiː:s]
codorna (f)	pùtpelė (m)	['pʊtpelʲe:]
pica-pau (m)	genỹs (v)	[gʲɛ'nʲiː:s]
cuco (m)	gegùtė (m)	[gʲɛ'gʊtʲe:]
coruja (f)	peléda (m)	[pʲɛ'lʲe:da]
bufo-real (m)	apúokas (v)	[a'pʊɒkas]
tetraz-grande (m)	kurtinỹs (v)	[kʊrtʲɪ'nʲiː:s]
tetraz-lira (m)	tẽtervinas (v)	['tʲætʲɛrvʲɪnas]
perdiz-cinzenta (f)	kurapkà (m)	[kʊrap'ka]
estorninho (m)	varnénas (v)	[var'nʲe:nas]
canário (m)	kanarẽlė (m)	[kana'rʲe:lʲe:]
galinha-do-mato (f)	jerubẽ (m)	[jerʊ'bʲe:]
tentilhão (m)	kikìlis (v)	[kʲɪ'kʲɪlʲɪs]
dom-fafe (m)	sniẽgena (m)	['snʲɛgʲɛna]
gaivota (f)	žuvédra (m)	[ʒʊ'vʲe:dra]
albatroz (m)	albatròsas (v)	[alʲba't'rosas]
pinguim (m)	pingvìnas (v)	[pʲɪng'vʲɪnas]

139. Peixes. Animais marinhos

brema (f)	karšis (v)	['karʃɪs]
carpa (f)	kárpis (v)	['karpʲɪs]
perca (f)	ešerỹs (v)	[ɛʃɛ'rʲiːs]
siluro (m)	šãmas (v)	['ʃaːmas]
lúcio (m)	lydeka (m)	[lʲiːdʲɛ'ka]

salmão (m)	lašišà (m)	[lʲaʃɪ'ʃa]
esturjão (m)	erškétas (v)	[erʃ'kʲeːtas]

arenque (m)	sìlkė (m)	['sʲɪlʲkʲeː]
salmão (m) do Atlântico	lašišà (m)	[lʲaʃɪ'ʃa]
cavala, sarda (f)	skùmbrė (m)	['skʊmbrʲeː]
solha (f), linguado (m)	plẽkšnė (m)	['plʲækʃnʲeː]

lúcio perca (m)	starkis (v)	['starkʲɪs]
bacalhau (m)	ménkė (m)	['mʲɛŋkʲeː]
atum (m)	tùnas (v)	['tʊnas]
truta (f)	upétakis (v)	[ʊ'pʲeːtakʲɪs]

enguia (f)	ungurỹs (v)	[ʊŋgʊ'rʲiːs]
raia (f) elétrica	elektrìnė rajà (m)	[ɛlʲɛk'trʲɪnʲeː ra'ja]
moreia (f)	murėnà (m)	[mʊrʲɛ'na]
piranha (f)	pirãnija (m)	[pʲɪ'raːnʲɪjɛ]

tubarão (m)	ryklỹs (v)	[rʲɪk'lʲiːs]
golfinho (m)	delfìnas (v)	[dʲɛlʲ'fɪnas]
baleia (f)	bangìnis (v)	[ban'gʲɪnʲɪs]

caranguejo (m)	krãbas (v)	['kraːbas]
água-viva (f)	medūzà (m)	[mʲɛdu:'za]
polvo (m)	aštuonkōjis (v)	[aʃtʊaŋ'koːjis]

estrela-do-mar (f)	jūros žvaigždė (m)	['juːros ʒvʌɪgʒ'dʲeː]
ouriço-do-mar (m)	jūros ežỹs (v)	['juːros ɛ'ʒʲiːs]
cavalo-marinho (m)	jūros arkliùkas (v)	['juːros ark'lʲʊkas]

ostra (f)	áustrė (m)	['austrʲeː]
camarão (m)	krevėtė (m)	[krʲɛ'vʲɛtʲeː]
lagosta (f)	omãras (v)	[o'maːras]
lagosta (f)	langùstas (v)	[lʲan'gʊstas]

140. Anfíbios. Répteis

cobra (f)	gyvãtė (m)	[gʲi:'vaːtʲeː]
venenoso (adj)	nuodìngas	[nʊɑ'dʲɪngas]

víbora (f)	angìs (v)	[an'gʲɪs]
naja (f)	kobrà (m)	[kɔb'ra]
píton (m)	pitònas (v)	[pʲɪ'tonas]
jiboia (f)	smauglỹs (v)	[smɑʊg'lʲiːs]
cobra-de-água (f)	žaltỹs (v)	[ʒalʲ'tʲiːs]

| cascavel (f) | barškuõlė (m) | [barʃ'kʊɑlʲe:] |
| anaconda (f) | anakònda (m) | [ana'konda] |

lagarto (m)	dríežas (v)	['drʲiɛʒas]
iguana (f)	iguanà (m)	[ɪgʊa'na]
varano (m)	varãnas (v)	[va'ra:nas]
salamandra (f)	salamándra (m)	[salʲa'mandra]
camaleão (m)	chameleònas (v)	[xamʲɛlʲɛ'onas]
escorpião (m)	skorpiònas (v)	[skorpʲɪ'ɔnas]

tartaruga (f)	vėžlỹs (v)	[vʲe:ʒ'lʲi:s]
rã (f)	varlė̃ (m)	[var'lʲe:]
sapo (m)	rùpūžė (m)	['rʊpu:ʒʲe:]
crocodilo (m)	krokodìlas (v)	[kroko'dʲɪlʲas]

141. Insetos

inseto (m)	vabzdỹs (v)	[vabz'dʲi:s]
borboleta (f)	drugėlis (v)	[drʊ'gʲælʲɪs]
formiga (f)	skruzdėlė (m)	[skrʊz'dʲælʲe:]
mosca (f)	mùsė (m)	['mʊsʲe:]
mosquito (m)	úodas (v)	['ʊadas]
escaravelho (m)	vãbalas (v)	['va:balʲas]

vespa (f)	vapsvà (m)	[vaps'va]
abelha (f)	bìtė (m)	['bʲɪtʲe:]
mamangaba (f)	kamãnė (m)	[ka'ma:nʲe:]
moscardo (m)	gylỹs (v)	[gʲi:'lʲi:s]

| aranha (f) | vóras (v) | ['voras] |
| teia (f) de aranha | vorãtinklis (v) | [vo'ra:tʲɪŋklʲɪs] |

libélula (f)	laumžirgis (v)	['lʲaʊmʒʲɪrgʲɪs]
gafanhoto (m)	žiógas (v)	['ʒʲogas]
traça (f)	petelìškė (m)	[pʲɛtʲɛ'lʲɪʃkʲe:]

barata (f)	tarakõnas (v)	[tara'ko:nas]
carrapato (m)	érkė (m)	['ærkʲe:]
pulga (f)	blusà (m)	[blʲʊ'sa]
borrachudo (m)	mãšalas (v)	['ma:ʃalʲas]

gafanhoto (m)	skėrỹs (v)	[skʲe:'rʲi:s]
caracol (m)	sráigė (m)	['srʌɪgʲe:]
grilo (m)	svirplỹs (v)	[svʲɪrp'lʲi:s]
pirilampo, vaga-lume (m)	jõnvabalis (v)	['jo:nvabalʲɪs]
joaninha (f)	borùžė (m)	[bo'rʊʒʲe:]
besouro (m)	grambuolỹs (v)	[grambʊa'lʲi:s]

sanguessuga (f)	dėlė̃ (m)	[dʲe:'lʲe:]
lagarta (f)	vìkšras (v)	['vʲɪkʃras]
minhoca (f)	slíekas (v)	['slʲiɛkas]
larva (f)	kirmelė (m)	[kʲɪrme'lʲe:]

Flora

142. Árvores

árvore (f)	me̅dis (v)	['mʲædʲɪs]
decídua (adj)	lapuo̅tis	[lʲapʊ'atʲɪs]
conífera (adj)	spygliuo̅tis	[spʲi:g'lʲʊo:tʲɪs]
perene (adj)	vi̇̀sžalis	['vʲɪsʒalʲɪs]
macieira (f)	obeli̇̀s (m)	[obʲɛ'lʲɪs]
pereira (f)	kriáušė (m)	['krʲæʊʃe:]
cerejeira (f)	tre̅šnė (m)	['trʲæʃnʲe:]
ginjeira (f)	vyšni̇̀a (m)	[vʲi:ʃnʲæ]
ameixeira (f)	slyvà (m)	[slʲi:'va]
bétula (f)	bér̃žas (v)	['bʲɛrʒas]
carvalho (m)	ą̇̀žuolas (v)	['a:ʒʊalʲas]
tília (f)	li̇́epa (m)	['lʲiɛpa]
choupo-tremedor (m)	drebulė̃ (m)	[drebʊ'lʲe:]
bordo (m)	kle̅vas (v)	['klʲævas]
espruce (m)	ẽglė (m)	['ʲæglʲe:]
pinheiro (m)	puši̇̀s (m)	[pʊ'ʃɪs]
alerce, lariço (m)	mau̅medis (v)	['maʊmʲɛdʲɪs]
abeto (m)	kė̃nis (v)	['kʲe:nʲɪs]
cedro (m)	kèdras (v)	['kʲɛdras]
choupo, álamo (m)	túopa (m)	['tʊɑpa]
tramazeira (f)	šermùkšnis (v)	[ʃɛr'mʊkʃnʲɪs]
salgueiro (m)	gluósnis (v)	['glʲʊɑsnʲɪs]
amieiro (m)	al̃ksnis (v)	['alʲksnʲɪs]
faia (f)	bùkas (v)	['bʊkas]
ulmeiro, olmo (m)	gúoba (m)	['gʊaba]
freixo (m)	úosis (v)	['ʊasʲɪs]
castanheiro (m)	kaštõnas (v)	[kaʃ'to:nas]
magnólia (f)	magnòlija (m)	[mag'nolʲɪjɛ]
palmeira (f)	pálmė (m)	['palʲmʲe:]
cipreste (m)	kipari̇̀sas (v)	[kʲɪpa'rʲɪsas]
mangue (m)	man̄gro me̅dis (v)	['mañgrɔ 'mʲædʲɪs]
embondeiro, baobá (m)	baoba̅bas (v)	[bao'ba:bas]
eucalipto (m)	eukali̇̀ptas (v)	[ɛʊka'lʲɪptas]
sequoia (f)	sekvojà (m)	[sʲɛkvo:'jɛ]

143. Arbustos

arbusto (m)	krũmas (v)	['kru:mas]
arbusto (m), moita (f)	krūmy̅nas (v)	[kru:'mʲi:nas]

videira (f)	vynuogýnas (v)	[vʲiːnʊɑ'gʲiːnas]
vinhedo (m)	vynuogýnas (v)	[vʲiːnʊɑ'gʲiːnas]

framboeseira (f)	aviẽtė (m)	[a'vʲɛtʲeː]
groselheira-vermelha (f)	raudonàsis serbeñtas (v)	[rɑʊdo'nasʲɪs sʲɛr'bʲɛntas]
groselheira (f) espinhosa	agrãstas (v)	[ag'raːstas]

acácia (f)	akãcija (m)	[a'kaːtsʲɪjɛ]
bérberis (f)	raugeŕškis (m)	[rɑʊ'gʲɛrʃkʲɪs]
jasmim (m)	jazmìnas (v)	[jaz'mʲɪnas]

junípero (m)	kadagỹs (v)	[kada'gʲiːs]
roseira (f)	rõžių krū̃mas (v)	['roːʒʲuː 'kruːmas]
roseira (f) brava	erškė̃tis (v)	[erʃ'kʲeːtʲɪs]

144. Frutos. Bagas

fruta (f)	vaĩsius (v)	['vʌɪsʲʊs]
frutas (f pl)	vaĩsiai (v dgs)	['vʌɪsʲɛɪ]
maçã (f)	obuolỹs (v)	[obʊɑ'lʲiːs]
pera (f)	kriáušė (m)	['krʲæʊʃʲeː]
ameixa (f)	slyvà (m)	[slʲiː'va]

morango (m)	brãškė (m)	['braːʃkʲeː]
ginja (f)	vyšnià (m)	[vʲiːʃnʲæ]
cereja (f)	trẽšnė (m)	['trʲæʃnʲeː]
uva (f)	vỹnuogės (m dgs)	['vʲiːnʊagʲeːs]

framboesa (f)	aviẽtė (m)	[a'vʲɛtʲeː]
groselha (f) negra	juodíeji serbeñtai (v dgs)	[jʊɑ'dʲiɛjɪ sʲɛr'bʲɛntʌɪ]
groselha (f) vermelha	raudoníeji serbeñtai (v dgs)	[rɑʊdo'nʲɛji sʲɛr'bʲɛntʌɪ]

groselha (f) espinhosa	agrãstas (v)	[ag'raːstas]
oxicoco (m)	spañguolė (m)	['spaŋgʊalʲeː]

laranja (f)	apelsìnas (v)	[apʲɛlʲ'sʲɪnas]
tangerina (f)	mandarìnas (v)	[manda'rʲɪnas]
abacaxi (m)	ananãsas (v)	[ana'naːsas]

banana (f)	banãnas (v)	[ba'naːnas]
tâmara (f)	datùlė (m)	[da'tʊlʲeː]

limão (m)	citrinà (m)	[tsʲɪtrʲɪ'na]
damasco (m)	abrikòsas (v)	[abrʲɪ'kosas]
pêssego (m)	pèrsikas (v)	['pʲɛrsʲɪkas]

quiuí (m)	kìvis (v)	['kʲɪvʲɪs]
toranja (f)	greĩpfrutas (v)	['grʲɛɪpfrʊtas]

baga (f)	úoga (m)	['ʊaga]
bagas (f pl)	úogos (m dgs)	['ʊagos]
arando (m) vermelho	brùknės (m dgs)	['brʊknʲeːs]
morango-silvestre (m)	žė́muogės (m dgs)	['ʒʲæmʊagʲeːs]
mirtilo (m)	mė́lynės (m dgs)	[mʲeː'lʲiːnʲeːs]

145. Flores. Plantas

flor (f)	gėlė (m)	[gʲeːˈlʲeː]
buquê (m) de flores	púokštė (m)	[ˈpʊɑkʃtʲeː]
rosa (f)	rõžė (m)	[ˈroːʒʲeː]
tulipa (f)	tulpė (m)	[ˈtʊlʲpʲeː]
cravo (m)	gvazdikas (v)	[gvazˈdʲɪkas]
gladíolo (m)	kardẽlis (v)	[karˈdʲælʲɪs]
centáurea (f)	rugiagėlė (m)	[ˈrʊgʲægʲeːlʲeː]
campainha (f)	varpẽlis (v)	[varˈpʲælʲɪs]
dente-de-leão (m)	piẽnė (m)	[ˈpʲɛnʲeː]
camomila (f)	ramunė (m)	[raˈmʊnʲeː]
aloé (m)	alijõšius (v)	[alʲɪˈjɔːʃʊs]
cacto (m)	kãktusas (v)	[ˈkaːktʊsas]
fícus (m)	fikusas (v)	[ˈfʲɪkʊsas]
lírio (m)	lelijà (m)	[lʲɛlʲɪˈja]
gerânio (m)	pelargonija (m)	[pʲɛlʲarˈgonʲɪjɛ]
jacinto (m)	hiacintas (v)	[ɣʲɪjaˈtsʲɪntas]
mimosa (f)	mimozà (m)	[mʲɪmoˈza]
narciso (m)	narcizas (v)	[narˈtsʲɪzas]
capuchinha (f)	nasturta (m)	[nasˈtʊrta]
orquídea (f)	orchidéja (m)	[orxʲɪˈdʲeːja]
peônia (f)	bijũnas (v)	[bʲɪˈjuːnas]
violeta (f)	našlaitė (m)	[naʃˈlʌɪtʲeː]
amor-perfeito (m)	darželinė našláitė (m)	[darˈʒʲælʲɪnʲe: naʃˈlʌɪtʲe:]
não-me-esqueças (m)	neužmirštuõlė (m)	[nʲɛʊʒmʲɪrʃˈtʊalʲe:]
margarida (f)	saulutė (m)	[sɑʊˈlʲʊtʲe:]
papoula (f)	aguonà (m)	[agʊɑˈna]
cânhamo (m)	kanãpė (m)	[kaˈnaːpʲe:]
hortelã, menta (f)	mètà (m)	[mʲe:ˈta]
lírio-do-vale (m)	pakalnutė (m)	[pakalʲˈnʊtʲe:]
campânula-branca (f)	sniẽgena (m)	[ˈsnʲɛgʲɛna]
urtiga (f)	dilgẽlė (m)	[dʲɪlʲˈgʲælʲe:]
azedinha (f)	rūgštỹnė (m)	[ruːgʃtʲiːnʲe:]
nenúfar (m)	vandẽns lelijà (m)	[vanˈdʲɛns lʲɛlʲɪˈja]
samambaia (f)	papartis (v)	[paˈpartʲɪs]
líquen (m)	kérpė (m)	[ˈkʲɛrpʲe:]
estufa (f)	oranžèrija (m)	[oranˈʒʲɛrʲɪjɛ]
gramado (m)	gazonas (v)	[gaˈzonas]
canteiro (m) de flores	klombà (m)	[ˈklʲomba]
planta (f)	áugalas (v)	[ˈɑugalʲas]
grama (f)	žolė̃ (m)	[ʒoˈlʲe:]
folha (f) de grama	žolẽlė (m)	[ʒoˈlʲælʲe:]

folha (f)	lãpas (v)	['l'a:pas]
pétala (f)	žíedlapis (v)	['ʒ' iɛdl'ap'ɪs]
talo (m)	stíebas (v)	['st'iɛbas]
tubérculo (m)	guñbas (v)	['gʊmbas]

| broto, rebento (m) | želmuõ (v) | [ʒ'ɛl'ᵐʊɑ] |
| espinho (m) | spyglỹs (v) | [sp'i:g'l'i:s] |

florescer (vi)	žydéti	[ʒ'i:'d'e:t'ɪ]
murchar (vi)	výsti	['v'i:st'ɪ]
cheiro (m)	kvãpas (v)	['kva:pas]
cortar (flores)	nupjáuti	[nʊ'pjɑʊt'ɪ]
colher (uma flor)	nuskìnti	[nʊ'sk'ɪnt'ɪ]

146. Cereais, grãos

grão (m)	grũdas (v)	['gru:das]
cereais (plantas)	grūdìnės kultũros (m dgs)	[gru:'d'ɪn'e:s kʊl'i'tu:ros]
espiga (f)	várpa (m)	['varpa]

trigo (m)	kviečiaĩ (v dgs)	[kv'iɛ't ʂ'ɛɪ]
centeio (m)	rugiaĩ (v dgs)	[rʊ'g'ɛɪ]
aveia (f)	ãvižos (m dgs)	['a:v'ɪʒos]
painço (m)	sóra (m)	['sora]
cevada (f)	miẽžiai (v dgs)	['m'ɛʒ'ɛɪ]

milho (m)	kukurũzas (v)	[kʊkʊ'ru:zas]
arroz (m)	rýžiai (v)	['r'i:ʒ'ɛɪ]
trigo-sarraceno (m)	grìkiai (v dgs)	['gr'ɪk'ɛɪ]

ervilha (f)	žìrniai (v dgs)	['ʒ'ɪrn'ɛɪ]
feijão (m) roxo	pupẽlės (m dgs)	[pʊ'p'æl'e:s]
soja (f)	sojà (m)	[so:'jɛ]
lentilha (f)	lęšiai (v dgs)	['l'ɛ:ʃ'ɛɪ]
feijão (m)	pùpos (m dgs)	['pʊpos]

PAÍSES. NACIONALIDADES

147. Europa Ocidental

Europa (f)	Europà (m)	[ɛuro'pa]
União (f) Europeia	europiẽtis (v)	[ɛuro'pʲɛtʲɪs]
Áustria (f)	Áustrija (m)	['austrʲɪjɛ]
Grã-Bretanha (f)	Didžiọji Britãnija (m)	[dʲɪ'dʒʲoːjɪ brʲɪ'taːnʲɪjɛ]
Inglaterra (f)	Ánglija (m)	['anglʲɪjɛ]
Bélgica (f)	Belgija (m)	['bʲɛlʲgʲɪjɛ]
Alemanha (f)	Vokietija (m)	[vokʲiɛ'tʲɪja]
Países Baixos (m pl)	Nýderlandai (v dgs)	['nʲiːdʲɛrlʲandʌɪ]
Holanda (f)	Olándija (m)	[o'lʲandʲɪjɛ]
Grécia (f)	Graĩkija (m)	['grʌɪkʲɪjɛ]
Dinamarca (f)	Dãnija (m)	['daːnʲɪjɛ]
Irlanda (f)	Aĩrija (m)	['ʌɪrʲɪjɛ]
Islândia (f)	Islándija (m)	[ɪs'lʲandʲɪjɛ]
Espanha (f)	Ispãnija (m)	[ɪs'paːnʲɪjɛ]
Itália (f)	Itãlija (m)	[ɪ'ta:lʲɪjɛ]
Chipre (m)	Kìpras (v)	['kʲɪpras]
Malta (f)	Málta (m)	['malʲta]
Noruega (f)	Norvègija (m)	[nor'vʲɛgʲɪjɛ]
Portugal (m)	Portugãlija (m)	[portu'gaːlʲɪjɛ]
Finlândia (f)	Súomija (m)	['suɑmʲɪjɛ]
França (f)	Prancūzijà (m)	[prantsuːzʲɪ'ja]
Suécia (f)	Švèdija (m)	['ʃvʲɛdʲɪjɛ]
Suíça (f)	Šveicãrija (m)	[ʃvʲɛɪ'tsaːrʲɪjɛ]
Escócia (f)	Škòtija (m)	['ʃkotʲɪjɛ]
Vaticano (m)	Vatikãnas (v)	[vatʲɪka:nas]
Liechtenstein (m)	Lìchtenšteinas (v)	['lʲɪxtʲɛnʃtʲɛɪnas]
Luxemburgo (m)	Liùksemburgas (v)	['lʲuksʲɛmburgas]
Mônaco (m)	Mònakas (v)	['monakas]

148. Europa Central e de Leste

Albânia (f)	Albãnija (m)	[alʲ'ba:nʲɪjɛ]
Bulgária (f)	Bulgãrija (m)	[bulʲ'ga:rʲɪjɛ]
Hungria (f)	Veñgrija (m)	['vʲɛngrʲɪjɛ]
Letônia (f)	Lãtvija (m)	['lʲa:tvʲɪjɛ]
Lituânia (f)	Lietuvà (m)	[lʲiɛtʊ'va]
Polônia (f)	Lénkija (m)	['lʲɛŋkʲɪjɛ]

Romênia (f)	Rumùnija (m)	[rʊ'mʊn'ɪjɛ]
Sérvia (f)	Serbija (m)	['sʲɛrbʲɪjɛ]
Eslováquia (f)	Slovãkija (m)	[slʲo'va:kʲɪjɛ]

Croácia (f)	Kroãtija (m)	[kro'a:tʲɪjɛ]
República (f) Checa	Čėkija (m)	['tʂʲɛkʲɪjɛ]
Estônia (f)	Ėstija (m)	['ɛstʲɪjɛ]

Bósnia e Herzegovina (f)	Bòsnija iř Hercegovinà (m)	['bosnʲɪja ir ɣʲɛrtsʲɛgovʲɪ'na]
Macedônia (f)	Makedònija (m)	[makʲɛ'donʲɪjɛ]
Eslovênia (f)	Slovėnija (m)	[slʲo'vʲe:nʲɪjɛ]
Montenegro (m)	Juodkalnijà (m)	[jʊɑdkalʲɪnʲɪ'ja]

149. Países da ex-URSS

Azerbaijão (m)	Azerbaidžãnas (v)	[azʲɛrbʌɪ'dʒa:nas]
Armênia (f)	Arménija (m)	[ar'mʲe:nʲɪjɛ]

Belarus	Baltarùsija (m)	[balʲta'rʊsʲɪjɛ]
Geórgia (f)	Grùzija (m)	['grʊzʲɪjɛ]
Cazaquistão (m)	Kazãchija (m)	[ka'za:xʲɪjɛ]
Quirguistão (m)	Kirgìzija (m)	[kʲɪr'gʲɪzʲɪjɛ]
Moldávia (f)	Moldãvija (m)	[molʲ'da:vʲɪjɛ]

Rússia (f)	Rùsija (m)	['rʊsʲɪjɛ]
Ucrânia (f)	Ukrainà (m)	[ʊkrʌɪ'na]

Tajiquistão (m)	Tadžìkija (m)	[tad'ʒʲɪkʲɪjɛ]
Turquemenistão (m)	Turkménija (m)	[tʊrk'mʲe:nʲɪjɛ]
Uzbequistão (f)	Uzbèkija (m)	[ʊz'bʲɛkʲɪjɛ]

150. Asia

Ásia (f)	ãzija (m)	['a:zʲɪjɛ]
Vietnã (m)	Vietnãmas (v)	[vjɛt'na:mas]
Índia (f)	Ìndija (m)	['ɪndʲɪjɛ]
Israel (m)	Izraèlis (v)	[ɪzraʲ'ɛlʲɪs]

China (f)	Kìnija (m)	['kʲɪnʲɪjɛ]
Líbano (m)	Libãnas (v)	[lʲɪ'banas]
Mongólia (f)	Mongòlija (m)	[mon'golʲɪjɛ]

Malásia (f)	Maláizija (m)	[ma'lʲʌɪzʲɪjɛ]
Paquistão (m)	Pakistãnas (v)	[pakʲɪ'sta:nas]

Arábia (f) Saudita	Saúdo Arãbija (m)	[sa'ʊdɔ a'ra:bʲɪjɛ]
Tailândia (f)	Tailãndas (v)	[tʌɪ'lʲandas]
Taiwan (m)	Taivãnis (v)	[tʌɪ'vanʲɪs]
Turquia (f)	Tuřkija (m)	['tʊrkʲɪjɛ]
Japão (m)	Japònija (m)	[ja'ponʲɪjɛ]
Afeganistão (m)	Afganistãnas (v)	[afganʲɪ'sta:nas]
Bangladesh (m)	Bangladèšas (v)	[banglʲa'dʲɛʃas]

Indonésia (f)	Indonezijà (m)	[ɪndonʲɛzʲɪ'ja]
Jordânia (f)	Jordãnija (m)	[jɔr'da:nʲɪjɛ]
Iraque (m)	Irãkas (v)	[ɪ'ra:kas]
Irã (m)	Irãnas (v)	[ɪ'ra:nas]
Camboja (f)	Kambodžà (m)	[kambo'dʒa]
Kuwait (m)	Kuveìtas (v)	[ku'vʲɛɪtas]
Laos (m)	Laòsas (v)	[lʲa'osas]
Birmânia (f)	Mianmãras (v)	[mʲæn'ma:ras]
Nepal (m)	Nepãlas (v)	[nʲɛ'pa:lʲas]
Emirados Árabes Unidos	Jungtìniai Arãbų Emìratai (v dgs)	[juŋk'tʲɪnʲɛɪ a'ra:bu: ɛmʲɪratʌɪ]
Síria (f)	Sìrija (m)	['sʲɪrʲɪjɛ]
Palestina (f)	Palestìna (m)	[palʲɛs'tʲɪna]
Coreia (f) do Sul	Pietų Koréja (m)	[pʲɪɛ'tu: ko'rʲe:ja]
Coreia (f) do Norte	Šiáurės Koréja (m)	['ʃæurʲe:s ko'rʲe:ja]

151. América do Norte

Estados Unidos da América	Jungtìnės Amèrikos Valstìjos (m dgs)	[juŋk'tʲɪnʲe:s a'mʲɛrʲɪkos valʲs'tʲɪjɔs]
Canadá (m)	Kanadà (m)	[kana'da]
México (m)	Mèksika (m)	['mʲɛksʲɪka]

152. América Central do Sul

Argentina (f)	Argentinà (m)	[argʲɛntʲɪ'na]
Brasil (m)	Brazìlija (m)	[bra'zʲɪlʲɪjɛ]
Colômbia (f)	Kolùmbija (m)	[kɔ'lʲumbʲɪjɛ]
Cuba (f)	Kubà (m)	[ku'ba]
Chile (m)	Čìlė (m)	['tʂʲɪlʲe:]
Bolívia (f)	Bolìvija (m)	[bo'lʲɪvʲɪjɛ]
Venezuela (f)	Venesuelà (m)	[vʲɛnʲɛsuɛ'lʲa]
Paraguai (m)	Paragvãjus (v)	[parag'va:jus]
Peru (m)	Perù (v)	[pʲɛ'ru]
Suriname (m)	Surinãmis (v)	[surʲɪ'namʲɪs]
Uruguai (m)	Urugvãjus (v)	[urug'va:jus]
Equador (m)	Ekvadòras (v)	[ɛkva'doras]
Bahamas (f pl)	Bahãmų salòs (m dgs)	[ba'ɣamu: 'salʲo:s]
Haiti (m)	Haìtis (v)	[ɣʌ'ɪtʲɪs]
República Dominicana	Dominìkos Respùblika (m)	[domʲɪ'nʲɪkos rʲɛs'publʲɪka]
Panamá (m)	Panamà (m)	[pana'ma]
Jamaica (f)	Jamaìka (m)	[ja'mʌɪka]

153. Africa

Egito (m)	Egiptas (v)	[ɛ'giɪptas]
Marrocos	Marokas (v)	[ma'rokas]
Tunísia (f)	Tunisas (v)	[tʊ'nʲɪsas]
Gana (f)	Gana (m)	[ga'na]
Zanzibar (m)	Zanzibāras (v)	[zanzʲɪ'ba:ras]
Quênia (f)	Kenija (m)	['kʲɛnʲɪjɛ]
Líbia (f)	Libija (m)	['lʲɪbʲɪjɛ]
Madagascar (m)	Madagaskāras (v)	[madagas'ka:ras]
Namíbia (f)	Namibija (m)	[na'mʲɪbʲɪjɛ]
Senegal (m)	Senegalas (v)	[sʲɛnʲɛ'ga:lʲas]
Tanzânia (f)	Tanzānija (m)	[tan'za:nʲɪjɛ]
África (f) do Sul	Pietų āfrikos respublika (m)	[pʲiɛ'tu: 'a:frʲɪkos rʲɛs'pʊblʲɪka]

154. Austrália. Oceania

Austrália (f)	Austrālija (m)	[ɑʊs'tra:lʲɪjɛ]
Nova Zelândia (f)	Naujóji Zelándija (m)	[nɑʊ'jɔ:jɪ zʲɛ'lʲandʲɪjɛ]
Tasmânia (f)	Tasmānija (m)	[tas'ma:nʲɪjɛ]
Polinésia (f) Francesa	Prancūzijos Polinezija (m)	[prantsu:'zʲɪjos polʲɪ'nʲɛzʲɪjɛ]

155. Cidades

Amesterdã, Amsterdã	Ámsterdamas (v)	['amstʲɛrdamas]
Ancara	Ankara (m)	[aŋka'ra]
Atenas	Aténai (v dgs)	[a'tʲe:nʌɪ]
Bagdade	Bagdādas (v)	[bag'da:das]
Bancoque	Bankokas (v)	[baŋ'kokas]
Barcelona	Barselona (m)	[barsʲɛlʲo'na]
Beirute	Beirutas (v)	[bʲɛɪ'rʊtas]
Berlim	Berlýnas (v)	[bʲɛr'lʲi:nas]
Bonn	Bona (m)	[bo'na]
Bordéus	Bordo (v)	[bor'do]
Bratislava	Bratislava (m)	[bratʲɪslʲa'va]
Bruxelas	Briuselis (v)	['brʲʊsʲɛlʲɪs]
Bucareste	Bukarestas (v)	[bʊka'rʲɛʃtas]
Budapeste	Budapeštas (v)	[bʊda'pʲɛʃtas]
Cairo	Kairas (v)	[kʌ'ɪras]
Calcutá	Kalkuta (m)	[kalʲkʊ'ta]
Chicago	Čikaga (m)	[tʂʲɪka'ga]
Cidade do México	Meksikas (v)	['mʲɛksʲɪkas]
Copenhague	Kopenhaga (m)	[kɔpʲɛnɣa'ga]
Dar es Salaam	Dár es Salāmas (v)	['dar ɛs sa'lʲa:mas]
Deli	Delis (v)	['dʲɛlʲɪs]

Dubai	**Dubãjus** (v)	[dʊ'ba:jʊs]
Dublim	**Dùblinas** (v)	['dʊblʲɪnas]
Düsseldorf	**Diùseldorfas** (v)	['dʲʊsʲɛlʲdorfas]
Estocolmo	**Stòkholmas** (v)	['stokʏolʲmas]
Florença	**Florẽcija** (m)	[flʲo'rʲɛntsʲɪjɛ]
Frankfurt	**Fránkfurtas** (v)	['fraŋkfʊrtas]
Genebra	**Ženevà** (m)	[ʒʲɛnʲɛ'va]
Haia	**Hagà** (m)	[ɣa'ga]
Hamburgo	**Hámburgas** (v)	['ɣambʊrgas]
Hanói	**Hanòjus** (v)	[ɣa'nojʊs]
Havana	**Havanà** (m)	[ɣava'na]
Helsinque	**Hèlsinkis** (v)	['ɣʲɛlʲsʲɪŋkʲɪs]
Hiroshima	**Hirosimà** (m)	[ɣʲɪrosʲɪ'ma]
Hong Kong	**Honkòngas** (v)	[ɣoŋ'kongas]
Istambul	**Stambùlas** (v)	[stam'bʊlʲas]
Jerusalém	**Jeruzalè** (m)	[je'rʊzalʲe:]
Kiev, Quieve	**Kìjevas** (v)	['kʲɪjɛvas]
Kuala Lumpur	**Kvãla Lùmpuras** (v)	['kvalʲa 'lʲumpʊras]
Lion	**Liònas** (v)	[lʲɪ'jɔnas]
Lisboa	**Lisabonà** (m)	[lʲɪsabo'na]
Londres	**Lòndonas** (v)	['lʲondonas]
Los Angeles	**Lòs Ándželas** (v)	[lʲo:s 'andʒʲɛlʲas]
Madrid	**Madrìdas** (v)	[mad'rʲɪdas]
Marselha	**Marsèlis** (v)	[mar'sʲɛlʲɪs]
Miami	**Majãmis** (v)	[ma'ja:mʲɪs]
Montreal	**Monreãlis** (v)	[monrʲɛ'a:lʲɪs]
Moscou	**Maskvà** (m)	[mask'va]
Mumbai	**Bombèjus** (v)	[bom'bʲe:jʊs]
Munique	**Miùnchenas** (v)	['mʲʊnxʲɛnas]
Nairóbi	**Nairòbis** (v)	[nʌɪ'robʲɪs]
Nápoles	**Neãpolis** (v)	[nʲɛ'a:polʲɪs]
Nice	**Nicà** (m)	[nʲɪ'tsa]
Nova York	**Niujòrkas** (v)	[nʲʊ'jɔ rkas]
Oslo	**Òslas** (v)	[oslʲas]
Ottawa	**Otavà** (m)	[ota'va]
Paris	**Parỹžius** (v)	[pa'rʲɪ:ʒʲʊs]
Pequim	**Pekìnas** (v)	[pʲɛ'kʲɪnas]
Praga	**Prahà** (m)	[praɣa]
Rio de Janeiro	**Rio de Žaneĩras** (v)	['rʲɪjo dʲɛ ʒa'nʲɛɪras]
Roma	**Romà** (m)	[ro'ma]
São Petersburgo	**Sankt-Peterbùrgas** (v)	[saŋkt-pʲɛtʲɛr'bʊrgas]
Seul	**Seùlas** (v)	[sʲɛ'ʊ lʲas]
Singapura	**Singapũras** (v)	[sʲɪnga'pu:ras]
Sydney	**Sidnèjus** (v)	[sʲɪd'nʲe:jʊs]
Taipé	**Taipèjus** (v)	[tʌɪ'pʲe:jʊs]
Tóquio	**Tòkijas** (v)	['tokʲɪjas]
Toronto	**Toròntas** (v)	[to'rontas]
Varsóvia	**Vãršuva** (m)	['varʃuva]

Veneza	**Venècija** (m)	[vᴵɛ'nᴵɛtsᴵɪjɛ]
Viena	**Víena** (m)	['vᴵiɛna]
Washington	**Vãšingtonas** (v)	['vaːʃɪŋktonas]
Xangai	**Šanchãjus** (v)	[ʃan'xaːjʊs]